KB068711

# 유학생을 위한 국제통상학

Introduction to International Trade for Foreign Students

홍 의 · 이가은

박영사

머리말

국제사회는 팬데믹을 경험한 이후 새로운 국면을 맞이하고 있으며, 글로벌 시장의 중요성은 그 어느 때보다 커지고 있다. 이러한 변화 속에서 국제통상은 세계 경제를 이해하고 다양한 문화와 상호작용하며 글로벌 비즈니스 환경에서 성공하기 위한 필수적인 학문 분야로 자리 잡고 있다.

최근 몇 년 동안 한국으로 유학 오는 학생 수는 꾸준히 증가하고 있다. 교육부 통계를 보면 2010년에 약 8.6만 명의 유학생이 한국에서 공부했으며, 2020년에는 그 수가 16만 명으로 두 배 가까이 증가했다. 이는 한국의 교육 수준과 글로벌 시장에서의 경쟁력을 인정받고 있음을 방증한다. 특히, 외국인 유학생 중 국제통상학을 전공하는 학생들의 비율도 높아지고 있다. 2020년 기준으로 약 1.5만 명의 외국인 유학생이 국제통상학을 전공하고 있으며, 이는 전체 유학생의 약 9%에 해당한다.

한국으로 유학 오는 학생들이 국제통상학을 선택하는 이유는 다양하다. 한국은 동아시아의 경제 허브로서 글로벌 비즈니스와 무역에 중요한 역할을 하고 있으며, 최근 국내 기업들의 동남아시아 시장 진출이 확산됨에 따라 한국의 비즈니스 환경과 전략에 대한 지식을 습득하고 경험을 쌓고자 하는 수요가 늘고 있다. 또한, K-팝, K-드라마, K-뷰티 등 한국 문화 콘텐츠에 관한 관심과 선호도가 전 세계적으로 높아지면서 한국에서 학업 및 취업 더 나아가 한국과 본국 간 비즈니스를 기반으로 창업을 목표로 하는 외국인 유학생들이 증가하고 있다.

이 책은 유학생 맞춤형 교재로 설계되었다는 점에서 기존의 국제통상학 전문 서적들과 차별화된다. 대부분의 유학생은 언어적인 장벽과 문화적 차이로 인해 전공 지식을 이해하고 학습하는 데 어려움을 겪고 있다. 이를 해결하기 위한 유학생들의 학습 방식에 적합한 맞춤형 교재가 시급한 실정이다. 이 책은 이러한 요구를 반영하여 유학생들이 국제통상학의 전공 용어를 쉽게 배우고 기초부터 심화 내용까지 체계적으로 학습할 수 있도록 구성하였다. 또한, 다양한 학습 도구와 연습문제를 통해 학습한 내용을 실제로 적용해 볼 수 있도록 하였다.

이 책의 학습 목표는 다음과 같다.
- 기초 지식 제공: 책에서 담고 있는 국제통상에 대한 기초 지식을 통해 국제통상의 기본 개념과 이론을 습득한다.
- 실용적인 접근: 다양한 그림과 자료를 바탕으로 실제 비즈니스 상황을 쉽게 이해하고, 이론적 깊이를 더한다.
- 학문적 성장 지원: 각 소단원 끝에 배치된 연습문제를 풀이하며 유학생들의 학문적 능력을 체계적으로 향상할 수 있도록 한다.

이 책은 경제학과 무역학의 두 영역으로 나뉘어 있다. 전반부에서는 경제학의 기초 개념을 다루며, 경제학의 정의와 방법론, 미시경제학의 주요 주제를 시작으로, 시장의 수요와 공급, 소비자의 선호체계와 최적선택, 기업의 생산비용과 이윤극대화, 그리고 경쟁시장과 독점시장 등 다양한 시장조직이론을 포괄적으로 설명한다. 각 단원은 이론적 설명과 함께 연습문제를 포함하여 학습한 내용을 실제로 적용해 볼 수 있도록 구성하였다. 경제학 영역은 주로 미시경제이론을 중심으로 구성하였으며, 유학생들이 전공 학습에 반드시 필요한 핵심 개념과 이론을 요약하기 위해 고심하였다.

후반부에서는 무역학의 기초부터 실무적인 내용까지 다루고 있다. 무역의 기본 개념과 해외시장조사, 글로벌 무역 환경, 무역계약의 법적 기반과 매매계약의 기본 조건, 그리고 Incoterms 2020의 형식과 다양한 운송 조건을 설명한다. 또한, 해상운송과 복합운송의 개념과 실무, 신용장의 개념과 신용장 거래의 당사자 및 기재사항에 대해 심도 있게 다룬다. 이와 함께 실제 비즈니스 상황에서의 문제 해결을 돕기 위한 연습문제도 포함되어 있다.

이 책의 경제학 영역은 13개의 소단원을, 무역학 영역은 14개의 소단원을 담고 있다. 국제통상학 전반을 다루는 강좌에서는 한 주에 2개의 소단원 내용을 강의하는 것을 추천한다. 만약 경제학 혹은 무역학의 한 분야를 다루는 강좌라면 매주 1개의 소단원을 자세히 설명하여 15~16주의 학사 일정에 맞추어 모두 소화될 수 있도록 구성하였다.

여러분이 이 책을 통해 국제통상에 대한 깊이 있는 이해를 얻고, 글로벌 비즈니스 리더로 성장할 수 있기를 바란다. 새로운 학문적 여정을 시작하는 여러분에게 이 책이 든든한 안내자가 되기를 기대한다.

2024년 9월

저자 홍 의, 이가은

# C O N T E N T S

# PART 02　무역학

# 경제학

# CHAPTER 01   미시경제학 입문

> **수업 목표**
>
> ◇ 경제학은 무엇을 연구하는 학문인지 학습한다.
> ◇ 미시경제학과 거시경제학의 차이를 학습한다.
> ◇ 경제학의 기본 모형과 방법론에 대해 학습한다.
> ◇ 미시경제학의 논제는 무엇인지 학습한다.

## 01   경제학이란?

### 1 기본 개념

| | |
|---|---|
| 경제학<br>economics | 한 사회가 희소한 자원을 효율적으로 활용하여 재화를 생산·교환·분배·소비하는 데서 발생하는 여러 가지 경제현상을 연구하는 학문이다. |
| 희소성<br>scarcity | 경제주체의 필요에 비해 한 사회가 보유한 자원의 양이 상대적으로 적은 것을 의미한다. |
| 기회비용<br>opportunity cost | 어느 하나를 얻기 위해 나머지를 포기해야 하는 가치를 의미한다. |
| 경제주체<br>economic players | 경제적인 수입과 지출 활동을 통해 목표를 달성하는 가계, 기업, 정부를 말한다. |
| 가계<br>household | 가족원을 인적 구성으로 자원의 분배 및 소비활동을 행하는 경제단위이다. 즉, 재화와 서비스의 소비자이자 생산요소의 공급자이다. |

| | |
|---|---|
| 기업<br>firm | 이윤의 획득을 목적으로 재화와 서비스를 생산하는 조직적인 경제단위이다.<br>즉, 재화와 서비스의 공급자이자 생산요소의 소비자이다. |
| 정부<br>goverment | 한 나라의 통치기구이다. 즉, 재화와 서비스 소비자이며 조세를 통해 재원을 마<br>련한다. |
| 경제체제<br>economic system | 각 경제주체가 경제활동을 질서 있게 조직화하는 일련의 제도를 말한다. |
| 시장경제<br>market economy | 각 경제주체가 자유로운 경제활동과 자기책임의 원칙으로 상호작용을 통해 시<br>장에서 자원을 분배하는 체제이다. |
| 계획경제<br>planed economy | 중앙 정부의 계획과 명령에 따라 모든 경제활동이 이루어지는 체제이다. |
| 혼합경제<br>mixed economy | 정부가 시장실패를 방지하기 위해 경제활동에 개입하는 체제이다. |
| 시장실패<br>market failure | 시장이 자유롭게 기능하도록 맡겨 두었을 때 효율적인 자원배분이 이루어지지<br>못하는 경우를 말한다. |
| 시장 지배력<br>market power | 한(혹은 소수의) 사람이나 기업이 시장가격에 상당한 영향을 미칠 수 있는 능력<br>을 의미한다. |
| 미시경제학<br>microeconomics | 개별 경제주체들이 어떻게 의사결정을 내리며 시장에서 어떻게 균형을 이루는<br>지를 연구하는 경제학 분야를 말한다. |
| 거시경제학<br>macroeconomics | 경제사회의 전반적 흐름을 연구하는 경제학 분야이다. 주로 국내총생산·투<br>자·고용·물가 등 국민경제 전체를 나타내는 수치의 크기나 변화를 분석한다. |

## (1) 희소성에 따른 재화의 구분

① **자유재(free goods)**: 인간의 욕구를 충족시키기에 충분한 재화를 의미한다. 즉, 희소성이 없어 비용을 지불하지 않고 누구나 획득할 수 있는 재화를 말한다(예: 공기, 햇빛).

② **경제재(economic goods)**: 인간의 욕구를 충족시키기에 한정된 재화를 말한다. 즉, 희소성이 있어 비용을 지불해야만 획득할 수 있는 재화를 말한다(예: 상품, 유가증권).

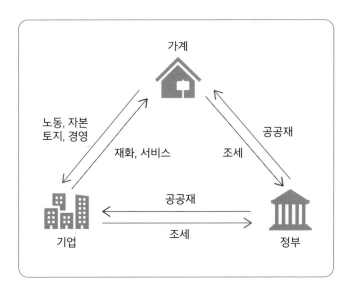

[그림 1-1] 경제주체 간의 상호작용

## (2) 시장경제체제와 계획경제체제의 장단점

① 시장경제체제 장단점

| 장점 | • 시장의 의사결정 분권화와 가격 메커니즘으로 소비자의 다양한 요구를 충족할 수 있다.<br>• 경제주체의 창의성, 혁신이 활발하게 이루어져 생산성 증대를 이룰 수 있다.<br>• 자원배분의 효율성이 존재한다. |
|---|---|
| 단점 | 불안정적인 경기변동, 시장실패와 빈부격차가 발생할 수 있다. |

② 계획경제체제 장단점

| 장점 | • 정부 주도하에 생산되고 자원배분되므로 경기변동에 안정적이다.<br>• 소득분배에 형평성이 존재한다.<br>• 시장실패의 발생 가능성을 낮춘다. |
|---|---|
| 단점 | 자원배분의 효율성이 저하된다. |

## (3) 시장실패의 원인

① **외부효과(externality)**: 어떤 경제주체의 행위가 다른 경제주체들에게 의도하지 않은 혜택이나 손해를 발생시키거나 그에 대한 대가가 지불되지 않을 때 발생한다(예: 환경 오염).

② **불완전경쟁시장의 독과점(imperfect competition market monopoly and oligopoly)**: 소수의 기업만이 존재하는 불완전경쟁시장에서는 독과점 기업이 정하는 공급량 및 가격이 시장의 공급량 및 가격에 영향을 준다. 즉, 불완전경쟁시장의 독과점 기업에게는 **시장 지배력**이 존재한다. 또한, 시장이 스스로 통제 불가능한 독점의 형태인 **자연독점**이 존재하는 경우 시장실패의 원인이 될 수 있다(예: 독점 기업의 가격 결정).

③ **정보의 비대칭성(information asymmetry)**: 시장에서 각 거래 주체 간에 정보 격차가 존재하여 거래에 왜곡이 생기는 현상을 말한다(예: 중고차 시장).

④ **공공재(public good)**: 한 사람의 소비가 다른 사람의 소비량을 제한하지 못하는 '비경합성'과 그 이용 대가를 지불하지 않는 무임승차자(free rider)를 차단하기 어려운 '비배제성'의 특징을 가지고 있는 재화를 말한다. 공공재는 비경쟁적이고 비배제적이기 때문에 시장에서 공공재를 효율적으로 공급하는 데 어려움을 겪게 된다(예: 국방).

---

**A. 다음의 문장을 읽고 내용이 옳으면 ○, 틀리면 ✕로 답하시오.**

1. 희소성은 경제주체가 필요한 것에 비해 활용 가능한 재화나 자원이 적음을 의미한다.　（○ / ✕）

2. 경제학은 재화나 서비스가 사회 내에서 얼마나 고르게 분배되는지를 연구하는 학문이다.　（○ / ✕）

3. 시장경제는 개인의 이익을 우선으로 하기 때문에 사회적으로 바람직한 결과를 얻을 수 없다.

　（○ / ✕）

4. 시장실패가 존재하는 경우 정부는 시장에 개입하여 시장 결과를 개선할 수 있다.　（○ / ✕）

5. 어떤 것의 기회비용은 그것을 얻기 위해 포기하는 것이다.　（○ / ✕）

---

**B. 다음의 질문에 대한 옳은 답을 고르시오.**

1. 경제학에 대한 설명으로 옳은 것은?

　① 사회가 희소자원을 어떻게 관리하는지를 연구한다.

　② 최대의 수익을 올리는 기업 경영 방법을 연구한다.

　③ 인플레이션, 실업, 주식 가격을 예측한다.

　④ 통제받지 않은 이기심에 의한 폐해를 정부가 어떻게 막을 수 있는지를 연구한다.

2. 경제주체가 많은 의사결정에 직면하게 되는 가장 중요한 원인은 무엇인가?

　① 자원이 부족하기 때문이다.

　② 재화와 서비스가 부족하지 않기 때문이다.

　③ 소득은 경기순환에 따라 변화하기 때문이다.

　④ 기회비용이 존재하지 않기 때문이다.

3. 대학생 A는 수업에 참석하는 대신 비디오 게임을 하며 3시간을 보내기로 결정했다. A의 기회비용으로 옳은 것은?

　① A가 3시간 동안 아르바이트하면 얻을 수 있는 소득

　② 비디오 게임에 대한 만족감

　③ 비디오 게임에 대한 시간의 가치에서 수업에 참석했다면 받았을 지식의 가치를 뺀 값

　④ A가 수업에 참석했다면 받았을 지식의 가치

4. 시장경제에서 경제활동을 이끄는 주체로 옳은 것은?

　① 기업, 정부

　② 가계, 정부

　③ 기업, 가계

　④ 정부

5. 시장경제에 대한 설명으로 적절하지 않은 것은?

① 기업은 누구를 고용할지, 무엇을 생산할지 결정한다.
② 가계는 소득에 따라 어떤 회사에서 일할 것인지, 무엇을 소비할 것인지 결정한다.
③ '보이지 않은 손'은 사회 전체의 자원을 효율적으로 배분하는 것이다.
④ 정부의 정책은 기업과 가계의 결정을 유인한다.

6. 개인이나 기업이 시장가격에 통제권을 행사할 수 있는 것을 무엇이라 하는가?

① 시장실패
② 시장 지배력
③ 외부효과
④ 재산권

7. 시장실패에 대한 설명으로 옳은 것은?

① 시장 자체적으로 자원을 효율적으로 배분하지 못하는 상황을 말한다.
② 실패한 광고로 인해 제품에 대한 소비가 감소되는 상황을 말한다.
③ 기업들 간에 경쟁이 심화가 감소되는 상황을 말한다.
④ 기업이 손해를 보고 시장에서 퇴출이 감소되는 상황을 말한다.

8. 수천 명의 사람들이 담배 연기에 간접적으로 노출됨으로써 폐암에 걸리게 되었다. 이를 시장실패 관점으로 설명한다면?

① 시장 지배력에 의한 시장실패이다.
② 외부효과에 의한 시장실패이다.
③ 형평성에 의한 시장실패이다.
④ 시장실패는 존재하지 않는다.

9. 다음 중 시장 지배력이 가장 클 것으로 예상되는 기업은?

① 석유회사
② 농산물 시장
③ 편의점
④ 영화관

10. 미시경제학과 거시경제학에 대한 설명으로 옳은 것은?

① 미시경제학은 경기변동, 장기 성장, 국민경제와 같은 경제 개념을 연구한다.
② 거시경제학은 개별 경제주체의 의사결정과 상호작용을 연구한다.
③ 미시경제학은 개별 경제주체의 의사결정과 상호작용을 연구한다.
④ 미시경제학과 거시경제학의 학문적 통합은 이루어지지 않고 있다.

## 1 기본 개념

| 경제모형<br>economic model | 복잡한 경제현상 변수들 간의 상호의존 관계를 이론적으로 규명하고 수식화하며, 이에 대한 검증을 통해 경제분석 및 예측을 목적으로 고안된 개념의 틀을 말한다. |
|---|---|
| 생산가능곡선<br>production<br>possibilities frontier | 한 나라의 경제가 생산에 필요한 자원(노동, 자본, 기술 등)을 사용하여 최대한 생산할 수 있는 생산물의 조합을 나타내는 곡선이다. |
| 경제순환도<br>circular-flow<br>diagram | 경제주체 간의 재화와 서비스 및 생산요소 시장의 움직임을 보여주는 모형으로 경제순환 과정을 일목요연하게 나타낸 기본 모형이다. |
| 방법론<br>methodology | 개별적 사실에서 어떤 질서를 찾고 어떻게 이론화 작업을 수행해나갈 것인지에 대한 논의를 말한다. |
| 가정<br>assumptions | 어떤 논리적 추리를 전개할 때 그 추리의 기반이 되는 명제로 복잡한 현상을 단순화시키는 것을 말한다. |
| 귀납법<br>induction | 개별 사례로부터 일반적인 원리나 법칙을 도출해 내는 추론법이다. |
| 연역법<br>deduction | 일반적으로 알려진 사실이나 명제로부터 다른 구체적인 명제를 도출해 내는 추론법이다. |
| 유량변수<br>flow | 일정 기간에 측정되는 지표로 국내총생산, 소득, 소비, 국제수지 등이 있다. |
| 저량변수<br>stock | 특정 시점에 측정되는 지표로 통화량, 환율, 부채 등이 있다. 즉, 저량변수는 유량변수가 누적된 결과이다. |
| 독립변수<br>independent<br>variable | 다른 변수의 변화와 관계없이 독립적으로 변할 수 있는 변수를 말한다. |
| 종속변수<br>dependent variable | 독립변수에 따라 변화하는 변수를 말한다. |

| 외생변수<br>exogenous variable | 경제모형 외부에서 영향을 주는 변수를 말한다. |
|---|---|
| 내생변수<br>endogenous variable | 경제모형 내부에서 직접적인 영향을 주는 변수를 말한다. |

## 2 보충학습

### (1) 생산가능곡선

① 생산가능곡선은 재화 $A$와 재화 $B$를 생산한다고 가정하였을 때, 모든 자원을 활용하여 최대한으로 생산할 수 있는 생산조합이다.

② 따라서 **생산가능곡선상의 점**을 **효율적 생산** 상태라 하고, **생산가능곡선 내부의 점**을 **비효율적 생산** 상태라 한다.

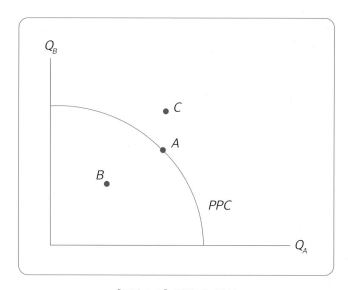

[그림 1-2] 생산가능곡선

### (2) 생산가능곡선의 이동

한 경제가 성장하거나 기술의 발전을 통해 생산에 투입할 수 있는 자원이 많아지면 생산가능곡선은 바깥으로 이동한다.

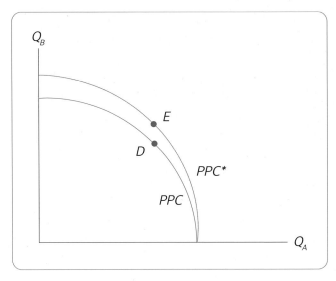

[그림 1-3] 생산가능곡선의 이동

## (3) 경제순환도

경제순환도는 경제주체들이 어떻게 서로 상호작용하는지를 한눈에 알아보기 쉽게 만든 도표이다.

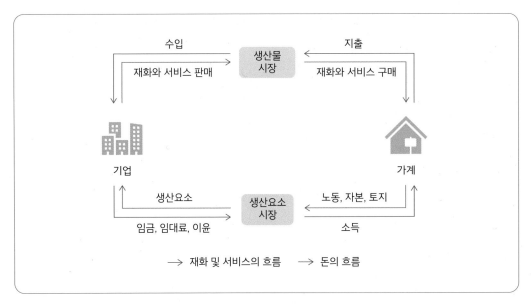

[그림 1-4] 경제순환도

## 3 연습문제

1. 생산가능곡선상의 점은 생산가능곡선 안쪽의 점보다 효율적인 생산이 이루어지는 점이다.　(○/×)
2. 연역법은 개별 사례로부터 일반적인 원리나 법칙을 도출해 내는 추론법이다.　(○/×)
3. 유량변수는 특정 시점, 저량변수는 일정 기간에 대해 측정하는 변수이다.　(○/×)
4. 가정은 복잡한 문제를 단순화하고 이해하기 쉽게 만든다.　(○/×)
5. 재화 X와 Y를 생산하는 경제에서 재화 Y에만 기술진보가 발생한다면 재화 X의 기회비용은 증가한다.　(○/×)

1. 생산가능곡선에 대한 설명으로 옳은 것은?
   ① 규모의 경제를 이루면 생산가능곡선은 원점에 대해 오목하다.
   ② 생산가능곡선상의 점에서 비효율적으로 생산한다.
   ③ 기술진보는 생산가능곡선을 바깥으로 이동하게 만든다.
   ④ 생산가능곡선은 최소한의 자원을 활용하여 생산하는 산출물의 조합을 나타낸다.

2. 생산가능곡선상의 한 재화의 생산이 증가할 때 그 재화의 기회비용을 설명한 것 중 옳은 것은?
   ① 기회비용은 점점 증가한다.
   ② 기회비용은 점점 감소한다.
   ③ 기회비용은 처음에는 증가하다가 나중에는 감소한다.
   ④ 기회비용은 처음에는 감소하다가 나중에는 증가한다.

3. 다음 중 생산가능곡선에 대한 설명으로 적절하지 않은 것은?

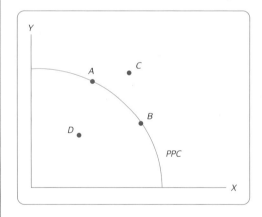

   ① A점에서 생산할 때 자원을 효율적으로 사용했다고 할 수 있다.
   ② C점은 생산 불가능한 수준이나 기술진보가 발생한다면 생산이 가능해질 수 있다.
   ③ A점은 B점보다 X재를 생산하기 위해 포기해야 하는 Y재가 더 적다.
   ④ D점은 B점보다 효율적으로 생산한다.

4. 생산가능곡선을 이동시키는 요인으로 적절하지 않은 것은?

① 실업률의 감소
② 자본의 증가
③ 노동자 증가
④ 기술진보

5. 다음 중 유량변수가 아닌 것은?

① 국내총생산
② 투자
③ 환율
④ 국제수지

6. 다음 중 경제학자들이 경제학을 연구할 때 사용하지 않은 방법은 무엇인가?

① 이론을 고안한다.
② 아무런 가정이 없이 경제를 모형화한다.
③ 데이터를 수집한다.
④ 데이터를 분석한다.

7. 경제모형에 대한 설명으로 옳은 것은?

① 경제모형에 세부정보가 많을수록 더 좋다.
② 복잡한 현실을 단순화하여 보여주며 실질적으로 무엇이 중요한지 알아낼 수 있다.
③ 경제가 어떻게 작동하는지에 대해 설명하지 않는다.
④ 경제모형은 현실을 더욱 복잡하게 나타낸다.

8. 다음 중 경제순환도의 생산요소가 아닌 것은?

① 노동
② 토지
③ 자본
④ 산출물

9. 경제순환도에 대한 설명으로 적절하지 않은 것은?

① 가계는 생산요소를 소유하고 있다.
② 기업은 생산요소를 구입한다.
③ 기업은 재화와 서비스를 제공한다.
④ 기업은 생산요소를 소유하고 있다.

10. 다음 중 자본 투입에 대한 설명으로 옳은 것은?

① 공장에서 생산에 사용되는 기계
② 주식 및 채권
③ 근로자 한 달 임금
④ 전기료

## 1 기본 개념

| | |
|---|---|
| 효율성<br>efficiency | 최소한의 투입으로 최대한의 산출을 얻는 것을 말한다.<br>(예: 파이의 크기) |
| 형평성<br>equality | 경제적 산출물이 사회 구성원에게 균등하게 분배되는 것을 말한다.<br>(예: 파이를 균등하게 나누기) |
| 합리성<br>rationality | 어떤 행위가 설정된 목표를 달성하는 데 최적의 수단인지 여부에 따라 사용되는<br>개념이다. |
| 합리적인 사람<br>rational people | 어떤 목적을 달성하기 위해 체계적·계획적으로 최선을 다하는 사람을 말한다. |
| 최적화<br>optimization | 경제주체가 주어진 자원의 한계 내에서 합리적인 선택을 통해 최선의 결과를 얻는<br>과정이다. 즉, 극대화와 극소화를 합쳐서 찾는 것으로 의사결정자의 합리성을 전<br>제해야 비로소 의미를 갖는 개념이다. |
| 한계적 변화<br>marginal<br>changes | 경제주체가 현재의 행동에 대한 계획을 조금씩 바꾸어 조정하는 것을 말한다. 미<br>시경제학에서의 한계는 최적화와 관련되어 있다. |
| 경제적 유인<br>incentive | 개인이나 기업이 특정 행동을 하도록 유도하거나 그 행동을 회피하도록 만드는 경<br>제적 동기를 의미한다. |
| 균형<br>equilibrium | 어떤 상태에 도달되면 충격이 발생하지 않는 한 지속되려는 경향이 있는 상태를<br>말한다. 경제학에서 균형은 수요와 공급이 일치하는 상태를 의미한다. |
| 매몰비용<br>sunk cost | 이미 지출하여 회수할 수 없는 비용을 말한다. |

## 2 보충학습

### (1) 미시경제학의 3대 논제

| ① 무엇을 얼마나 생산(소비)할 것인가?<br>What and How much to produce | 한정된 자원을 활용하여 생산가능곡선 위에 있는 다양한 조합 가운데 어느 지점에서 생산할 것인가의 문제이다. 자원은 희소하기에 하나의 재화를 생산하기 위해 다른 재화의 생산을 포기해야 하기 때문이다. |
|---|---|
| ② 어떻게 생산(소비)할 것인가?<br>How to produce | 재화를 생산하기 위해 투입되는 생산요소를 어떻게 결합할 것인가의 문제이다. 즉, 가용한 자원으로 재화와 서비스를 생산하는 과정에서 비효율적인 생산이 발생하지 않기 위해서 생산요소를 어떻게 투입할 것인가의 문제이다. 생산요소의 투입에 따라 생산 비용과 산출량이 달라지기 때문이다. |
| ③ 누구가 생산(소비)할 것인가?<br>Who to produce | 생산된 재화와 서비스를 어떻게 분배할 것인가의 문제이다. 즉, 분배에 대한 문제로 형평성에 관한 것이라고 할 수 있다. |

### (2) 효율성과 형평성의 차이점

① 목표
- 효율성: 전체 사회의 생산성과 자원 활용을 극대화하는 것이다.
- 형평성: 공정하고 공평한 분배를 통해 사회적 정의를 실현하는 것이다.

② 관점
- 효율성: 경제적 관점에서 전체 파이를 키우는 것에 중점을 두고 있다.
- 형평성: 윤리적 관점에서 전체 파이를 공정하게 나누는 것에 중점을 두고 있다.

③ 정책 적용
- 효율성: 자유 시장을 촉진하고 경쟁을 강화하는 정책들이 있다(예: 규제 완화, 시장 개방).
- 형평성: 소득 재분배와 사회적 불평등 해소를 위한 정책들이 있다(예: 누진세, 사회 복지, 보조금).

★ 상충 관계: 효율성과 형평성은 종종 상충될 수 있다. 예를 들어, 소득을 재분배하기 위한 높은 세금은 형평성을 높일 수 있지만, 경제적 효율성을 저해할 수도 있다. 반대로, 효율성을 극대화하기 위한 자유 시장 경제는 소득 불평등을 심화시킬 수 있다. 이러한 상충 관계를 균형 있게 조정하는 것이 경제 정책의 중요한 과제이다.

## (3) 경제적 유인의 형태

경제적 유인은 사람들의 선택과 행동에 영향을 미쳐 경제 활동을 촉진하거나 억제하는 역할을 한다. 또한, 다양한 형태를 통해 사람들이 합리적인 선택을 하도록 유도하며, 시장에서의 자원 배분과 경제적 효율성에 중요한 영향을 미친다. 이는 주로 보상이나 벌금 등의 형태로 나타나며, 그 예는 다음과 같다.

① **보상**: 일정한 행동을 장려하기 위해 제공되는 금전적 보상, 세금 감면, 보조금 등(예: 친환경 자동차를 구매할 때 정부가 세금 감면 혜택을 제공하는 경우)

② **벌금**: 특정 행동을 억제하기 위해 부과되는 비용(예: 환경 오염을 초래하는 기업에 대해 벌금을 부과하는 경우)

③ **비용 절감**: 특정 행동을 통해 비용을 절감할 수 있는 유인(예: 에너지 절약형 제품을 사용함으로써 전기 요금을 절감할 수 있는 경우)

④ **세금 혜택**: 특정 행동을 장려하기 위해 제공되는 세금 인센티브(예: 연구 개발에 투자하는 기업에 대해 세금 공제를 제공하는 경우)

## (4) 매몰비용의 특징

① **회수 불가능**: 매몰비용은 이미 지출되었기 때문에 어떠한 경우에도 회수할 수 없다.

② **의사결정과 무관**: 현재 또는 미래의 의사결정을 할 때는 매몰비용을 고려해서는 안 된다. 대신, 미래의 비용과 편익을 기준으로 결정을 내려야 한다.

　★ 예를 들어, 이미 구매한 영화 티켓이 있지만 영화를 보기 싫다면, 티켓 비용(매몰비용)은 무시하고 현재의 편익(영화를 보지 않음)을 기준으로 결정해야 한다.

③ **매몰비용의 함정**: 사람들은 종종 매몰비용에 집착하여 비합리적인 결정을 내린다. 이를 매몰비용 오류(sunk cost fallacy)라고 한다.

　★ 예를 들어, 많은 돈을 투자한 사업이 실패할 가능성이 높아도 이미 투자한 돈이 아까워 추가로 돈을 투자하는 경우가 해당한다.

## A. 다음 문장을 읽고 내용이 옳으면 ○, 옳지 않으면 ✕로 답하시오.

1. 효율성은 경제적 파이의 크기를 의미한다. (○ / ✕)
2. 형평성은 사회의 자원을 가장 효율적인 방식으로 분배하는 것을 의미한다. (○ / ✕)
3. 어떤 행위가 설정된 목표를 달성하기 위한 수단을 합리성이라 한다. (○ / ✕)
4. 경제주체가 주어진 자원의 한계 내에서 합리적인 선택을 통해 최선의 결과를 얻는 과정을 최적화라고 한다. (○ / ✕)
5. 한계적 변화는 경제주체가 현재의 실행계획에 대해 조금씩 조정하는 것을 말한다. (○ / ✕)

## B. 다음의 질문에 대한 옳은 답을 고르시오.

1. 효율성에 대한 설명으로 옳은 것은?

   ① 미래를 위해 자원을 보존하는 것이다.
   ② 재화와 서비스가 경제주체들에게 동등하게 분배된다.
   ③ 사회는 부족한 자원으로부터 최소한의 산출량을 얻는다.
   ④ 사회는 부족한 자원으로부터 최대한의 산출량을 얻는다.

2. 사회가 희소한 자원으로 가능한 최대의 산출량을 얻는 것을 무엇이라 하는가?

   ① 효율성
   ② 형평성
   ③ 합리성
   ④ 생산성

3. 경제주체들의 합리적인 선택과 거리가 먼 것은?

   ① 기회비용이 같다면 이익이 큰 것을 선택한다.
   ② 매몰비용을 고려하여야 한다.
   ③ 기회비용을 최소화하고 이익이 최대화되는 선택한다.
   ④ 동일한 이익을 남긴다면 기회비용이 적은 쪽을 선택한다.

4. 시장의 자유경쟁으로 인해 나타나는 결과로 적절하지 않은 것은?

   ① 제품의 다양성
   ② 서비스 개선
   ③ 소득의 공평한 분배
   ④ 자원 배분의 효율성

5. 다음 중 경제적 측면에서 가장 합리적인 사람은?

① A는 영화가 재미없음에도 불구하고 입장료가 아까워서 끝까지 보았다.
② B는 지금부터 세 시간 동안 내일 시험을 위해 공부를 더 할 것인지 영화를 볼 것인지를 결정하지 못하였다.
③ C는 서점에서 구입한 책이 재미없었지만 비싼 책값을 생각하여 끝까지 읽었다.
④ D는 대학 진학을 고민할 때 대학 졸업 후의 진로에 대해 충분히 고민하였다.

6. 경제의 3대 문제에 대한 설명으로 적절하지 않은 것은?

① 시장경제에서 무엇을 생산할 것인가는 효율성을 고려하여 결정하고, 그 외의 경제문제는 형평성을 고려하여 결정한다.
② 계획경제에서는 무엇을 생산할 것인지를 중앙정부에서 결정한다.
③ 시장경제에서는 보이지 않는 손을 활용하여 경제문제의 해결을 강조한다.
④ 경제의 3대 문제는 무엇을 어떻게 누가 생산(소비)할 것인가의 문제이다.

# ✎ 모범답안

## CHAPTER 01  미시경제학 입문

### 01  경제학이란?

**A.** 1. ○  2. ✕  3. ✕  4. ○  5. ○

**B.** 1. ①  2. ①  3. ④  4. ③  5. ④  6. ②  7. ①  8. ②  9. ①  10. ③

### 02  경제학의 방법론

**A.** 1. ○  2. ✕  3. ✕  4. ○  5. ○

**B.** 1. ③  2. ①  3. ④  4. ①  5. ③  6. ②  7. ②  8. ④  9. ④  10. ①

### 03  미시경제학의 논제

**A.** 1. ○  2. ✕  3. ✕  4. ○  5. ○

**B.** 1. ④  2. ①  3. ②  4. ③  5. ④  6. ①

# CHAPTER 02 　시장의 수요와 공급

> ## 수업 목표
>
> ◇ 시장의 수요와 공급을 학습한다.
> ◇ 수요곡선과 공급곡선의 이동을 학습한다.
> ◇ 시장의 균형을 학습한다.
> ◇ 수요와 공급의 탄력성에 대해 학습한다.
> ◇ 수요와 공급을 통한 정부 정책과 경제적 후생을 분석한다.

## 01　시장의 수요와 공급

### 1 기본 개념

| | |
|---|---|
| 시장<br>market | 재화와 서비스가 거래되어 가격이 결정되는 장소를 말한다. |
| 수요<br>demand | 소비자가 지불할 능력이 있고 기꺼이 지불하고자 하는 재화와 서비스의 수요량을 말한다. |
| 수요곡선<br>demand curve | 어떤 재화의 가격과 수요량의 관계를 나타내며 우하향하는 곡선이다. |
| 수요의 법칙<br>law of demand | 다른 조건이 변하지 않을 때 어떤 재화의 가격이 하락하면 수요량이 증가하고, 가격이 상승하면 수요량이 감소하는 현상을 말한다. |
| 수요함수<br>demand function | 재화의 수요량에 영향을 미치는 여러 변수로 수요량을 표시하는 함수를 말한다. |

| | |
|---|---|
| 수요의 증가<br>increase in<br>demand | 수요곡선이 오른쪽으로 이동하며 가격과 무관하게 수요량이 증가하는 것을 말한다. |
| 수요의 감소<br>decrease in<br>demand | 수요곡선이 왼쪽으로 이동하며 가격과 무관하게 수요량이 감소하는 것을 말한다. |
| 정상재<br>normal good | 다른 조건이 변하지 않을 때 소득이 증가(감소)함에 따라 수요가 증가(감소)하는 재화를 말한다. |
| 열등재<br>inferior good | 다른 조건이 변하지 않을 때 소득이 증가(감소)함에 따라 수요가 감소(증가)하는 재화를 말한다. |
| 대체재<br>substitutes | 어느 한 재화가 다른 재화와 비슷한 유용성을 가지고 있어 대체관계에 있으며, 한 재화의 가격이 상승(하락)함에 따라 다른 한 재화의 수요가 증가(감소)하는 재화를 말한다. |
| 보완재<br>complements | 두 재화가 보완관계에 있으며, 한 재화의 가격이 상승(하락)함에 따라 다른 한 재화의 수요가 감소(증가)하는 재화를 말한다. |
| 공급<br>supply | 경제주체가 재화를 판매할 의사와 능력이 있는 재화의 공급량을 말한다. |
| 공급곡선<br>supply curve | 어떤 재화의 가격과 공급량의 관계를 나타내며 우상향하는 곡선이다. |
| 공급의 법칙<br>law of supply | 다른 조건이 변하지 않을 때 어떤 재화의 가격이 하락하면 공급량이 감소하고, 가격이 상승하면 공급량이 증가하는 현상을 말한다. |
| 공급함수<br>market supply<br>function | 재화의 공급량에 영향을 미치는 여러 변수로 공급량을 표시하는 함수를 말한다. |
| 공급의 증가<br>increase in supply | 공급곡선이 오른쪽으로 이동하며 가격과 무관하게 공급량이 증가하는 것을 말한다. |
| 공급의 감소<br>decrease in supply | 공급곡선이 왼쪽으로 이동하며 가격과 무관하게 공급량이 감소하는 것을 말한다. |

| | |
|---|---|
| 균형가격<br>equilibrium price | 시장에서 수요량과 공급량이 일치하는 시장가격에 도달한 상태를 의미한다.<br>즉, 가격이 수요와 공급에 의해 상승 또는 하락의 충격을 발생하지 않는 한 더<br>이상 움직이지 않는 상태를 말한다. |
| 균형거래량<br>equilibrium<br>quantity | 균형가격에서 거래되는 상품의 양을 말한다. 즉, 구매자가 특정 가격에서 구매<br>하고자 하는 수량과 판매자가 동일한 가격에서 판매하고자 하는 공급량이 정<br>확히 일치하는 수량을 말한다. |
| 초과공급<br>surplus | 공급량이 수요량을 초과하는 상태로 '공급과잉'이라고도 부른다. |
| 초과수요<br>shortage | 수요량이 공급량을 초과하는 상태로 '물량 부족'이라고도 부른다. |
| 수요·공급의 법칙<br>law of demand<br>and supply | 어느 재화의 가격이 그 재화에 대한 수요량과 공급량이 일치하도록 조정되는<br>현상으로 수요와 공급이 일치하는 상태에서 가격과 거래량이 결정되는 원리를<br>의미한다. |

## 2 보충학습

### (1) 수요함수와 공급함수

① **수요함수**: 재화 A의 수요량 $Q_D$에 영향을 주는 여러 변수 간의 관계를 나타내는 함수이다.
$P$는 재화 A의 가격, $P_0$는 재화 A와 관련이 있는 다른 재화 B의 가격, $I$는 소비자들의 소득
수준, $Z$는 수요에 영향을 주는 기타 변수들을 의미한다.

$$Q_D = \int (P, P_0, I, Z)$$

② **공급함수**: 재화 C의 공급량 $Q_S$에 영향을 주는 여러 변수 간의 관계를 나타내는 함수이다. $P$
는 재화 C의 가격, $w$는 재화 C를 생산하는 데 투입되는 생산요소(임금)의 가격, $r$는 재화 C
를 생산하는 데 투입되는 생산요소(임대료)의 가격, $T$는 생산기술을 의미한다.

$$Q_S = \int (P, w, r, T)$$

## (2) 수요곡선과 공급곡선

① 만약 X재의 수요함수가 $Q_x^D = -P_x + 60$이라면 가격에 대한 수요량은 [표 2-1]과 같다.
② 만약 X재의 공급함수가 $Q_x^S = P_x$이라면 가격에 대한 공급량은 [표 2-1]과 같다.

**[표 2-1] 수요표와 공급표**

| X재 수요표 | | X재 공급표 | |
| --- | --- | --- | --- |
| X재 가격 | X재 수요량 | X재 가격 | X재 공급량 |
| 10 | 50 | 10 | 10 |
| 20 | 40 | 30 | 30 |
| 30 | 30 | 50 | 50 |

수요곡선

공급곡선

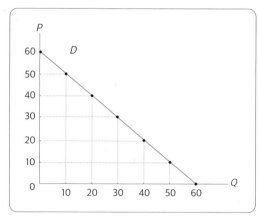
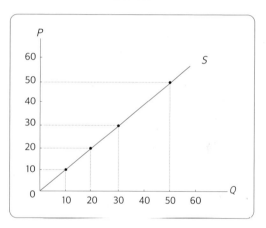

[그림 2-1] 수요곡선과 공급곡선

## (3) 수요곡선의 이동

① **수요량의 변화**: 재화의 가격이 상승하면 수요량은 감소하고, 가격이 하락하면 수요량은 증가한다. 이처럼 가격의 변화로 인한 수요량의 변동으로, 수요곡선상의 이동으로 나타난다.
② **수요의 변화**: 재화의 가격 이외의 소득, 연관재, 소비자의 취향, 소비자의 수 등의 변화로 인한 변동으로, 수요곡선의 이동으로 나타난다.

[표 2-2] 재화에 따른 수요의 변화

| 변수 | 재화 | 수요의 변화 |
|---|---|---|
| 소득 | 정상재 | 소득 증가 → 수요 증가 |
| | 열등재 | 소득 증가 → 수요 감소 |
| 연관재의 가격 | 대체재 | 가격 상승 → 수요 증가 |
| | 보완재 | 가격 상승 → 수요 감소 |

수요량의 변화(수요곡선상의 이동)

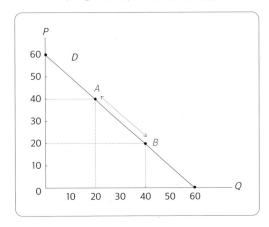

수요의 변화(수요곡선의 이동)

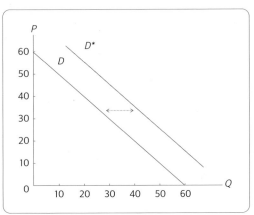

[그림 2-2] 수요곡선의 이동

## (4) 공급곡선의 이동

① **공급량의 변화**: 재화의 가격이 상승하면 공급량은 증가하고, 가격이 하락하면 공급량은 감소한다. 이처럼 가격의 변화로 인한 공급량의 변동으로, 공급곡선상의 이동으로 나타난다.
② **공급의 변화**: 재화의 가격 이외의 생산요소가격, 기술, 미래에 대한 기대, 공급자의 수 등의 변화로 인한 변동으로, 공급곡선의 이동으로 나타난다.

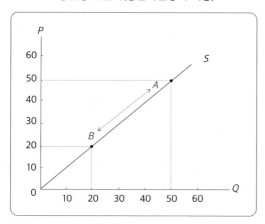

공급량의 변화(공급곡선상의 이동)

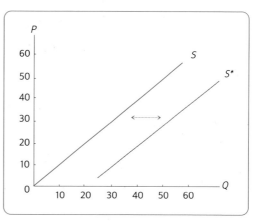

공급의 변화(공급곡선의 이동)

[그림 2-3] 공급곡선의 이동

## (5) 시장균형

① 수요곡선과 공급곡선이 일치하여 형성된 가격과 거래량을 말한다. 이는 시장에 충격이 발생하지 않는 한 변하지 않는다.

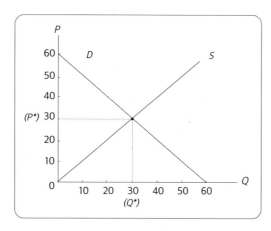

[그림 2-4] 시장균형(수요와 공급의 균형)

② **초과공급(공급량 > 수요량)**: 시장가격이 균형가격보다 높을 때 공급량이 수요량을 초과하여 과잉 공급이 발생하며, 이는 가격을 하락시키는 방향으로 작용한다. 즉, 수요곡선과 공급곡선상의 이동이 나타난다. 이때 수요량은 **증가**하고 공급량은 **감소**하며 가격은 **하락**한다.

③ **초과수요(공급량 < 수요량)**: 시장가격이 균형가격보다 낮을 때 수요량이 공급량을 초과하여 과잉 수요가 발생하며, 이는 가격을 상승시키는 방향으로 작용한다. 즉, 수요곡선과 공급곡선상의 이동이 나타난다. 이때 수요량은 **감소**하고 공급량은 **증가**하며 가격은 **상승**한다.

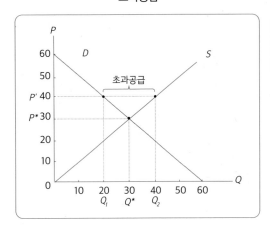

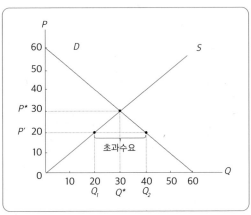

[그림 2-5] 시장의 비균형

## (6) 수요과 공급의 변동과 시장균형

| 수요의 변동 | | 공급의 변동 | | 수요와 공급의 변동 |
|---|---|---|---|---|
| 수요곡선의<br>우측 이동 | 수요곡선의<br>좌측 이동 | 공급곡선의<br>우측 이동 | 공급곡선의<br>좌측 이동 | 수요와 공급 이동 |
| 균형가격 상승,<br>균형거래량 증가 | 균형가격 하락,<br>균형거래량 감소 | 균형가격 하락,<br>균형거래량 증가 | 균형가격 상승,<br>균형거래량 감소 | 균형가격과<br>균형거래량이 달라짐 |

A. 다음의 문장을 읽고 내용이 옳으면 ○, 틀리면 ×로 답하시오.

1. 시장에서 재화의 거래량과 가격은 수요와 공급에 의해 결정된다. ( ○ / × )

2. 수요의 법칙이란 다른 조건이 동일할 때 재화의 가격이 하락하면 수요량이 감소한다는 것이다.

( ○ / × )

3. 수요곡선은 가격과 수요량을 나타내며 우하향한다. ( ○ / × )

4. 가격이 상승하면 수요곡선상의 이동이 일어난다. ( ○ / × )

5. 재화의 가격 하락과 시장 수요자 수의 증가는 동일한 방식으로 수요곡선에 영향을 준다.

( ○ / × )

6. 소득이 감소할 때 어떤 재화에 대한 수요가 감소한다면, 그 재화는 열등재이다. ( ○ / × )

7. 대체재 가격의 상승은 해당 재화의 수요곡선을 오른쪽으로 이동시킨다. ( ○ / × )

8. 공급곡선상의 이동을 공급의 변화라고 하고, 공급곡선의 이동을 공급량의 변화라고 한다.

( ○ / × )

9. 가격은 변하지 않고 공급의 다른 결정 요인이 변할 때, 공급곡선이 이동한다. ( ○ / × )

10. 시장에서 재화의 가격은 수요량과 공급량이 같아질 때까지 조정된다. ( ○ / × )

1. 어떤 재화의 가격이 하락했다. 다음 중 옳은 것은?
   ① 수요량이 증가한다.
   ② 수요량이 감소한다.
   ③ 공급량이 증가한다.
   ④ 공급량은 변하지 않는다.

2. 맥주와 치킨은 서로 보완관계이다. 치킨의 원재료인 닭고기의 가격이 상승했을 때 다음 중 옳은 것은?
   ① 맥주의 공급량이 증가한다.
   ② 맥주의 수요량이 감소한다.
   ③ 맥주의 균형가격이 상승한다.
   ④ 치킨의 공급량이 증가한다.

3. 시장의 수요곡선에 대한 설명으로 옳은 것은?
   ① 판매자의 수가 변할 때 수요량이 어떻게 변하는지를 보여준다.
   ② 재화의 가격과 대체재 수요량의 관계를 나타낸다.
   ③ 소득이 변할 때 수요량이 어떻게 변하는지를 보여준다.
   ④ 재화의 가격과 수요량의 관계를 나타낸다.

4. 다음 중 한 재화의 수요곡선을 이동시키지 않는 항목을 고르면?
   ① 소득의 변화
   ② 재화 가격의 변화
   ③ 재화의 미래 가격에 대한 기대의 변화
   ④ 관련 재화의 가격 변화

5. 소득의 하락할 때 재화에 대한 수요가 감소한다. 다음 중 옳은 것은?
   ① 정상재
   ② 열등재
   ③ 대체재
   ④ 보완재

6. 공급의 법칙에 대한 설명으로 옳은 것은?
   ① 재화의 가격이 하락하면 공급량은 증가한다.
   ② 재화의 가격이 상승하면 공급량은 증가한다.
   ③ 재화의 가격이 상승하면 공급량은 감소한다.
   ④ 재화의 가격이 하락하면 공급량은 변하지 않는다.

7. 생산 기술이 향상되었다. 다음 중 옳은 것은?
   ① 공급곡선이 오른쪽으로 이동한다.
   ② 공급곡선이 왼쪽으로 이동한다.
   ③ 수요곡선이 오른쪽으로 이동한다.
   ④ 수요곡선이 왼쪽으로 이동한다.

8. 〈보기〉의 수요곡선은 A점에서 B점으로 이동한다. 수요곡선상 A점에서 B점으로 이동할 때, 다음 중 옳은 것은?

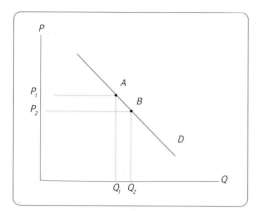

① 가격이 상승한다.
② 대체품의 가격은 하락한다.
③ 수요량이 감소한다.
④ 수요량이 증가한다.

9. 균형 가격이 상승했다. 수요와 공급의 관점에서 다음 설명 중 옳은 것은?

① 수요는 감소하고 공급은 변하지 않는다.
② 수요와 공급 모두 감소한다.
③ 수요는 증가히고 공급은 변하지 않는다.
④ 수요는 변하지 않고 공급은 증가한다.

10. 시장에 초과공급이 발생할 때 다음 중 옳은 것은?

① 균형가격보다 높고, 공급량이 수요량보다 많다.
② 균형가격보다 높고, 수요량이 공급량보다 많다.
③ 균형가격보다 낮고, 수요량이 공급량보다 많다.
④ 균형가격보다 낮고, 공급량이 수요량보다 많다.

11. 수요·공급곡선 그래프를 이용하여 다음 현상이 오렌지 주스 시장에 어떤 영향을 미칠 것인지를 그래프로 그려 분석하시오.

1) 올해 태풍으로 인해 오렌지 생산량이 감소했다.

2) 대체재인 사과 주스의 가격이 하락했다.

3) 학교에서 급식으로 오렌지 주스를 배급하기로 했다.

4) 수확량을 늘리는 새로운 오렌지 품종이 개발되었다.

**수요와 공급의 탄력성**

## 1 기본 개념

| 탄력성<br>elasticity | 한 변수가 다른 변수에 의해 얼마나 반응하는지를 나타내는 지표이다. |
|---|---|
| 수요의 가격탄력성<br>price elasticity of demand | 어떤 재화의 가격이 변할 때 그 재화의 수요량이 얼마나 변하는지를 나타내는 지표($\varepsilon_p$)이다. |
| 탄력적 수요<br>elastic demand | 재화의 가격이 변할 때 해당 재화의 수요량이 더 크게 변화하는 경우를 말한다($\varepsilon_p > 1$). |
| 비탄력적 수요<br>inelastic demand | 재화의 가격이 변할 때 해당 재화의 수요량의 변화가 크지 않은 경우를 말한다($0 < \varepsilon_p < 1$). |
| 수요의 소득탄력성<br>income elasticity of demand | 소득의 변화에 따라 수요량이 얼마나 변하는지를 나타내는 지표($\varepsilon_I$)이다. |
| 수요의 교차탄력성<br>cross-price elasticity of demand | 한 재화(X)의 가격이 변할 때 다른 재화(Y)의 수요량이 얼마나 변하는지를 나타내는 지표($\varepsilon_c$)이다. |
| 공급의 가격탄력성<br>price elasticity of supply | 어떤 재화의 가격이 변할 때 그 재화의 공급량이 얼마나 변하는지를 나타내는 지표($\varepsilon_s$)이다. |
| 탄력적 공급<br>elastic supply | 재화의 가격이 변할 때 해당 재화의 공급량이 더 크게 변화하는 경우를 말한다($\varepsilon_s > 1$). |
| 비탄력적 공급<br>inelastic supply | 재화의 가격이 변할 때 해당 재화의 공급량의 변화가 크지 않은 경우를 말한다($\varepsilon_s < 1$). |

## 2 보충학습

### (1) 수요의 가격탄력성

① 가격이 1% 변할 때 수요량이 몇 % 변화하는지를 나타낸다.

$$\varepsilon_p = \left| \frac{\text{수요량 변화율}}{\text{가격 변화율}} \right| = \left| \frac{\frac{\triangle Q}{Q}}{\frac{\triangle P}{P}} \right| = \left| \frac{\triangle Q}{\triangle P} \times \frac{P}{Q} \right|$$

② $\varepsilon_p > 1$이면 탄력적 수요이고, $0 < \varepsilon_p < 1$이면 비탄력적 수요이다.

③ 예외적인 경우 $\varepsilon_p = 1$이면 단위탄력적 수요, $\varepsilon_p = 0$이면 완전 비탄력적 수요, $\varepsilon_p = \infty$이면 완전 탄력적 수요이다.

$\varepsilon_p > 1$, 탄력적 수요

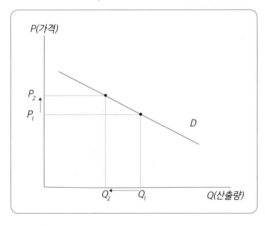

$0 < \varepsilon_p < 1$, 비탄력적 수요

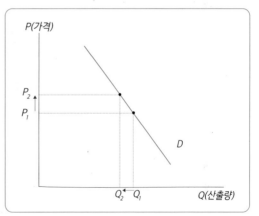

$\varepsilon_p = 1$, 단위탄력적 수요

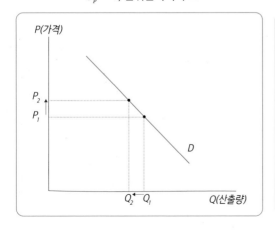

$\varepsilon_p = 0$, 완전 비탄력적 수요

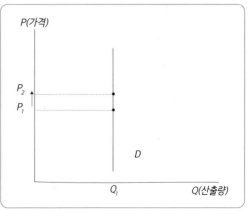

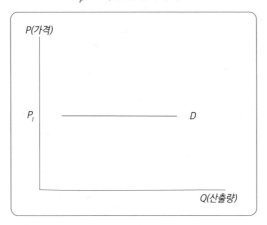

$\varepsilon_p = \infty$, 완전 탄력적 수요

[그림 2-6] 수요의 가격탄력성

④ 수요의 가격탄력성 결정요인
- 대체재 존재: 대체재가 많을수록 탄력적이고, 적을수록 비탄력적이다.
- 필수재와 사치재: 필수재는 비탄력적이고, 사치재는 탄력적이다.
- 지출비중: 재화의 가격이 전체 소득에서 차지하는 비중이 클수록 탄력적이고, 적을수록 비탄력적이다.
- 재화의 범주: 재화의 범위가 좁을수록 탄력적이고, 넓을수록 비탄력적이다.
- 기간: 측정 기간이 단기일수록 비탄력적이고, 장기일수록 탄력적이다.

⑤ 수요의 가격탄력성과 기업의 총수입
- 총수입(Total revenue): 어떤 재화에 대한 공급자의 판매 수입을 말한다($TR = P \times Q$).
- 가격이 상승할 때 수요가 탄력적이면 총수입은 감소하고, 수요가 비탄력적이면 총수입은 증가한다.
- 가격이 하락할 때 수요가 탄력적이면 총수입은 증가하고, 수요가 비탄력적이면 총수입은 감소한다.

## (2) 수요의 소득탄력성

① 소득이 1% 변할 때 수요량이 몇 % 변화하는지를 나타낸다.

$$\varepsilon_I = \frac{\text{수요량 변화율}}{\text{소득 변화율}} = \frac{\dfrac{\triangle Q}{Q}}{\dfrac{\triangle I}{I}} = \frac{\triangle Q}{\triangle I} \times \frac{I}{Q}$$

② $\varepsilon_I > 0$이면 탄력적이고, $\varepsilon_I < 0$이면 비탄력적이다.

- $\varepsilon_I > 0$인 경우, 소득이 증가함에 따라 수요량이 증가하는 재화로서 이를 **정상재**라고 한다.
- $\varepsilon_I < 0$인 경우, 소득이 증가함에 따라 수요량이 감소하는 재화로서 이를 **열등재**라고 한다.

## (3) 수요의 교차탄력성

① $X$재의 가격이 1% 변할 때 $Y$재의 수요량이 몇 % 변화하는지를 나타낸다.

$$\varepsilon_c = \frac{Y\text{재 수요량 변화율}}{X\text{재 가격 변화율}} = \frac{\dfrac{\triangle Q_y}{Q_y}}{\dfrac{\triangle P_x}{P_x}} = \frac{\triangle Q_y}{\triangle P_x} \times \frac{P_x}{Q_y}$$

② $\varepsilon_c > 0$이면 탄력적이고, $\varepsilon_c < 0$이면 비탄력적이다.

- $\varepsilon_c > 0$인 경우, $X$재의 가격이 증가함에 따라 $Y$재의 수요량이 증가하는 재화로서 이를 **대체재**라고 한다.
- $\varepsilon_c < 0$인 경우, $X$재의 가격이 증가함에 따라 $Y$재의 수요량이 감소하는 재화로서 이를 **보완재**라고 한다.

## (4) 공급의 가격탄력성

① 가격이 1% 변할 때 공급량이 몇 % 변화하는지를 나타낸다.

$$\varepsilon_s = \frac{\text{공급량 변화율}}{\text{가격 변화율}} = \frac{\dfrac{\triangle Q_s}{Q_s}}{\dfrac{\triangle P}{P}} = \frac{\triangle Q_s}{\triangle P} \times \frac{P}{Q_s}$$

② $\varepsilon_s > 1$이면 탄력적 공급이고, $0 < \varepsilon_s < 1$이면 비탄력적 공급이다.

③ 공급의 가격탄력성 결정요인
- 생산량과 비용: 공급자들이 생산량을 증가할 때 얼마나 신축적으로 조절할 수 있는가에 따라 탄력성이 좌우된다. 생산량이 증가할 때 생산 비용이 급격히 증가하는 재화(예: 건물)의 경우 가격의 변화에 따라 생산량을 즉각적으로 변화시키기 어렵기에 공급이 비탄력적이다. 반면 가격의 변화에 따라 생산량을 즉각적으로 변화시킬 수 있는 재화(예: 책, 의류, 신발)는 공급이 탄력적이다.
- 기술수준: 기술수준의 향상이 빠른 재화일수록 더 탄력적이다. 예를 들면 전자제품, 소프트웨어, 스마트폰과 같은 제품은 기술 발전이 빠르게 이루어지므로 생산 효율성이 높아지고, 가격 변화에 따라 생산량을 신속하게 조절할 수 있으므로 이러한 제품들의 공급은 탄력적이다.
- 기간: 측정 기간이 단기일수록 비탄력적이고, 장기일수록 탄력적이다. 예를 들면 단기적으로는 농산물 생산량을 즉각적으로 늘리기 어렵지만, 장기적으로는 농업 기술의 개선이나 경작지 확대로 생산량을 증가시킬 수 있으므로 장기적으로 공급은 더 탄력적이다.

### 3 연습문제

**A. 다음의 문장을 읽고 내용이 옳으면 ○, 틀리면 ×로 답하시오.**

1. 수요의 가격탄력성이 1보다 높으면 비탄력적 수요라고 한다. ( ○ / × )
2. 열등재의 소득탄력성은 0보다 작다. ( ○ / × )
3. 공급의 가격탄력성은 재화의 가격의 변화에 대한 공급량이 얼마나 민감하게 반응하는지를 나타낸다. ( ○ / × )
4. 수요가 비탄력적일 때 가격이 상승하면 총수입은 감소한다. ( ○ / × )
5. 수요의 교차탄력성이 0보다 크면 대체재이다. ( ○ / × )

1. 수요의 가격탄력성에 대한 설명으로 옳은 것은?

   ① 재화의 가격 변화에 대한 수요량이 얼마나 민감하게 반응하는지를 나타낸다.
   ② 해당 재화의 대체재가 많을수록 수요의 가격탄력성은 작아진다.
   ③ 해당 재화의 공급이 적을수록 수요의 가격탄력성은 작아진다.
   ④ 소득이 증가할수록 수요의 가격탄력성은 커진다.

2. 재화에 대한 수요의 가격탄력성을 결정하는 요인으로 적절하지 않은 것은?

   ① 재화의 필수품 혹은 사치품 여부
   ② 재화의 대체재 존재 여부
   ③ 재화의 공급곡선
   ④ 수입에서 재화의 지출 비중

3. 재화 A에 대한 수요의 가격탄력성은 2.8이고, 재화 B에 대한 수요의 가격탄력성은 0.6이다. 다음 중 옳은 것은?

   ① A재는 정상재이고, A재와 B재는 대체관계이다.
   ② A재는 대체재가 적고, B재는 대체재가 많다.
   ③ A재에 대한 지출은 소득에서 차지하는 비중이 적고, B재는 차지하는 비중이 크다.
   ④ A재는 사치재이고, B재는 필수재이다.

4. 재화에 대한 가격이 9% 상승하면 수요량이 8% 감소한다. 수요의 가격탄력성은 얼마인가?

   ① 0.09
   ② 1.13
   ③ 0.89
   ④ 0.08

5. A재에 대한 수요의 소득탄력성은 -1이고, A재가 B재에 대한 수요의 교차탄력성은 2이다. 다음 중 옳은 것은?

   ① A재는 정상재이고, A재와 B재는 대체관계이다.
   ② A재는 정상재이고, A재와 B재는 보완관계이다.
   ③ A재는 열등재이고, A재와 B재는 보완관계이다.
   ④ A재는 열등재이고, A재와 B재는 대체관계이다.

6. 재화에 대한 공급의 가격탄력성을 결정하는 요인으로 옳은 것은?

   ① 지출 비중
   ② 기술 수준
   ③ 소비자의 소득
   ④ 수요의 가격탄력성

7. 어떤 재화의 수요 가격탄력성은 1이다. 다음 중 옳은 것은?

　① 단위 탄력적 수요이다.
　② 완전 탄력적 수요이다.
　③ 완전 비탄력적 수요이다.
　④ 비탄력적 수요이다.

8. 한 소비자의 소득이 30,000달러에서 40,000 달러 증가했을 때, 재화 A에 대한 소비는 20 단위에서 10단위로 감소했다 다음 중 옳은 것은?

　① A재의 수요의 소득탄력성은 -4이고, 열등재 이다.
　② A재의 수요의 소득탄력성은 -4이고, 정상재 이다.
　③ A재의 수요의 소득탄력성은 -1.5이고, 열등 재이다.
　④ A재의 수요의 소득탄력성은 -1.5이고, 정상 재이다.

9. 두 재화 A와 B는 서로 보완재이다. 두 재화의 수요 교차탄력성에 대한 설명으로 옳은 것은?

　① 수요의 교차탄력성은 0보다 크다.
　② 수요의 교차탄력성은 0보다 작다.
　③ 수요의 교차탄력성은 0과 같다.
　④ 수요의 교차탄력성은 소득탄력성과 같다.

10. 재화 A의 가격이 50달러일 때, 수요량은 500단위이다. 재화 A의 가격이 70달러로 상승할 때, 수요량은 400단위로 감소한다. 재화 A의 수요 가격탄력성과 총수입에 대한 설명으로 옳은 것은?

　① 수요의 가격탄력성은 0.5이고, 가격이 상승하면 총수입은 감소한다.
　② 수요의 가격탄력성은 0.5이고, 가격이 상승하면 총수입은 증가한다.
　③ 수요의 가격탄력성은 0.875이고, 가격이 상승하면 총수입은 감소한다.
　④ 수요의 가격탄력성은 0.875이고, 가격이 상승하면 총수입은 증가한다.

11. 햄버거와 콜라는 서로 보완재이고, 두 재화 모두 수요가 비탄력적이다. 러시아-우크라니아 전쟁으로 인해 밀의 수확이 절반 줄었다고 하자. 그래프로 그려 다음의 문제를 분석하시오.

　1) 햄버거 빵의 가격은 어떻게 변하는가?

　2) 햄버거에 대한 가격, 거래량과 총수입은 어떻게 변하는가?

　3) 콜라에 대한 가격, 거래량과 총수입은 어떻게 변하는가?

**수요, 공급의 응용과 확장**

## 1 기본 개념

| | |
|---|---|
| 후생경제학<br>welfare economics | 미시경제학의 세부 분야로 자원의 배분이 사회구성원의 경제적 후생에 미치는 영향을 연구하는 경제학의 한 분야이다. |
| 지불용의<br>willingness to pay | 소비자가 어떤 재화를 구입하기 위해 지불하고자 하는 최고의 금액을 말한다. |
| 소비자잉여<br>consumer surplus | 어떤 재화에 대해 소비자의 지불 용의에서 실제 지불한 가격 간의 차이를 말한다. |
| 생산자잉여<br>producer surplus | 생산자가 재화를 판매할 때 실제 받은 가격에서 그 재화를 제공하는 데 드는 최소한의 비용을 제외한 가격 간의 차이를 말한다. |
| 경제적 순손실<br>deadweight loss | 편익이 비용보다 더 큰 거래가 이루어지지 않아 발생하는 총잉여의 감소분을 말한다. |
| 가격통제<br>price control | 정부가 시장에서 설정된 가격을 어떠한 이유에 의해 받아들이지 않고 직접 간섭하여 가격을 수정하는 것을 의미한다. |
| 가격상한제<br>price ceiling | 정부가 특정 목적을 위해 시장균형가격보다 낮은 수준으로 가격의 상한선을 정하는 제도를 말한다(예: 임대료 통제). |
| 가격하한제<br>price floor | 정부가 특정 목적을 위해 시장균형가격보다 높은 수준으로 가격의 하한선을 정하는 제도를 말한다(예: 최저임금법). |
| 조세<br>tax | 정부가 공공의 목적에 사용할 재원 조달을 위하여 사회 구성원에게 부과하는 세금을 말한다. |
| 조세의 귀착<br>tax incidence | 조세의 전가를 통해 조세의 실직적인 부담이 시장 참여자에게 귀속되는 현상을 말한다. |

## (1) 소비자잉여 도출

① **소비자잉여 도출:** 소비자가 재화를 구입하기 위해 지불하고자 했던 금액과 실제 시장가격의 차이로 구해진다. 즉, 수요곡선 아랫부분과 가격의 윗부분 사이의 면적으로 나타낸다.

   • $X$재의 수요함수가 $Q_x^D = -P_x + 60$이고, 가격이 30일 때 소비자잉여는 [그림 2-7]의 면적 $A$가 된다.

② **가격 변화와 소비자잉여**

   • 만약 $X$재의 가격이 30에서 20으로 하락한다면, 소비자잉여는 $A + B + C$가 된다.
   • 기존 소비자에게 추가로 발생한 소비자잉여는 $B$만큼 증가했다.
   • 새로운 소비자에게 발생한 소비자잉여는 $C$만큼 증가했다.
   • 가격의 하락으로 인해 소비자잉여는 총 $B + C$만큼 증가했다.

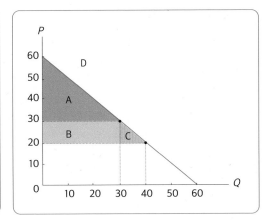

[그림 2-7] 소비자잉여와 가격변화

## (2) 생산자잉여 도출

① **생산자잉여 도출:** 생산자가 재화를 판매하여 실제로 받은 금액에서 그 재화를 제공하는 데 최소한 얻고자 했던 금액의 차이로 구해진다. 즉, 공급곡선의 윗부분과 가격의 아랫부분 사이의 면적으로 나타낸다.

   • $X$재의 공급함수가 $Q_x^S = P_x$이고, 가격이 30일 때 생산자잉여는 [그림 2-8]의 면적 $D$가 된다.

② 가격의 변화와 생산자잉여

- 만약 $X$재의 가격이 30에서 40으로 상승한다면, 생산자잉여는 $D+E+F$가 된다.
- 기존 생산자에게 추가로 발생한 생산자잉여는 $E$만큼 증가했다.
- 새로운 생산자에게 발생한 생산자잉여는 $F$만큼 증가했다.
- 가격의 상승으로 인해 생산자잉여는 총 $E+F$만큼 증가했다.

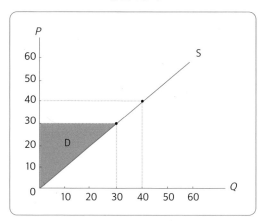 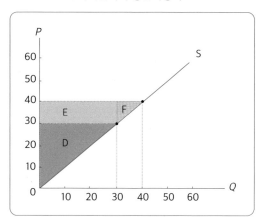

[그림 2-8] 생산자잉여와 가격변화

### (3) 총잉여

① 총잉여는 사회구성원 전체가 얻는 잉여로써 '사회적 잉여'라고도 한다.

총잉여 = 소비자잉여 + 생산자잉여

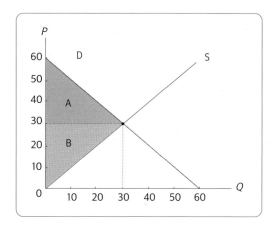

[그림 2-9] 소비자잉여, 생산자잉여와 시장균형

② 시장균형에서 총잉여
- 자유로운 시장은 소비자와 생산자 간의 교환을 통해 모두 이득을 얻게 된다.
- 자유로운 시장에서 생산된 재화의 수량은 소비자잉여와 생산자잉여의 합을 극대화하는 수량이다.
- 시장균형에서 자원 배분의 효율성을 확인할 수 있다.

### (4) 가격상한제

① 실효성이 있는 가격상한제
- 가격상한은 시장가격보다 낮게 책정된다.
- 초과수요(물량 부족) 현상을 초래한다.
- 비효율적인 자원배분을 초래한다.
- 암시장이 발생할 수 있다.
- 총잉여는 감소한다.
② 실효성이 없는 가격상한제
- 가격상한은 시장가격보다 높게 책정된다.
- 시장의 가격과 거래량에 영향을 미치지 못한다.

실효성이 없는 가격상한제

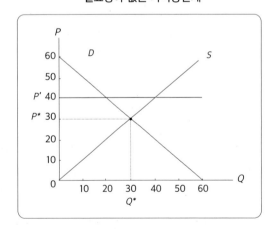

실효성이 있는 가격상한제

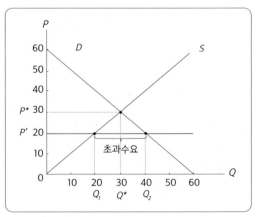

[그림 2-10] 가격상한제

## (5) 가격하한제

① 실효성이 있는 가격하한제
- 가격하한은 시장가격보다 높게 책정된다.
- 초과공급 현상을 초래한다.
- 비효율적인 자원배분을 초래한다.
- 총잉여는 감소한다.

② 실효성이 없는 가격하한제
- 가격하한은 시장가격보다 낮게 책정된다.
- 시장의 가격과 거래량에 영향을 미치지 못한다.

실효성이 없는 가격하한제         실효성이 있는 가격하한제

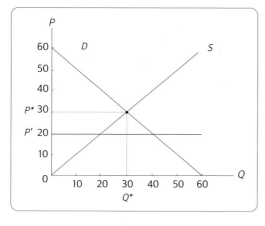 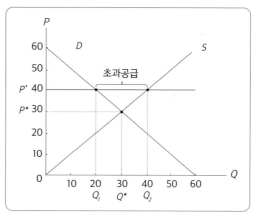

[그림 2-11] 가격하한제

## (6) 가격상한제, 가격하한제와 경제적 후생

① 가격상한제와 경제적 후생
- 균형에서 소비자잉여는 $a+b+c$이고, 생산자잉여는 $d+e+f$이며, 총잉여는 $a+b+c+d+e+f$ 이다.
- 가격상한제에서 소비자잉여는 $a+b+d$이고, 생산자잉여는 $f$이며, 총잉여는 $a+b+d+f$이다.
- 총잉여의 변화는 $c+e$로 감소한다. 이를 경제적 순손실이라고 한다.

② 가격하한제와 경제적 후생

- 균형에서 소비자잉여는 $a+b+c$이고, 생산자잉여는 $d+e+f$이며, 총잉여는 $a+b+c+d+e+f$이다.
- 가격상한제에서 소비자잉여는 $a$이고, 생산자잉여는 $b+d+f$이며, 총잉여는 $a+b+d+f$이다.
- 총잉여의 변화는 $c+e$로 감소한다. 이를 경제적 순손실이라고 한다.

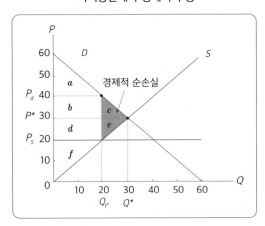

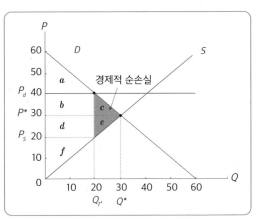

[그림 2-12] 가격상한제, 가격하한제와 총잉여

### (7) 조세의 귀착

① 소비자에 대한 과세
- 수요에 영향을 주므로 수요곡선이 왼쪽으로 이동한다.
- 새로운 시장균형이 형성된다. 이때 균형가격은 하락하고, 균형거래량은 감소한다.

② 생산자에 대한 과세
- 공급에 영향을 주므로 공급곡선이 왼쪽으로 이동한다.
- 새로운 시장균형이 형성된다. 이때 균형가격은 상승하고, 균형거래량은 감소한다.

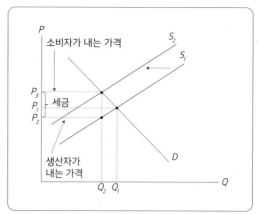

[그림 2-13] 소비자와 생산자에 대한 과세

③ 소비자와 생산자에 대한 과세가 시장에 미치는 영향

- 소비자가 내는 가격은 상승하고, 생산자가 받는 가격은 하락한다.
- 어떤 재화에 세금이 부과되면 균형거래량이 감소하므로 시장 거래를 억제한다.
- 소비자와 판매자가 세금을 나누어 부담한다. 이는 수요와 공급의 가격탄력성에 의해 결정
  된다.

**(8) 탄력성과 조세의 귀착**

① 시장의 공급이 매우 탄력적이고 수요는 상대적으로 비탄력적인 경우, 소비자가 대부분의
  세금을 부담하게 된다.
② 시장의 수요가 매우 탄력적이고 공급은 상대적으로 비탄력적인 경우, 생산자가 대부분의
  세금을 부담하게 된다.
③ 탄력성이 더 낮은 쪽이 더 많은 세금을 부담한다.

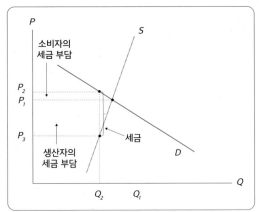

[그림 2-14] 세금 부담의 배분

## (9) 조세로 인한 경제적 후생

① 조세로 인한 경제적 후생

- 소비자잉여, 생산자잉여, 정부의 이득으로 판단할 수 있다.
- 정부의 이득은 세금 부과로 인한 조세수입이다.
- 조세수입 = 세금 × 거래량이므로, 조세수입은 $b+d$이다.

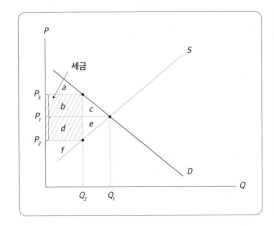

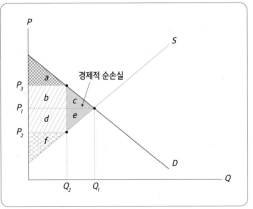

[그림 2-15] 조세와 경제적 후생

② 조세와 경제적 후생

- 세금이 없는 경우 소비자잉여는 $a+b+c$이고, 생산자잉여는 $d+e+f$이며, 조세수입은 0으로, 총잉여는 $a+b+c+d+e+f$이다.
- 세금이 부과되는 경우 소비자잉여는 $a$이고, 생산자잉여는 $f$이며, 조세수입은 $b+d$로, 총잉여는 $a+b+d+f$이다.
- 세금이 부과된 경우 소비자잉여와 생산자잉여 감소하고, 조세수입은 증가한다.
- 총잉여의 변화는 $c+e$로 감소한다. 이를 경제적 순손실이라고 한다.

## (10) 경제적 순손실의 결정요인

① 수요와 공급의 가격탄력성에 의해 순손실의 크기가 결정된다.
② 가격탄력성이 클수록 세금 부과로 인한 균형거래량이 더 많이 감소하므로 경제적 순손실이 커진다.

공급이 비탄력적일 때           공급이 탄력적일 때

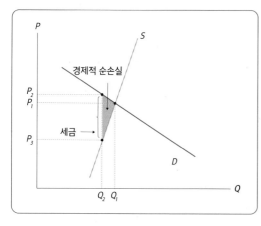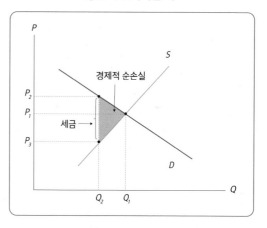

[그림 2-16] 가격탄력성과 경제적 순손실

## (11) 조세의 변화에 따른 경제적 순손실과 조세수입

① 세금이 증가할 때 경제적 순손실은 증가하는데, 증가 속도는 점차 세금의 증가를 능가한다.
② 세금이 증가할 때 조세수입은 처음에는 증가하다가, 세금 규모가 증가함에 따라 조세수입은 점차 감소한다. 이는 세금 규모가 증가함에 따라 시장 거래량이 줄어들기 때문이다.

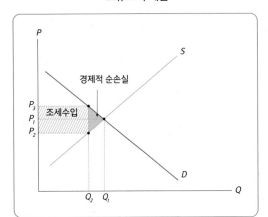

소규모의 세금

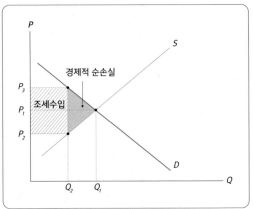

중규모의 세금

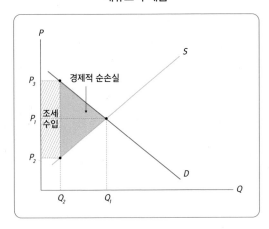

대규모의 세금

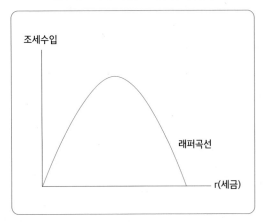

세금의 크기에 따른 조세수입의 변화

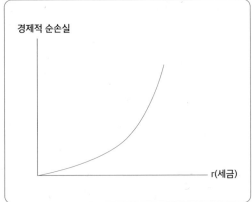

세금의 크기에 따른 경제적 순손실의 변화

[그림 2-17] 조세와 경제적 후생

## (12) 응용 및 확장: 관세의 효과

① 관세(tariff): 재화가 국경을 통과할 때 부과되는 세금이 관세이다. 흔히, 외국에서 생산되어 국내에서 소비되는 수입품에 부과한다.

- 자유무역할 때 국내 가격은 국제가격과 같아진다. 국내는 $Q_2 - Q_1$만큼 수입한다.
- 수입품에 관세를 부과하면 국내 가격은 국제가격에서 관세만큼 상승한다. 국내는 $Q_4 - Q_3$ 만큼 수입한다.

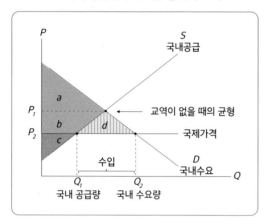
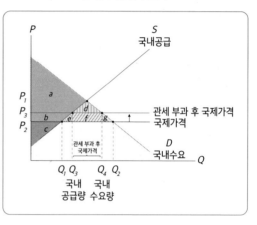

[그림 2-18] 국제무역과 관세

② 무역이 수입국에 미치는 경제적 효과

- 무역이 없는 경우 국내 소비자잉여는 $a$이고, 생산자잉여는 $b+c$이며 총잉여는 $a+b+c$이다.
- 무역이 있는 경우 국내 소비자잉여는 $a+b+d$이고, 생산자잉여는 $c$이며, 총잉여는 $a+b+c+d$이다.
- 무역 이후 소비자잉여는 $b+d$만큼 증가하고, 생산자잉여 $b$만큼 감소한다.
- 총잉여는 $d$만큼 증가한다. 즉, 교역을 통해 얻은 이득을 나타낸다.

③ 관세의 경제적 효과

- 무역이 있는 경우 국내 소비자잉여는 $a+b+d+e+f+g$이고, 생산자잉여는 $c$이며, 관세 수입은 0으로, 총잉여는 $a+b+c+d+e+f+g$이다.
- 관세 부과 이후 국내 소비자잉여는 $a+d$이고, 생산자잉여는 $b+c$이며, 관세 수입은 $f$로, 총잉여는 $a+b+c+d+f$이다.
- 관세 부과 이후 소비자잉여는 $b+e+f+g$만큼 감소하고, 생산자잉여 $b$만큼 증가하며, 관세 수입은 $f$만큼 증가한다.
- 총 잉여는 $e+g$만큼 감소한다. 즉, 관세 부과에 따른 경제적 순손실이다.

## A. 다음의 문장을 읽고 내용이 옳으면 ○, 틀리면 ✕로 답하시오.

1. 자유로운 시장에서 생산된 재화의 수량은 소비자잉여와 생산자잉여의 합을 극대화하는 수량이다.

( ○ / ✕ )

2. 총잉여는 소비자잉여와 생산자잉여를 합한 값이다. ( ○ / ✕ )
3. 실효성이 있는 가격상한제에서 초과공급이 발생한다. ( ○ / ✕ )
4. 생산자에 대한 과세는 균형가격을 하락시키고, 균형 거래량을 감소시킨다. ( ○ / ✕ )
5. 공급의 가격탄력성이 크고, 수요의 가격탄력성이 작은 경우 세금 부담은 소비자가 세금을 더 부담

한다. ( ○ / ✕ )

6. 어떤 재화에 세금이 부과되면 균형 거래량이 감소하므로 시장 거래를 억제한다. ( ○ / ✕ )
7. 세금이 증가하면 조세수입은 증가하다가 감소한다. ( ○ / ✕ )
8. 세금이 증가하면 경제적 순손실은 증가하다가 감소한다. ( ○ / ✕ )
9. 수요와 공급의 가격탄력성에 의해 순손실의 크기가 결정된다. ( ○ / ✕ )
10. 수입품에 관세를 부과하면 국내가격은 국제가격에서 관세만큼 상승한다. ( ○ / ✕ )

## B. 다음의 질문에 대한 옳은 답을 고르시오.

1. 후생경제학에서 균형가격에 대한 설명으로 옳은 것은?

① 비용을 최소화하고 생산을 극대화하는 가격이다.
② 소비자와 생산자잉여를 극대화하는 가격이다.
③ 사회적으로 바람직하지 않은 가격이다.
④ 경제적후생을 최소화하는 가격이다.

2. 오렌지 수확량이 많아져 오렌지와 오렌지 주스 가격이 모두 하락했다. 다음 중 옳은 것은?

① 오렌지 시장에서 소비자잉여는 감소하고, 오렌지 주스 시장에서 소비자잉여는 증가한다.
② 오렌지와 오렌지 주스 시장의 소비자잉여는 모두 감소한다.
③ 오렌지 시장에서 소비자잉여는 증가하고, 오렌지 주스 시장에서 소비자잉여는 감소한다.
④ 오렌지와 오렌지 주스 시장의 소비자잉여는 모두 증가한다.

3. 한 소비자가 재화 X에 14달러 지불할 용의
   가 있다. 만약 X재의 가격이 17달러일 때 다
   음 중 옳은 것은?

   ① 소비자가 X재를 구매할 때 소비자잉여를 누
      린다.
   ② 소비자는 X재를 구매하지 않는다.
   ③ 시장은 경쟁 시장이 아니다.
   ④ 시장에서 가격은 하락할 것이다.

4. 가격하한제가 실효성이 있는 경우 다음 중
   옳은 것은?

   ① 시장의 균형가격과 생산량에는 영향이 없다.
   ② 시장에서 효율적인 생산량을 생산할 것이다.
   ③ 시장에 초과수요가 발생할 것이다.
   ④ 시장에 초과공급이 발생할 것이다.

5. 정부가 시장에 실효성이 있는 가격상한제를
   설정했다. 다음 중 옳은 것은?

   ① 소비자가 지불하는 가격은 하락하고, 시장에
      서 판매되는 수량은 감소할 것이다.
   ② 소비자가 지불하는 가격은 하락하고, 시장에
      서 판매되는 수량은 증가할 것이다.
   ③ 소비자가 지불하는 가격은 상승하고, 시장에
      서 판매되는 수량은 감소할 것이다.
   ④ 소비자가 지불하는 가격은 상승하고, 시장에
      서 판매되는 수량은 증가할 것이다.

6. 정부가 재화 X에 대한 세금을 철회했다. 다
   음 중 옳은 것은?

   ① 소비자가 지불하는 가격은 상승하고, 생산자
      가 받는 가격도 상승한다.
   ② 소비자가 지불하는 가격은 상승하고, 생산자
      가 받는 가격은 하락한다.
   ③ 소비자가 지불하는 가격은 하락하고, 생산자
      가 받는 가격은 상승한다.
   ④ 소비자가 지불하는 가격은 하락하고, 생산자
      가 받는 가격도 하락한다.

7. 다음의 항목 중 조세에 대한 설명으로 옳은
   것은?

   ① 소비자에게 부과되는 세금은 생산자는 부담
      하지 않는다.
   ② 소비자와 생산자에 대한 세금의 부담은 수요
      와 공급의 가격탄력성에 의해 결정된다.
   ③ 정부는 소비자와 생산자의 세금 부담을 결정
      할 수 있다.
   ④ 생산자에게 부과되는 세금은 모두 생산자가
      부담한다.

8. 한 재화에 세금을 부과했다. 경제적후생에
   미치는 영향에 대한 설명으로 옳은 것은?

   ① 소비자가 지불하는 가격을 높이고, 생산자가
      받는 가격을 높인다.
   ② 소비자가 지불하는 가격을 높이고, 생산자가
      받는 가격을 낮춘다.
   ③ 소비자가 지불하는 가격을 낮추고, 생산자가
      받는 가격을 높인다.
   ④ 소비자가 지불하는 가격을 낮추고, 생산자가
      받는 가격을 낮춘다.

9. 수입품에 대해 세금을 부과하는 것을 무엇이라 하는가?

　① 쿼터(할당량)　　② 부가세
　③ 관세　　　　　　④ 조세

10. 어떤 재화를 수입하는 국가가 그 재화에 대해 관세를 부과했다. 다음 중 옳은 것은?

　① 소비자잉여는 증가하고 총잉여는 감소한다.
　② 국내 소비자와 생산자잉여는 감소한다.
　③ 국내 수입량은 증가한다.
　④ 국내 생산자잉여는 증가하고 소비자잉여는 감소한다.

11. 홍길동은 아이폰(iphone)을 240달러에 구입하고 160달러의 소비자잉여를 누렸다. 다음 질문에 대답하시오.

　1) 홍길동이 아이폰에 대한 지불 용의는 얼마인가?

　2) 세일 기간 중 홍길동이 아이폰을 180달러에 샀다면, 홍길동의 소비자잉여는 얼마인가?

　3) 만약 아이폰의 가격이 450달러라면, 홍길동의 소비자잉여는 얼마인가?

12. 어느 시장의 수요와 공급이 다음 방정식으로 표시된다고 하자. 다음 질문에 대답하시오.

$$Q_S = 2P - 100$$
$$Q_D = 200 - P$$

　1) 균형가격과 거래량을 구하시오.

　2) 정부가 90달러의 가격 상한선을 설정했다. 초과수요, 초과공급, 균형 중 어느 현상이 발생하는가? 가격상한선에서 공급량, 수요량, 초과수요(혹은 초과공급)의 수량을 계산하시오.

　3) 정부가 가격 규제 대신 공급자에게 개당 15달러의 세금을 부과하기로 했다. 세금 부과 후 새로운 시장가격과 거래량을 계산하시오.

13. 정부가 담배에 세금을 부과했다. 다음 그림을 보고 빈칸을 채워 세금 부과 전후의 담배 시장을 분석하시오.

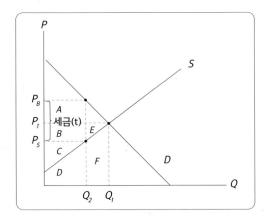

1) 세금 부과 전 균형 거래량은 (          ), 균형 가격은 (          ), 소비자의 총지출 및 생산자의 총수입을 수식으로 표시하면 (          ), 이것을 면적으로 표시하면 (          ), 정부의 조세수입은 (          )이다.

2) 세금 부과 후 소비자 지불가격은 (          ), 생산자가 받는 가격은 (          ), 균형 거래량은 (          )으로 세금 부과 전보다 (          ) 하며(증가/감소), 소비자의 총지출액을 수식으로 표시하면 (          ), 이것을 면적으로 표시하면 (          ), 생산자의 총수입을 수식으로 표시하면 (          ), 이것을 면적으로 표시하면 (          ), 정부의 조세수입을 수식으로 표시하면 (          ), 이것을 면적으로 표시하면 (          )이다.

14. A국은 다른 국가와 자유롭게 자동차를 거래한다. 어느 날 A국에서 자동차에 수입 관세를 부과하였다. 다음 그림은 A국의 수요와 공급 곡선으로 빈칸과 표를 채워 관세 부과 전후의 자동차 시장을 분석하시오.

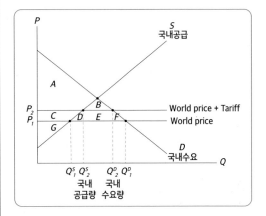

1) 관세 부과 전 자동차의 국제가격은 (          ), 수입량은 (          )이다.

2) 관세 부과 후 국제가격은 (          ), 수입량은 (          )이다.

3) 관세 부과 전후 국내 소비자와 생산자에게 미치는 경제적 후생 효과를 분석하시오.

| 구분 | 관세 부과 전 | 관세 부과 후 | 증감 |
|---|---|---|---|
| 소비자 잉여 | | | |
| 생산자 잉여 | | | |
| 총잉여 | | | |

국내 소비자들은 (          )를 보는 반면, 국내 생산자들은 (          )을 보며, 총잉여는 (          ) 만큼 (          )한다(이익/손해/증가/감소).

## ✍️ 모범답안

## CHAPTER 02   시장의 수요와 공급

### 01  시장의 수요와 공급

**A.**  1. ◯ 2. ✕ 3. ◯ 4. ◯ 5. ✕ 6. ✕ 7. ◯ 8. ✕ 9. ◯ 10. ◯

**B.**  1. ① 2. ② 3. ④ 4. ② 5. ① 6. ② 7. ① 8. ④ 9. ③ 10. ①

11. 1) 오렌지 생산량이 감소하여 오렌지 가격이 상승하면 오렌지 주스의 생산비용이 증가하여 오렌지 주스의 공급은 줄어든다. 그러나 수요는 변하지 않는다. 따라서 오렌지 주스의 균형가격은 상승하고 거래량은 줄어든다.

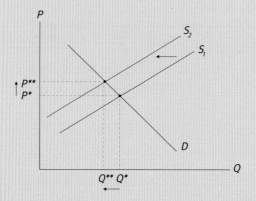

2) 사과 주스는 오렌지 주스의 대체재이다. 사과 주스 가격이 하락하면 사과 주스에 대한 수요가 증가함에 따라 오렌지 주스에 대한 수요는 감소한다. 따라서 수요곡선이 왼쪽으로 이동한다. 그러나 공급은 변하지 않는다. 따라서 오렌지 주스의 균형가격은 하락하고 거래량은 줄어든다.

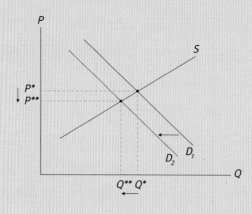

3) 오렌지 주스에 대한 수요가 늘어난다. 따라서 수요곡선이 오른쪽으로 이동한다. 그러나 공급은 변하지 않는다. 따라서 오렌지 주스의 균형가격은 상승하고 거래량은 늘어난다.

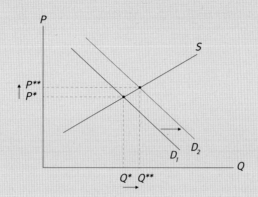

4) 새로운 오렌지 품종의 개발로 오렌지 주스의 공급은 늘어난다. 따라서 공급곡선은 오른쪽으로 이동한다. 그러나 수요는 변하지 않는다. 따라서 오렌지의 균형가격은 하락하고 거래량은 늘어난다.

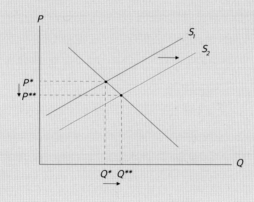

**A.** 1. ✕ 2. ◯ 3. ◯ 4. ✕ 5. ◯

**B.** 1. ① 2. ③ 3. ④ 4. ③ 5. ④ 6. ② 7. ① 8. ③ 9. ② 10. ②

11. 1) 밀의 수확이 감소했다면, 햄버거 빵의 공급곡선이 왼쪽으로 이동한다. 따라서 빵의 가격
   은 상승한다.

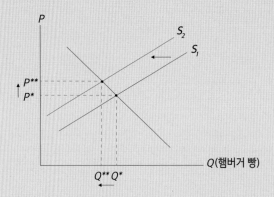

2) 빵은 햄버거의 원재료이다. 원재료 가격이 상승하면 생산비가 상승하므로 햄버거의 공급
   곡선이 왼쪽으로 이동한다. 따라서 햄버거의 가격은 상승하고 거래량은 감소한다. 햄버
   거의 수요가 비탄력적이므로 햄버거 가격이 상승함에 따라 햄버거에 대한 총수입은 증가
   한다(1번 그림과 동일하다).

3) 햄버거 가격이 상승하고 소비가 감소하면 보완재인 콜라의 수요가 감소하여 수요곡선이
   왼쪽으로 이동한다. 따라서 콜라의 가격은 하락하고 거래량은 감소한다. 콜라의 수요가
   비탄력적이므로 가격이 하락함에 따라 콜라에 대한 총수입은 감소한다.

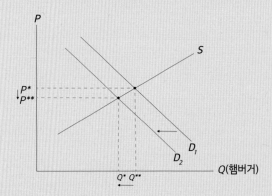

## 03 수요, 공급의 응용과 확장

**A.** 1. ○  2. ○  3. ✕  4. ✕  5. ○  6. ○  7. ○  8. ✕  9. ○  10. ○

**B.** 1. ②  2. ④  3. ②  4. ④  5. ①  6. ③  7. ②  8. ②  9. ③  10. ④

11. 1) 지불용의는 구입가격 240달러에 소비자잉여 160달러를 더한 400달러이다.

    2) 소비자잉여는 지불용의 400달러에서 세일 가격 180달러를 뺀 220달러이다.

    3) 아이폰의 가격이 450달러라면 홍길동은 아이폰을 구매하지 않을 것이므로 소비자잉여는 0이다.

12. 1) 균형에서 공급량과 수요량은 같다.

    $$Q_S = Q_D \rightarrow 2P = 300 - P \rightarrow P = 100, Q = 100$$

    그러므로 균형가격은 100달러, 균형 거래량은 100단위이다.

    2) 정부가 90달러의 가격상한선을 설정하면 초과수요가 발생한다. 이 가격에서 공급량은 2×90-100=80(단위), 수요량은 200-90=110(단위)이다. 즉 소비자들이 구입하려는 수량이 공급자들이 공급하려는 수량보다 30단위 더 많다.

    3) 만약 정부가 재화의 생산자들에게 단위당 15달러의 세금을 부과하면 공급곡선이 바뀌고 시장균형이 바뀐다. 새로운 공급곡선을 $Q_S=2(P+15)-100$이 된다. 그러므로 시장균형 가격은 110달러이고, 거래량은 90단위이다.

13. 1) 세금 부과 전 균형 거래량은 ($Q_1$), 균형가격은 ($P_1$), 소비자의 총지출 및 생산자의 총수입을 수식으로 표시하면 ($Q_1 \times P_1$), 이것을 면적으로 표시하면 (B+C+D+E+F), 정부의 조세수입은 (0)이다.

    2) 세금 부과 후 소비자 지불가격은 ($P_B$), 생산자가 받는 가격은 ($P_S$), 균형거래량은 ($Q_2$)으로 세금 부과 전보다 (감소)하며, 소비자의 총지출액을 수식으로 표시하면 ($Q_2 \times P_B$), 이것을 면적으로 표시하면 (A+B+C+D), 생산자의 총수입을 수식으로 표시하면 ($Q_2 \times P_S$), 이것을 면적으로 표시하면 (C+D), 정부의 조세수입을 수식으로 표시하면 ($Q_2 \times t$), 이것을 면적으로 표시하면 (A+B)이다.

14. 1) 관세 부과 전 자동차의 국제가격은 ($P_1$), 수입량은은 ($Q_1^D - Q_1^S$)이다.

    2) 관세 부과 후 국제가격은 ($P_2$), 수입량은 ($Q_2^D - Q_2^S$)이다.

    3) 국내 소비자와 생산자에게 미치는 경제적 후생효과는 다음과 같다.

| 구분 | 관세 부과 전 | 관세 부과 후 | 증감 |
|------|------------|------------|------|
| 소비자잉여 | A+B+C+D+E+F | A+B | -(C+D+E+F) |
| 생산자잉여 | G | C+G | C |
| 총잉여 | A+B+C+D+E+F+G | A+B+C+G | -(D+E+F) |

    국내 소비자들은 (손해)를 보는 반면, 국내 생산자들은 (이득)을 보며, 총잉여는 (D+E+F)면적만큼 (감소)한다.

# CHAPTER 03 소비자이론

## 수업 목표

◇ 소비자의 선호체계에 대해 학습한다.

◇ 효용함수와 무차별곡선에 대해 학습한다.

◇ 소비자의 예산제약에 대해 학습한다.

◇ 소비자의 효용극대화 조건에 대해 분석한다.

## 01 소비자의 선호체계

### 1 기본 개념

| | |
|---|---|
| 상품묶음<br>commodity bundle | 소비자가 소비하는 다양한 상품의 조합을 의미한다. |
| 효용<br>utility | 소비자가 상품묶음을 소비했을 때, 이에 대한 만족감을 비교가능한 수치적 지표로 나타낸 것이다. |
| 한계효용<br>marginal utility(MU) | 소비자가 추가적으로 한 단위의 상품을 더 소비할 때 얻는 추가적인 만족감을 의미한다. |
| 선호관계<br>preference relation | 소비자가 선택한 수 있는 임의의 두 상품묶음 가운데 어떤 것이 더 큰 효용을 주는지(혹은 효용의 차이가 없는지)의 관계를 나타낸 것을 의미한다. |
| 효용함수<br>utility function | 특정한 상품묶음이 주는 효용의 수준을 구체적인 실수로 나타낸 함수이다. |

| 무차별곡선<br>indifference curve | 소비자에게 동일한 수준의 효용을 주는 상품묶음의 집합을 연결한 곡선이다. |
|---|---|
| 한계대체율<br>marginal rete of<br>substitution(MRS) | 소비자가 동일한 효용수준을 유지하면서 한 재화를 다른 재화로 대체할 때<br>두 재화의 주관적 교환비율을 의미한다. |
| 한계대체율 체감의 법칙<br>law of diminishing<br>marginal rate of<br>substitution | 한 재화의 소비를 증가시킬수록 한계대체율이 점차 작아지는 현상이다. 즉,<br>특정 재화의 소비를 늘릴수록 동일한 효용을 유지하기 위해 포기해야 하는<br>다른 재화의 수량이 점차 감소하는 것을 말한다. |

## 2 보충학습

### (1) 선호관계의 종류

선호관계는 상품묶음 $A$와 $B$를 제시하고 두 상품묶음 중 어느 것을 선호하는지의 관계를 나타낸다. 선호관계는 다음과 같이 구분된다.

① 명백한 선호(strictly prefer): '$A$가 $B$보다 좋다'라고 대답하면, '>'라는 부호를 사용해 $A>B$로 나타낼 수 있다.

② 차이가 없는 선호(indifference prefer): '$A$와 $B$에서 아무런 선호 차이를 느끼지 못한다'라고 대답하면, '~'라는 부호를 사용해 $A$~$B$로 나타낼 수 있다.

③ 약한 선호(weakly prefer): '$A$가 최소한 $B$만큼 좋다'라고 대답하면, '$\gtrsim$'라는 부호를 사용해 $A \gtrsim B$로 나타낼 수 있다.

### (2) 선호체계의 공리

소비자의 선호체계가 효용함수로 대표되기 위해서는 완비성, 이행성, 연속성, 강단조성의 성격을 갖추고 있어야 한다.

① 완비성(completness): 두 개의 상품묶음이 주는 효용의 크기를 비교할 수 있어야 한다.

② 이행성(transitivity): 선호관계의 일관성을 의미한다. 즉, 상품묶음 $A$와 $B$ 사이에 $A>B$이 성립되고, $B$와 $C$ 사이에 $B>C$이 성립되면 $A>C$가 성립되어야 한다.

③ 연속성(continuity): 소비자의 선호는 연속적으로 변해간다는 것을 의미한다. 상품묶음 $A$와 $B$ 사이에 아주 작은 차이만 있다면 이에 대한 소비자의 선호도 아주 작은 차이가 있어야 한다.

④ 강단조성(strong monotonicity): 상품묶음 $A$와 $B$ 중, 상품의 양이 많은 상품묶음일수록 더 큰 효용을 느낀다는 것을 의미한다.

## (3) 효용함수

가령 상품묶음 A와 B가 있는데 A라는 상품묶음은 X재 2단위와 Y재 11단위로 구성되어 있고, B라는 상품묶음은 X재 6단위와 Y재 8단위로 구성되어 있다고 하자. 만약 어떤 소비자가 상품묶음 A보다 B를 더 선호한다면, 효용함수는 B의 효용을 나타내는 숫자가 A의 효용을 나타내는 숫자보다 커야 한다. 이 소비자가 A에는 5의 함수 값을 부여하고, B에는 10의 함수 값을 부여한다면 효용함수를 다음과 같이 나타낼 수 있다.

$U = U(X, Y)$

$U(A) = U(2, 11) = 5$

$U(B) = U(6, 8) = 10$

## (4) 무차별곡선

① [그림 3-1]의 무차별곡선은 소비자가 동일한 효용을 갖는 두 재화(X와 Y)의 상품묶음을 연결한 곡선이다. 따라서 무차별곡선 $I_1$의 상품묶음 A(2, 11)와 B(8, 3)는 동일한 효용을 나타낸다. 그러나 무차별곡선 $I_2$의 상품묶음 C(6, 8)은 A, B와 효용 수준이 상이하며, 그 수준이 더 높음을 나타낸다.

② 무차별곡선의 기본성격
   • 고려 대상이 되는 모든 상품묶음은 하나의 무차별곡선을 갖는다.
   • 무차별곡선은 우하향하는 모양을 갖는다.
   • 무차별곡선은 교차하지 않는다.
   • 무차별곡선은 원점에 대해 볼록하다.
   • 원점에서 더 멀리 떨어져 있는 무차별곡선일수록 더 높은 효용수준을 나타낸다.

③ 한계대체율
   • 한계대체율은 무차별곡선의 기울기로 소비자가 X재의 소비를 늘리면서 동일한 효용을 유지하기 위해 포기해야 하는 Y재의 소비량을 나타낸다.

$$MRS_{x,y} = -\frac{\triangle Y}{\triangle X} = - \text{무차별곡선의 기울기}$$

   • 상품 X재와 상품 Y재를 추가적으로 한 단위의 상품을 소비했을 때 얻는 한계효용 $MU_x$와 $MU_y$는 각각 다음과 같이 표현된다.

$$MU_x = \frac{\triangle U}{\triangle X}, \ MU_y = \frac{\triangle U}{\triangle X}$$

- [그림 3-1]에서 무차별곡선상의 상품묶음 $A$점에서 $B$점으로 이동할 때 효용은 변하지 않는다. 즉, $\triangle U = 0$이다.

    $\triangle U = MU_x \times \triangle X + MU_y \times \triangle Y = 0$

- 그러므로 한계대체율은 $X$재의 한계효용을 $Y$재의 한계효용으로 나눈 비율과 같아진다.

$$MRS_{x,\,y} = \frac{MU_x}{MU_y} = -\frac{\triangle Y}{\triangle X}$$

무차별곡선

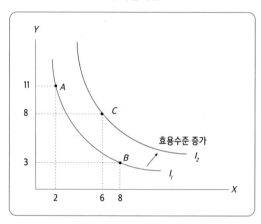

무차별곡선과 한계대체율

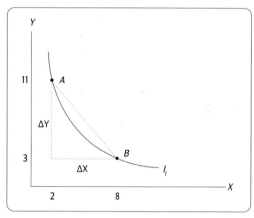

[그림 3-1] 무차별곡선

★ 무차별곡선이 원점에 대해 볼록한 모양을 갖는 것은 한계대체율 체감의 법칙이 존재하기 때문이다.

### (5) 다양한 선호체계의 무차별곡선

① 완전대체재(perfect substitutes): 두 재화의 교환으로 인해 동일한 효용이 유지될 수 있는 재화를 의미한다. 사과 주스 1잔과 오렌지 주스 1잔을 마셨을 때 동일한 만족감을 느낄 수 있다면 완전대체재가 된다. 완전대체재의 무차별곡선은 우하향하는 직선이다.

② 완전보완재(perfect complements): 두 재화를 일정비율로 함께 증가시켜야 효용이 증가하는 재화를 의미한다. 신발은 한쪽만 소비하면 효용이 증가하지 않는다. 완전보완재의 무차별곡선은 L자형이다

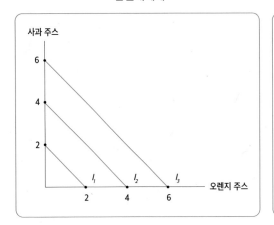

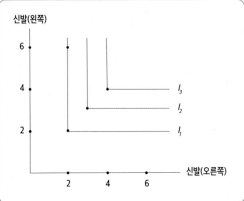

[그림 3-2] 예외적인 선호체계의 무차별곡선

## 3  연습문제

**A. 다음의 문장을 읽고 내용이 옳으면 ○, 틀리면 ✕로 답하시오.**

1. 일반적으로 소비자의 무차별곡선은 우하향한다.                    (○ / ✕)
2. 무차별곡선은 서로 교차할 수 있다.                              (○ / ✕)
3. 두 재화가 완전보완재일 때 무차별곡선은 직각 모양을 나타낸다.      (○ / ✕)
4. 왼쪽 신발과 오른쪽 신발의 무차별곡선은 직선이다.                (○ / ✕)
5. 완전대체재의 무차별곡선은 직선이다.                            (○ / ✕)
6. 재화 A와 B가 완전대체재라면, A재와 B재의 한계대체율은 같다.     (○ / ✕)
7. 무차별곡선의 임의의 점에서 기울기는 소비자가 한 재화를 다른 재화로 대체하는 절대가격과 같다.

(○ / ✕)

8. 한계대체율은 무차별곡선의 기울기와 같다.                        (○ / ✕)
9. 무차별곡선이 우하향할 때, 모든 재화의 한계대체율은 같다.         (○ / ✕)
10. 소비자의 선호체계가 효용함수로 대표되기 위해서는 완비성, 이행성, 연속성, 강단조성의 성격
    을 갖추어야 한다.                                            (○ / ✕)

1. 무차별곡선에 대한 설명으로 옳은 것은?

   ① 소비자의 선호를 나타낸다.

   ② 기업의 이윤을 나타낸다.

   ③ 소비자의 예산을 나타낸다.

   ④ 두 재화의 가격을 나타낸다.

2. 한 소비자가 무차별곡선 상에서 재화를 구입한다고 하자. X재의 가격은 10달러이고, Y재의 가격은 16달러이다. 해당 소비지가 X재 10개와 Y재 5개를 소비한다면 소득은 얼마인가?

   ① 100달러

   ② 180달러

   ③ 80달러

   ④ 20달러

3. 무차별곡선에 대한 설명으로 옳은 것은?

   ① 무차별곡선은 우상향하며 원점에 대해 볼록하다.

   ② 무차별곡선은 서로 교차한다.

   ③ 무차별곡선의 기울기는 한계대체율과 같다.

   ④ 무차별곡선으로 소비자의 효용을 측정할 수 없다.

4. 한 소비자가 한 달 3,000달러 소득을 모두 재화 X와 Y를 소비한다고 가정하자. 만약 X재의 가격이 60달러이고, X재 20개와 Y재 120개 묶음으로 소비할 수 있다면 다음 중 해당 소비자가 소비할 수 있는 상품묶음은?

   ① X재 30개, Y재 10개

   ② X재 10개, Y재 180개

   ③ X재 0개, Y재 240개

   ④ X재 40개, Y재 40개

5. 한 소비자가 피자 1판의 소비로 인해 얻는 한계효용이 햄버거 5개를 소비했을 때의 한계효용과 동일하다. 햄버거로 표현한 피자의 한계효용은 얼마인가?

   ① $\frac{1}{6}$　　　　　　② 6

   ③ $\frac{1}{5}$　　　　　　④ 5

6. 소비자가 만족도를 유지하면서 한 재화를 다른 재화로 교환하는 비율에 대한 설명으로 옳은 것은?

   ① 상대적 지출 비용

   ② 한계생산물의 가치

   ③ 한계대체율

   ④ 상대가격의 비율

※ 다음 그림은 재화 X와 Y의 무차별곡선을 보여준다. 그림을 보고 아래의 7~10번 문제에 답하시오.

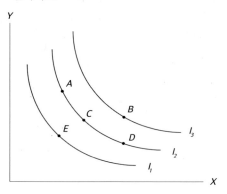

9. 상품묶음 D에 대한 설명으로 옳은 것은?

① 상품묶음 A보다 D에서 더 높은 효용을 얻는다.
② 상품묶음 A보다 D에서 더 많은 비용을 지출한다.
③ Y재보다 X재에서 더 높은 한계효용을 얻는다.
④ X재보다 Y재에서 더 높은 한계효용을 얻는다.

7. 상품묶음 A와 B를 비교할 때 소비자의 선호에 대한 설명 중 옳은 것은?

① 더 많은 Y재를 소비할 수 있는 A 상품묶음을 더 선호한다.
② 더 바깥쪽의 무차별곡선 위에 있는 B 상품묶음을 더 선호한다.
③ 더 많은 X재를 소비할 수 있는 B 상품묶음을 더 선호한다.
④ 두 상품묶음 간에는 아무런 상관이 없다.

8. 상품묶음 A와 C를 비교할 때 소비자에 대한 설명으로 옳은 것은?

① 두 상품묶음의 선호는 같다.
② 더 많은 Y재를 소비할 수 있는 A 상품묶음을 더 선호한다.
③ 더 많은 X재를 소비할 수 있는 C 상품묶음을 더 선호한다.
④ A와 C의 상품묶음을 비교하기 위해서는 X재와 Y재의 가격을 알아야 한다.

10. X재와 Y재의 한계대체율에 대한 설명으로 옳은 것은?

① 한계대체율은 상품묶음 C와 D 사이보다, 상품묶음 A와 C 사이에서 더 크게 나타난다.
② 한계대체율은 상품묶음 A와 C 사이보다, 상품묶음 C와 D 사이에서 더 크게 나타난다.
③ 상품묶음 A, C, D 모두 동일한 무차별곡선에 놓여 있기 때문에 한계대체율은 상품묶음 A와 C, 상품묶음 C와 D 사이에서 동일하다.
④ 한계대체율은 상품묶음 C와 E 사이보다, 상품묶음 B와 C 사이에서 더 크게 나타난다.

**소비자의 최적선택**

## 1 기본 개념

| | |
|---|---|
| 예산제약<br>budget constraint | 소비자가 주어진 가격에서 재화를 구입하는 데 쓸 수 있는 소득이 일정한 크기로 한정되어 있는 것을 말한다. |
| 예산선<br>budget line | 소비자가 가용할 수 있는 소득을 전부 지출하여 구입할 수 있는 재화묶음의 집합을 그래프로 나타낸 것이다. |
| 예산집합<br>budget set | 예산제약하에 소비자가 구입할 수 있는 모든 가능한 재화의 조합들의 집합을 말한다. |
| 효용극대화<br>utility maximization | 예산집합에 속하는 재화묶음 중의 소비로부터 얻는 만족감을 극대화하는 것이다. |
| 소득소비곡선<br>income sonsumption curve | 두 재화의 가격이 일정한 상태에서 소득의 변화에 따라 두 재화의 소비의 변화를 나타낸 곡선이다. |
| 가격소비곡선<br>price sonsumption curve | 소득과 X재의 가격이 일정한 상태에서 Y재의 가격 변화에 따라 생기는 소비의 변화를 나타낸 곡선이다. |
| 대체효과<br>substitution effect | 소비자의 소득이 일정한 상태에서 두 재화 간 상대가격 변화로 인해 각 재화에 대한 수요량이 변화하는 것을 말한다. |
| 소득효과<br>income effect | 특정 재화의 절대가격 인하로 인한 실질소득 증감에 의해 재화의 수요량이 변화하는 것을 말한다. |
| 가격효과<br>price effect | 가격의 변화에 따른 수요량의 변화를 말한다. 이는 대체효과와 소득효과로 구분된다. |

## 2 보충학습

### (1) 예산제약

예산선 위의 점들은 주어진 소득을 전부 사용했을 때 구입할 수 있는 상품묶음을 나타낸다. 만약 특정 소비자의 소득이 $M$원이라고 가정하고, 이 소비자는 한 달 동안 $X$재와 $Y$재를 소비한다고 하자. $X$재와 $Y$재의 가격이 각각 $P_x$, $P_y$이고, 구입량은 각각 $x$, $y$라고 한다면 예산제약식과 예산선은 다음과 같다.

① 예산제약식: $P_x \times x + P_y \times y = M$

② 예산선: $y = -\dfrac{P_x}{P_y} \times x + \dfrac{M}{P_y}$ (즉, 예산선은 기울기가 $-\dfrac{P_x}{P_y}$이고, 절편이 $\dfrac{M}{P_y}$인 직선의 선분이다)

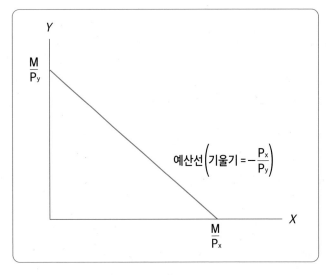

[그림 3-3] 예산선

### (2) 예산선의 변화

① **소득의 변화: 예산선의 평행이동**
  • $X$재와 $Y$재의 가격은 변하지 않고 소득($M$)만 변화하는 경우, 예산선은 바깥쪽(소득의 증가) 또는 안쪽(소득의 감소)으로 평행이동한다.

② **가격의 변화: 예산선의 회전이동**
  • $X$재의 가격($P_x$)이 변한다면 예산선은 $Y$축을 기준 기준으로 회전이동한다. 예산선은 $P_x$가 상승하면 안쪽으로, $P_x$가 감소하면 바깥쪽으로 회전이동한다.

소득의 변화와 예산선

가격의 변화와 예산선

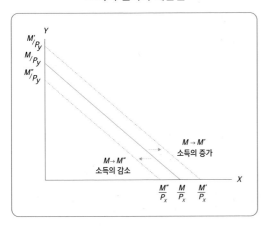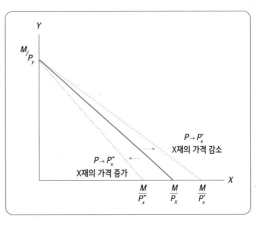

[그림 3-4] 소득과 가격의 변화와 예산선

## (3) 효용극대화 조건

소비자는 더 많은 소비를 통해 높은 효용을 누리고 싶지만 한정된 소득으로 인해 재화에 대한 소비는 제한되어 있다. 즉, 원점에서 가급적 멀리 떨어진 무차별곡선 위의 상품묶음을 선택하고 싶지만, 예산제약으로 인해 예산선과 무차별곡선이 만난 접점에서 소비할 수 있다. 이 접점에서 무차별곡선의 기울기와 예산선의 기울기가 서로 같다. 따라서 소비자의 효용극대화에 필요한 조건은 다음과 같다.

$$MRS_{x,y} = \frac{MU_x}{MU_y} = \frac{P_x}{P_y} \Leftrightarrow \frac{MU_x}{P_x} = \frac{MU_y}{P_y}$$

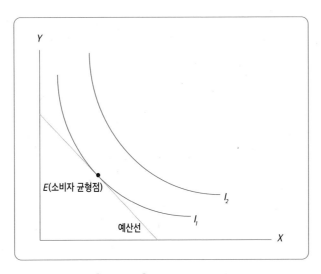

[그림 3-5] 효용극대화 조건

## (4) 소득과 가격의 변화와 효용극대화

① **소득의 변화와 효용극대화**: 일반적으로 소득이 증가하면 소비가 증가한다. 그러므로 무차별
곡선은 원점에서 멀어지게 되고, 소득이 증가하면 예산선은 바깥쪽으로 평행이동한다. 이
때 새롭게 생기는 소비자 균형점을 연결한 곡선을 **소득소비곡선**이라고 한다.

② **가격의 변화와 효용극대화**: 일반적으로 소비자들은 저렴해진 재화의 소비를 늘리고자 한다.
$X$재의 가격($P_x$)이 감소하면 예산선은 $Y$축을 기준 기준으로 바깥으로 회전이동한다. 이때 새
롭게 생기는 소비자 균형점을 연결한 곡선을 **가격소비곡선**이라고 한다.

소득의 변화와 효용극대화

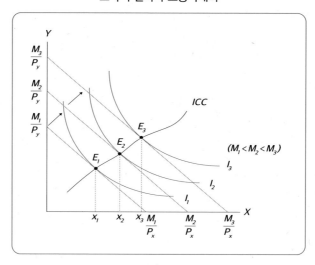

가격의 변화와 효용극대화

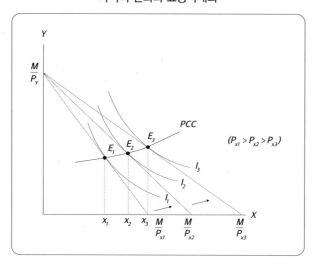

[그림 3-6] 소득과 가격의 변화와 효용극대화

③ **수요곡선의 도출**: 가격소비곡선에는 $X$재 가격이 변화함에 따라 $X$재 소비량이 어떻게 변화하는지를 보여준다. $X$재의 소비량과 가격$(P_x)$을 두 축으로 하는 평면으로 옮기면 $X$재에 대한 수요곡선을 얻을 수 있다.

가격소비곡선

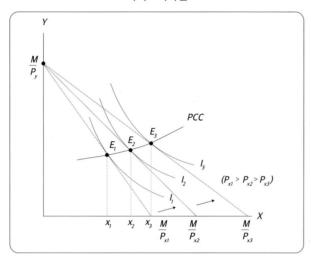

수요곡선

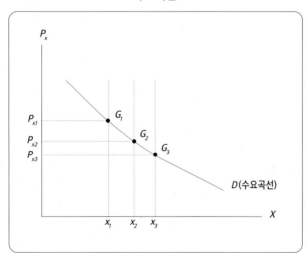

[그림 3-7] 수요곡선의 도출

## 3 연습문제

### A. 다음의 문장을 읽고 내용이 옳으면 ○, 틀리면 ×로 답하시오.

1. 재화 X와 Y에 대한 소비자 예산제약은 소비자가 X재 대비 Y재를 얼마나 좋아하느냐에 따라 결정된다. (○ / ×)
2. 예산제약의 기울기는 X재 대비 Y재의 상대가격을 나타낸다. (○ / ×)
3. 소비자의 예산제약 기울기는 소득의 변화에 영향을 받지 않는다. (○ / ×)
4. 한계대체율은 예산제약선의 기울기와 같을 때, 소비자의 최적화 조건을 나타낸다. (○ / ×)
5. 예산제약은 소비자가 동일하게 선호하는 상품묶음을 나타내고, 무차별곡선은 소비자가 동일하게 구입할 수 있는 상품묶음을 나타낸다. (○ / ×)
6. 소비자의 최적선택은 소득, 재화의 가격 및 선호도의 영향을 받는다. (○ / ×)
7. 소비자는 두 재화의 한계대체율과 상대가격이 일치하는 점의 재화 묶음에서 효용극대화 한다. (○ / ×)
8. 소비자는 여러 무차별곡선과 예산제약선이 교차하는 점에서 효용극대화 한다. (○ / ×)
9. 가격 변화의 대체효과는 새로운 무차별곡선으로 이동함으로써 발생하는 소비의 변화이다. (○ / ×)

### B. 다음의 질문에 대한 옳은 답을 고르시오.

1. 예산제약에 대한 설명으로 옳은 것은?

    ① 소비자가 자신이 소비하는 재화에 대해 지불 용의가 있는 가격을 의미한다.
    ② 소비자가 구입한 물건을 나타낸다.
    ③ 소비자가 구입할 수 있는 상품묶음을 나타낸다.
    ④ 소비자에게 동일한 효용을 주는 상품묶음을 나타낸다.

2. 재화 X와 Y의 가격은 각각 21달러, 7달러이다. 수평축에 X재, 수직축에 Y재의 양을 측정하여 예산제약을 그래프로 나타낸다면 예산제약의 기울기는 얼마인가?

    ① -0.3
    ② -3
    ③ -14
    ④ -28

3. 예산제약선의 가로축은 A재, 세로축은 B재, 기울기가 -6일 때 다음 설명 중 옳은 것은?

① A재는 B재보다 6배 비싸다.
② B재는 A재보다 6배 비싸다.
③ A재의 기회비용은 B재 6개이다.
④ B재의 기회비용은 A재 6개이다.

4. 만약 한 소비자의 예산제약이 바깥으로 이동하였다면 다음의 나타날 수 있는 현상으로 옳은 것은?

① 소비자의 소득이 감소했다.
② 두 재화의 선호체계는 변하지 않는다.
③ 두 재화의 가격이 하락했다.
④ 해당 소비자는 더 높은 무차별곡선에 도달할 수 있다.

5. 소비자가 정상재를 덜 구매하는 원인으로 옳은 것은?

① 소비자의 소득이 감소했다.
② 재화의 가격이 상승했다.
③ 대체재의 가격이 하락했다.
④ 소비자의 소득이 증가했다.

6. 한 소비자가 X재와 Y만 소비한다고 가정하자. X재는 열등재이고, Y재는 정상재이다. Y재의 가격 상승할 때 나타나는 현상 중 옳은 것은?

① X재와 Y재 모두 소비가 감소한다.
② X재의 소비는 증가하고, Y재의 소비는 감소한다.
③ X재와 Y재 모두 소비가 증가한다.
④ X재의 소비는 감소하고, Y재의 소비는 증가한다.

※ 다음 그림은 재화 X와 Y의 무차별곡선을 보여준다. 그림을 보고 아래의 7~9번 문제에 답하시오.

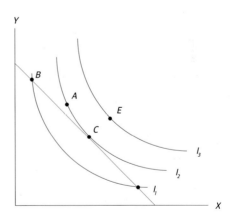

7. 그림에 표시된 예산제약 조건을 고려할 때 소비자의 최적 선택점은 무엇인가?

① A
② B
③ C
④ D

8. 소비자가 무차별곡선 I₃에 도달하는 경우로
   옳은 것은?

   ① Y재의 가격 상승
   ② X재의 가격 상승
   ③ 소득 증가
   ④ 소득 감소

9. 상품묶음 C에 대한 설명으로 옳은 것은?

   ① $MRS_{xy} > \dfrac{P_y}{P_x}$

   ② $MRS_{xy} = \dfrac{P_x}{P_y}$

   ③ $MRS_{xy} < \dfrac{P_x}{P_y}$

   ④ $MRS_{xy} > \dfrac{P_x}{P_y}$

---

### ✎ 모범답안

## CHAPTER 03 소비자이론

01 소비자의 선호체계

   **A.** 1. ○  2. ✕  3. ○  4. ✕  5. ○  6. ○  7. ✕  8. ○  9. ✕  10. ○

   **B.** 1. ①  2. ②  3. ③  4. ④  5. ④  6. ③  7. ②  8. ①  9. ④  10. ①

02 소비자의 최적선택

   **A.** 1. ✕  2. ○  3. ○  4. ○  5. ✕  6. ○  7. ○  8. ✕  9. ✕

   **B.** 1. ③  2. ②  3. ①  4. ④  5. ①  6. ②  7. ③  8. ③  9. ②

# CHAPTER 04 생산자이론

> ## 수업 목표
>
> ◇ 기업의 비용을 학습한다.
> ◇ 생산과 비용의 관계를 학습한다.
> ◇ 기업이 생산량과 가격을 어떻게 결정하는지 분석한다.

## 01 기업의 생산

### 1 기본 개념

| | |
|---|---|
| 생산요소<br>production factor | 재화를 생산하는 데 투입되는 노동, 자본 등 모든 자원을 말한다. |
| 생산함수<br>production function | 한 재화의 생산요소 투입량과 산출량의 관계를 나타내는 함수이다. |
| 총생산물<br>total product | 생산요소를 투입하여 생산된 재화의 총량을 의미한다. |
| 한계생산물<br>marginal product | 생산요소의 투입량을 한 단위 증가시킬 때 창출되는 산출량의 증가분을 의미한다. |
| 한계생산물 체감<br>diminishing marginal<br>product | 다른 요소의 투입량이 일정할 때 추가적인 생산요소의 투입량이 증가함에 따라 한계생산물이 점차 감소하는 현상을 말한다. |

CHAPTER 04 생산자이론   77

| | |
|---|---|
| 효율적 생산량<br>efficient scale | 동일한 생산량을 최소의 비용으로 생산하거나, 동일한 비용으로 최대 생산량을 달성하는 것을 의미한다. 즉, 재화의 생산과정에서 평균총비용이 최소가 되는 산출량 수준을 말한다. |
| 단기<br>short-run | 기업의 고정비용이 존재하는 기간이며, 산업 전체로 보았을 때 새로운 기업의 진입이나 기존 기업의 퇴출이 불가능할 정도의 짧은 기간을 말한다. |
| 장기<br>long-run | 기업의 모든 생산요소 투입이 가변비용인 경우이며, 산업 전체로 보았을 때 새로운 기업의 진입이나 기존 기업의 퇴출이 자유로운 기간을 말한다. |
| 등량곡선<br>isoquant | 동일한 양의 재화를 생산할 수 있는 노동(L)과 자본(K)의 조합으로 연결한 곡선이다. |
| 등비용선<br>iso-cost line | 동일한 비용으로 구입가능한 노동(L)과 자본(K)의 조합으로 연결한 곡선이다. |
| 규모에 대한 수익체증<br>increasing returns to scale | 모든 생산요소 투입량을 h배 증가시켰을 때 생산량이 h배보다 더 증가하는 현상을 말한다. |
| 규모에 대한 수익체감<br>decresing returns to scale | 모든 생산요소 투입량을 h배 증가시켰을 때 생산량이 h배보다 더 작게 증가하는 현상을 말한다. |
| 규모에 대한 수익불변<br>constant returns to scale | 모든 생산요소 투입량을 h배 증가시켰을 때 생산량도 h배만큼 증가하는 경우를 말한다. 즉, 재화의 산출량과 관계없이 장기 평균총비용이 일정한 현상을 규모에 대한 수익불변이라고 한다. |

**2** 보충학습

**(1) 단기 생산함수**

단기 생산함수(Short-run Production Function)는 하나 이상의 투입 요소가 고정되어 있는 상황에서의 생산 과정을 설명하는 함수이다.

① 생산함수: $Q = \int(L, K)$

　　$Q$: 산출량, $L$: 노동(생산요소), $K$: 자본(생산요소)

② 한계생산물($MP$)과 총생산물($TP$)의 관계

　　$MP = \dfrac{\triangle TP}{\triangle L}$

　　$MP > 0$: 총생산물은 증가한다.

　　$MP < 0$: 총생산물은 감소한다.

　　$MP = 0$: 총생산물은 최대치에 도달한다.

③ 한계생산물($MP$)과 평균생산물($AP$)의 관계

　　$AP = \dfrac{TP}{L}$

　　$MP > AP$: 평균생산물은 증가한다.

　　$MP < AP$: 평균생산물은 감소한다.

　　$MP = AP$: 평균생산물은 최대치에 도달한다.

④ 한계생산물 체감의 법칙(Law of Diminishing Marginal Returns)

　　• 다른 요소의 투입량이 일정할 때 추가적인 요소 투입에 대한 한계생산은 점차 감소한다.

　　• 한계생산물 체감의 법칙은 정도의 차이는 있으나 단기에 거의 모든 산업 부문에서 나타나는 일반적인 현상이다.

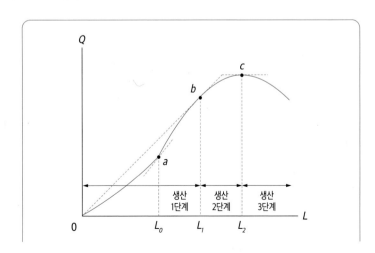

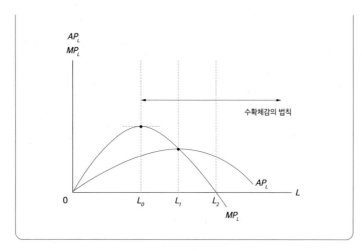

[그림 4-1] 총생산곡선, 한계생산곡선, 평균생산곡선

## (2) 장기 생산함수

장기 생산함수(Long-run Production Function)는 모든 투입 요소가 가변적(variable)일 때의 생산 과정을 설명하는 함수이다.

① 등량곡선의 기본성격
- 등량곡선은 원점에서 멀어질수록 생산량 수준이 높아진다.
- 등량곡선은 원점에 대해 볼록하다.
- 등량곡선은 우하향한다.
- 등량곡선은 서로 교차할 수 없다.
- 좌표평면상의 어느 점에서도 등량곡선을 그릴 수 있다.

② 등비용선: 상대요소가격 $\dfrac{w}{r}$이 일정하면 등비용선은 노동요소의 최대투입량과 자본요소의 최대투입량을 잇는 직선이다.

$$wL + rK = TC \Rightarrow K = \frac{TC}{r} - \frac{w}{r}L$$

$w$: 임금, $r$: 이자, $TC$: 총비용

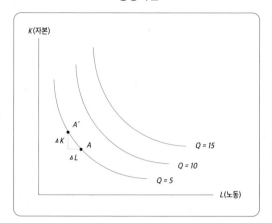

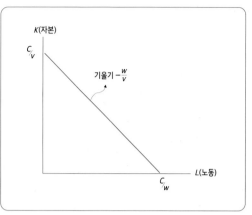

[그림 4-2] 등량곡선과 등비용선

★ 등량곡선을 생산곡선 또는 무차별곡선이라 부르기도 한다.

③ 한계기술대체율

- 한계기술대체율(Marginal Rate of Technical Substitution, MRTS)은 생산 이론에서 중요한 개념으로, 하나의 투입 요소를 다른 투입 요소로 대체할 때 생산량을 일정하게 유지하기 위해 필요한 두 투입 요소 간의 교환 비율을 나타낸다. 이는 주로 두 가지 투입 요소 노동($L$)과 자본($K$) 간의 관계를 분석할 때 사용된다.

- 한계기술대체율은 등량곡선의 기울기로 생산자가 일정한 생산량을 유지하면서 한 투입 요소를 다른 투입 요소로 대체하는 비율을 나타낸다.

$$MRTS_{LK} = -\frac{\triangle K}{\triangle L} = \frac{MP_L}{MP_K}$$

$MRTS_{LK}$ : 자본을 노동으로 대체할 때의 한계대체율

$MP_L$ : 노동의 한계생산

$MP_K$ : 자본의 한계생산

$\frac{\triangle K}{\triangle L}$ : 일정한 생산량을 유지하기 위해 노동의 한 단위 증가에 대해 감소해야 하는 자본의 양

④ 한계기술대체율 체감의 법칙(Law of Diminishing Marginal Rate of Technical Substitution)

- 노동($L$)의 투입량이 증가할수록 포기해야 하는 자본($K$)의 양이 감소하는 현상을 의미한다.

- 등량곡선이 원점에 대해 볼록하므로 노동($L$)의 투입이 늘어날수록 한계기술대체율은 체감한다.

⑤ 비용극소화 조건: 등량곡선과 등비용선이 접하는 점에서 생산자의 비용극소화가 달성된다. 이를 한계생산물 균등의 법칙이라고 한다.

**A. 다음의 문장을 읽고 내용이 옳으면 ○, 틀리면 ✕로 답하시오.**

1. 한계생산물은 생산요소의 투입량을 한 단위 증가시킬 때 창출되는 평균 산출량을 의미한다.

( ○ / ✕ )

2. 다른 요소의 투입량이 일정할 때 추가적인 요소 투입에 대한 한계생산이 점차 감소하는 것은 한계
생산물체감의 법칙이 존재하기 때문이다. ( ○ / ✕ )

3. 한계생산물의 감소는 총생산물의 감소를 의미한다. ( ○ / ✕ )

4. 한계생산물의 감소는 노동투입량이 증가함에 따라 총생산물 곡선이 수평으로 가까워질 때 발생한다.

( ○ / ✕ )

5. 평균 생산곡선은 우하향하는 모양을 가진다. ( ○ / ✕ )

**B. 다음의 질문에 대한 옳은 답을 고르시오.**

1. 어떤 기업의 생산함수가 규모에 대해 수익
이 체감한다고 가정하자. 경영자가 가변생산
요소 투입을 한 단위 증가시켰을 때, 다음 중
옳은 것은?

① 평균 생산량은 증가할 수도 있고, 감소할 수
도 있다.

② 총생산량이 감소하기 시작한다.

③ 한계생산물의 값은 음(-)의 값을 가진다.

④ 한계생산물은 감소하지만, 총생산량과 평균
생산량은 무조건 증가한다.

2. 생산함수에 대한 설명으로 적절하지 않은 것은?

① 고정투입요소는 단기에 존재한다.

② 일반적으로 생산함수의 측정 기간이 1년 이
상이면 장기로 볼 수 있다.

③ 고정투입요소의 존재 여부로 단기와 장기를
구분한다.

④ 단기에는 고정투입요소와 가변투입요소가
모두 존재한다.

3. 기업이 생산량을 늘리기 위해 노동력을 투입
할 때, 기업의 생산함수에 대한 설명으로 옳
은 것은?

① 노동자의 수와 산출량의 관계를 나타낸다.

② 한계생산물과 한계비용의 관계를 나타낸다.

③ 일정한 노동량을 투입할 때 추가되는 자본의
투입량을 나타낸다.

④ 단기 시장에서 고정비용과 가변비용의 관계
를 나타낸다.

4. 평균생산물에 대한 설명으로 옳은 것은?

① 재화 한 단위를 생산할 때 추가로 투입되는 생산요소의 비용을 의미한다.

② 산출량에서 생산요소의 투입량으로 나눈 값이다.

③ 산출량과 생산요소의 투입량을 합한 값이다.

④ 산출량과 생산요소의 투입량을 뺀 값이다.

5. 한 기업에서 하루에 재화 X를 30개 생산할 수 있다. 해당 기업은 노동자 1명을 더 고용했다. 만약 고용된 노동자가 하루에 X재를 18개 생산할 경우, 해당 기업의 하루 총생산량은 얼마인가?

① 12개          ② 18개
③ 30개          ④ 48개

6. 한 기업의 생산함수 두 점 A(L=5, Q=40)와 B(L=7, Q=70)가 주어졌다. 해당 기업의 한계생산량은 얼마인가?

① 15           ② 30
③ 8            ④ 10

7. 다음 중 한계생산물과 총생산물의 관계에 대한 설명으로 적절하지 않은 것은?

① 한계생산물이 0일 때, 총생산물은 최대의 산출량이다.

② 한계생산물이 0보다 클 때, 총생산물은 증가한다.

③ 한계생산물이 0보다 작을 때, 총생산물은 감소한다.

④ 한계생산물이 평균생산물보다 클 때, 총생산물은 감소한다.

8. 등량곡선에 대한 설명으로 적절하지 않은 것은?

① 등량곡선은 우하향한다.

② 등량곡선은 원점에서 멀어질수록 생산량 수준이 높다.

③ 등량곡선은 원점에서 볼록하다.

④ 등량곡선은 서로 교차할 수 있다.

9. 단기 생산과정에서 다른 생산요소의 투입량은 일정하고 노동투입량을 지속적으로 추가할 경우, 다음 항목 중 발생할 수 있는 현상은?

① 한계생산량은 감소한다.

② 총생산량은 감소한다.

③ 한계생산물은 증가한다.

④ 평균생산물은 증가한다.

10. 모든 생산요소 투입량을 2배 증가시켰을 때 생산량이 4배 증가했다. 다음 중 옳은 것은?

① 규모에 대한 수익체감 현상이다.

② 규모에 대한 수익불변 현상이다.

③ 규모에 대한 수익체증 현상이다.

④ 규모에 대한 불경제 현상이다.

## 02 기업의 비용

### 1 기본 개념

| | |
|---|---|
| 총비용<br>total cost | 기업이 생산과정에서 투입한 모든 생산요소에 대한 투입비용을 말한다. |
| 총수입<br>total revenue | 기업이 생산한 재화를 판매하고 받은 총금액을 말한다. |
| 이윤<br>profit | 기업이 생산한 재화를 판매한 총수입에서 투입된 생산요소의 총비용을 뺀 금액을 말한다. |
| 명시적 비용<br>explicit costs | 기업이 생산과정에서 현금 지출이 필요한 요소비용을 의미한다. |
| 암묵적 비용<br>implicit costs | 기업이 생산과정에서 현금 지출이 필요하지 않은 요소비용을 의미한다. |
| 경제학적 비용<br>economic cost | 명시적 비용과 암묵적 비용을 포함한 모든 기회비용을 의미한다. |
| 회계학적 비용<br>accounting cost | 생산과정에서 실제로 지출된 명시적 비용을 의미한다. |
| 고정비용<br>fixed costs | 기업의 산출량과 무관하게 생산과정에서 발생하는 생산요소의 투입비용을 말한다. |
| 가변비용<br>variable costs | 기업의 산출량에 따라 변하는 생산요소의 투입비용을 말한다. |
| 평균총비용<br>average total cost | 재화를 한 단위 생산하는 데 소요되는 비용을 의미한다. |
| 평균고정비용<br>average fixed cost | 재화를 한 단위 생산하는 데 소요되는 고정비용을 의미한다. |
| 평균가변비용<br>average variablel cost | 재화를 한 단위 생산하는 데 소요되는 가변비용을 의미한다. |

| | |
|---|---|
| 한계비용<br>marginal cost | 재화를 한 단위 더 생산하는 데 추가로 소요되는 비용의 변화량을 의미한다. |
| 총비용곡선<br>total cost curve | 재화의 산출량과 총비용의 관계를 나타내는 곡선이다. |
| 매몰비용<br>sunk cost | 지출된 다음에는 어떠한 방법으로도 다시 회수할 수 없는 비용을 말한다. |
| 규모의 경제<br>economies of scale | 재화의 산출량의 증가에 따라 장기 평균비용이 하락하는 현상을 말한다. |
| 규모의 불경제<br>diseconomies of scale | 재화의 산출량의 증가에 따라 장기 평균비용이 상승하는 현상을 말한다. |
| 범위의 경제<br>economies of scope | 한 기업이 여러 가지 재화를 함께 생산하는 것이 더욱 경제적인 경우를 범위의 경제가 존재한다고 한다. |
| 범위의 불경제<br>diseconomies of scope | 한 기업이 여러 재화를 생산하는 것보다 각 기업이 한 재화씩 맡아서 생산하는 것이 경제적인 경우를 범위의 불경제가 존재한다고 한다. |

## 2 보충학습

### (1) 기업의 비용과 이윤

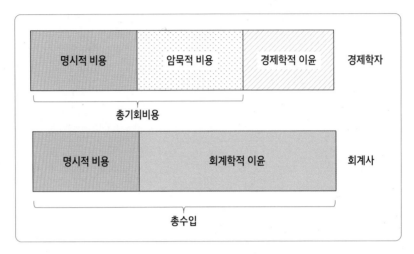

[그림 4-3] 기업의 비용과 이윤

① 이윤($\pi$) = 총수입($TR$) - 총비용($TC$)

② 총비용($TC$) = 고정비용($FC$) + 가변비용($VC$)

③ 평균총비용($ATC$) = 총비용($TC$) ÷ 산출량($Q$) 혹은 평균고정비용($AFC$) + 평균가변비용($AVC$)

④ 평균고정비용($AFC$) = 고정비용($FC$) ÷ 산출량($Q$)

⑤ 평균가변비용($AVC$) = 가변비용($VC$) ÷ 산출량($Q$)

⑥ 한계비용($MC$) = 총비용의 변화량($\triangle TC$) ÷ 산출량의 변화량($\triangle Q$)

⑦ 한계비용($MC$)과 평균비용($ATC$)의 관계
   - $MC < ATC$: 평균총비용 하락
   - $MC > ATC$: 평균총비용 상승
   - $MC = ATC$: 평균총비용의 최저점

### (2) 기업의 비용곡선

① 특징
   - 평균 총비용곡선($ATC$)은 U자 모양이다.
   - 산출량이 증가함에 따라 한계비용($MC$)은 증가한다.
   - 한계비용곡선은 평균 총비용곡선의 최저점을 지난다.

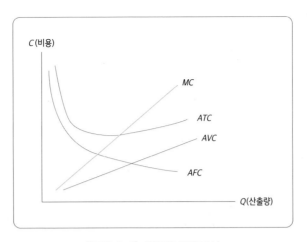

[그림 4-4] 기업의 비용곡선

② 단기비용과 장기비용

- 장기평균비용곡선: 단기보다 완만한 U자 모양을 가진다.
- 단기평균비용곡선: 장기비용곡선이 위쪽에 위치한다.
- 장기평균비용곡선은 단기평균비용곡선을 안고 있는 포락선 형태이다.

**(3) 기회비용과 매몰비용의 차이**

| 구분 | 기회비용 | 매몰비용 |
|------|----------|----------|
| 정의 | 무엇을 얻기 위해 포기한 가치를 말한다. | 한번 지출하면 회수 불가능한 비용을 말한다. |
| 특징 | 합리적인 의사결정 시 반드시 고려해야 하는 비용이다. | 합리적인 의사결정 시 고려하지 말아야 하는 비용이다. |

## 3  연습문제

1. 기업의 이윤은 총수입에서 총비용을 뺀 값이다.　　　　　　　　　　　　(○ / ✕)
2. 경제적 이윤은 회계적 이윤보다 크거나 같다.　　　　　　　　　　　　(○ / ✕)
3. 경제학자들은 기업의 비용을 계산할 때 기회비용을 포함하지 않는다.　　(○ / ✕)
4. 암묵적 비용은 기업이 현금을 지출할 필요가 없는 비용이다.　　　　　(○ / ✕)
5. 일반적인 평균 총비용곡선은 U자형 모양을 가진다.　　　　　　　　　(○ / ✕)
6. 단기적으로 기업이 아무것도 생산하지 않으면 총비용은 0이다.　　　　(○ / ✕)
7. 일반적으로 기업의 고정비용은 생산량 증가에 정비례한다.　　　　　　(○ / ✕)
8. 한계비용은 생산량에 따라 변하지 않는 비용이다.　　　　　　　　　　(○ / ✕)
9. 한계비용곡선은 평균총비용곡선의 최소 지점에서 교차한다.　　　　　　(○ / ✕)
10. 한 기업이 규모의 경제를 이루었을 때 산출량이 증가함에 따라 장기 평균비용은 상승한다.

　　　　　　　　　　　　　　　　　　　　　　　　　　　　　　　　　　(○ / ✕)

1. 다음의 비용곡선에 대한 설명으로 옳은 것은?

　① 한계비용이 평균비용보다 클 때 평균비용은 감소한다.
　② 평균총비용이 감소할 때 한계비용은 감소한다.
　③ 평균총비용은 평균가변비용과 평균고정비용의 합한 값이다.
　④ 평균고정비용은 산출량과 관계없이 일정하다.

2. 총수입에 대한 설명으로 옳은 것은?

　① 가격 × 수량
　② 가격 ÷ 수량
　③ (가격 × 수량) – 총비용
　④ 산출량 – 투입량

3. 총비용에 대한 설명으로 옳은 것은?

　① 기업이 생산물을 판매하여 받은 금액이다.
　② 고정비용에서 가변비용을 뺀 값이다.
　③ 기업이 재화의 생산을 위해 투입한 요소의 비용이다.
　④ 산출량에서 재화의 생산하는 데 사용된 투입량을 뺀 값을 의미한다.

4. 기업의 기회비용에 대한 설명으로 옳은 것은?

　① 명시적 비용
　② 암묵적 비용
　③ 명시적 비용+암묵적 비용
　④ 명시적 비용+암묵적 비용+총수입

5. 평균총비용이 증가할 때, 다음 중 옳은 것은?

① 평균가변비용은 감소한다.

② 한계비용은 증가한다.

③ 평균고정비용은 증가한다.

④ 한계비용은 감소한다.

6. 한 기업이 아무것도 생산하지 않을 때 0이 되는 비용은 무엇인가?

① 가변비용

② 기회비용

③ 매몰비용

④ 고정비용

7. 자동차를 생산하고 판매하는 기업의 가변비용으로 옳은 것은?

① 기업이 매년 지불하는 회계 서비스 비용

② 매년 지불하는 광고 비용

③ 사무실 공간 사용을 위해 지불하는 임대료

④ 자동차 생산에 사용되는 원재료 철강의 비용

8. 한 기업에서 재화 X를 300개 생산했다. 해당 기업은 단위당 90달러의 가격에 X재를 230개만 판매했다. 만약 재화 단위당 평균 생산비용이 100달러일 때, 해당 기업의 이윤은 얼마인가?

① 2,300달러

② −2,300달러

③ 3,000달러

④ −3,000달러

9. 한계비용이 평균총비용보다 적을 때, 다음 중 옳은 것은?

① 한계비용은 감소한다.

② 평균가변비용은 감소한다.

③ 평균총비용은 감소한다.

④ 평균총비용은 증가한다.

10. 규모의 경제에 대한 설명으로 옳은 것은?

① 장기 평균총비용이 산출량이 증가함에 따라 감소한다.

② 장기 평균총비용이 산출량이 증가함에 따라 증가한다.

③ 단기 평균총비용이 산출량이 증가함에 따라 감소한다

④ 단기 평균총비용이 산출량이 증가함에 따라 증가한다.

11. 다음 문장을 읽고 적절한 단어를 채워 넣으시오.

> 기회비용, 총비용, 고정비용, 가변비용, 평균총비용, 한계비용

1) (              )은 무엇을 하기 위해 포기한 가치를 말한다.

2) 생산량이 변화해도 변하지 않는 비용을 (              )이라 한다.

3) (              )은 한계비용이 그 비용보다 적을 때는 하락하고, 한계비용이 그 비용보다 커지면 상승한다.

4) 산출량에 따라 변하는 비용을 (              )이라 한다.

5) 이윤은 총수입에서 (              )을 뺀 것이다.

6) 산출량을 한 단위 더 생산하는 데 드는 비용을 (              )이라 한다.

12. 한 기업에서 재화 A를 생산하고 있으며, 근로자 수와 생산량은 다음과 같다(근로자의 일당은 10만 원이고, 고정비용은 20만 원이다). 다음 질문에 답하시오.

| 근로자 수 | 생산량 | 한계 생산물 | 총비용 | 평균 총비용 | 한계비용 |
|---|---|---|---|---|---|
| 0 | 0 | | | | |
| 1 | 20 | | | | |
| 2 | 50 | | | | |
| 3 | 90 | | | | |
| 4 | 120 | | | | |
| 5 | 140 | | | | |
| 6 | 150 | | | | |
| 7 | 155 | | | | |

※ 소수점 두 번째 자리까지 남기시오.

1) 한계생산물, 총비용, 평균총비용, 한계비용의 빈칸을 채우시오.

2) 평균총비용과 한계비용의 변화를 설명하시오.

3) 한계생산물과 한계비용의 변화를 설명하시오.

# CHAPTER 04   생산자이론

## 01  기업의 생산

**A.**  1. ✕  2. ◯  3. ✕  4. ◯  5. ✕

**B.**  1. ①  2. ②  3. ①  4. ②  5. ④  6. ①  7. ④  8. ④  9. ①  10. ③

## 02  기업의 비용

**A.**  1. ◯  2. ✕  3. ✕  4. ◯  5. ◯  6. ✕  7. ✕  8. ✕  9. ◯  10. ✕

**B.**  1. ③  2. ①  3. ③  4. ③  5. ②  6. ①  7. ④  8. ②  9. ③  10. ①

11. 1) 기회비용, 2) 고정비용, 3) 평균총비용, 4) 가변비용, 5) 총비용, 6) 한계비용

12. 1)

| 근로자 수 | 생산량 | 한계생산물 | 총비용 | 평균총비용 | 한계비용 |
|---|---|---|---|---|---|
| 0 | 0 | – | 200,000 | – | – |
| 1 | 20 | 20 | 300,000 | 15,000 | 5,000 |
| 2 | 50 | 30 | 400,000 | 8,000 | 3,333.33 |
| 3 | 90 | 40 | 500,000 | 5,555.56 | 2,500 |
| 4 | 120 | 30 | 600,000 | 5,000 | 3,333.33 |
| 5 | 140 | 20 | 700,000 | 5,000 | 5,000 |
| 6 | 150 | 10 | 800,000 | 5,333.33 | 10,000 |
| 7 | 155 | 5 | 900,000 | 5,806.45 | 20,000 |

2) • 평균총비용 곡선은 U자형이다. 산출량이 적을 때는 평균총비용이 감소하다가 생산량이 계속 증기히면 평균총비용도 증가한다.

• 한계비용 곡선도 U자형이다. 이것은 한계생산물 체감 현상에 따른 결과이다.

• 한계비용이 평균총비용보다 적을 때 평균총비용은 감소한다. 한계비용이 평균총비용보다 클 때 평균비용은 증가한다. 한계비용과 평균총비용은 평균총비용이 최소화되는 산출량에서 일치한다.

3) 한계생산물이 증가할 때는 한계비용이 감소한다. 한계생산물이 감소할 때는 한계비용이 증가한다.

# CHAPTER 05 시장조직이론

> ## 수업 목표
>
> ◇ 경제학의 시장구성을 학습한다.
> ◇ 완전경쟁, 독점, 독점적 경쟁 및 과점시장의 특성에 대해 학습한다.
> ◇ 게임이론을 이해하고 경제주체의 합리적인 의사결정을 분석한다.

## 01 완전경쟁시장

### 1 기본 개념

| 시장<br>market | 재화와 서비스의 거래가 이루어지는 장소를 의미한다. |
|---|---|
| 완전경쟁시장<br>perfact competitive market | 수많은 공급자와 수요자가 참여하고 동일한 재화가 거래되며, 경제주체들이 가격에 대한 완전한 정보를 가지고 있고 가격수용자로서 진입과 퇴출이 자유로운 시장을 의미한다. |
| 평균수입<br>average revenue | 재화 한 단위를 생산하는 데 얻는 수익을 의미한다. |
| 한계수입<br>marginal revenue | 재화 한 단위를 더 생산하는 데 추가적으로 얻는 수익을 의미한다. |
| 가격수용자<br>price taker | 각 경제주체가 재화의 가격에 영향을 줄 수 없고, 시장에서 결정된 가격을 받아들이는 것을 의미한다. |

| 조업중단<br>shutdown | 시장 상황이 악화되어 일시적으로 생산활동을 중단하는 단기적 의사결정을 의미한다. |
|---|---|
| 진입<br>entry | 새로운 기업이 특정 산업이나 시장에 진입하는 장기적 의사결정을 말한다. |
| 퇴출<br>exit | 기존 기업이 특정 산업이나 시장을 떠나는 장기적 의사결정을 말한다. |

## 2 보충학습

### (1) 완전경쟁시장의 특징

① 다수의 공급자와 수요자가 존재한다.
② 재화의 동질성이 존재한다.
③ 모든 경제주체는 가격수용자이다.
④ 완전한 시장정보를 보유한다.
⑤ 시장으로의 자유로운 진입과 퇴출이 가능하다.

### (2) 완전경쟁시장의 총수입, 평균수입, 한계수입

① 이윤($\pi$) = 총수입($TR$) − 총비용($TC$)
② 총수입($TR$) = 가격($P$) × 산출량($Q$)
③ 평균수입($AR$) = 총수입($TR$) ÷ 산출량($Q$)
④ 한계수입($MR$) = 총수입의 변화량($\triangle TR$) ÷ 산출량의 변화량($\triangle Q$)
⑤ $P = MR = AR$

### (3) 완전경쟁시장의 이윤극대화

① 완전경쟁시장에서 비용곡선
  • $MC$곡선은 우상향한다.
  • $ATC$곡선은 U자형 모양을 가진다.
  • $MC$곡선은 $ATC$곡선의 최저점을 지난다.
② 이윤극대화의 세 가지 원리
  • $MC < MR$: 생산량을 늘려야 한다.
  • $MC > MR$: 생산량을 줄여야 한다.
  • $MC = MR$: 이윤이 극대화되는 생산량이다.

③ 완전경쟁시장에서 공급곡선

- 기업은 어떤 가격에서든지 한계비용곡선에 따라 생산량을 결정한다.
- 따라서 완전경쟁시장에서 한계비용곡선은 공급곡선이 된다.

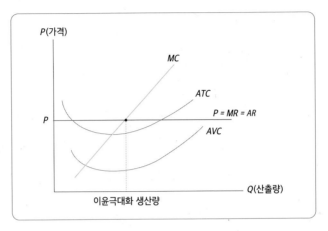

[그림 5-1]  완전경쟁시장의 이균극대화

### (4) 완전경쟁시장의 장단점

| | |
|---|---|
| 장점 | • 장기 균형 상태에서 기업은 효율적인 규모로 생산한다.<br>• 장기 균형 상태에서 기업은 최적 시설 규모에서 생산한다.<br>• 기업이 시장에서 정상적인 이윤만 얻을 수 있다.<br>• 경제주체의 의사결정이 분권화된다. |
| 단점 | • 완전경쟁시장의 조건을 충족하는 시장은 현실에서 찾기 어렵다.<br>• 소득분배에 대한 공평성이 불확실하다. |

## (5) 조업중단과 시장퇴출 조건

### ① 기업의 조업중단 조건

- 총수입이 가변비용보다 작을 때 기업은 단기적으로 조업을 중단한다($TR < VC \rightarrow P < AVC$).

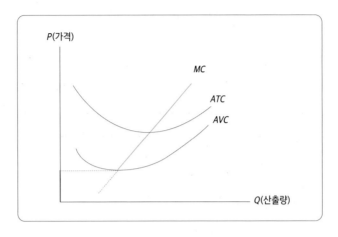

[그림 5-2] 완전경쟁시장에서의 단기 조업중단

### ② 기업의 시장진입/퇴출 조건

- 시장퇴출
  - 총비용이 총수입보다 클 때 기업은 장기적으로 시장퇴출한다($TR < TC \rightarrow P < ATC$).
  - $AVC < P < ATC$일 때 단기적으로 조업을 지속하고, 장기적으로 시장퇴출한다.
- 시장진입: 총비용이 총수입보다 작을 때 기업은 장기적으로 시장진출한다($TR > TC \rightarrow P > ATC$).

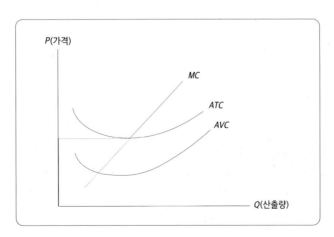

[그림 5-3] 완전경쟁시장에서의 장기 시장진출/퇴출

★ 조업중단은 단기적 의사결정이므로 기업은 여전히 고정비용을 부담한다.

★ 퇴출은 시장을 떠나는 장기적 의사결정이므로 비용 부담이 없다.

## (6) 완전경쟁시장에서 이윤과 손실

① $P > ATC$일 때: 이윤 $= TR - TC = (P - ATC) \times Q$

② $P < ATC$일 때: 손실 $= TC - TR = (ATC - P) \times Q$

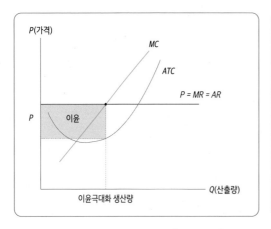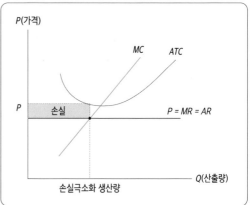

**[그림 5-4]** 완전경쟁시장의 이윤과 손실

## 3 연습문제

**A. 다음의 문장을 읽고 내용이 옳으면 ○, 틀리면 ✕로 답하시오.**

1. 경쟁시장에서 기업은 자유롭게 진입하고 퇴출할 수 있다. ( ○ / ✕ )

2. 경쟁기업은 총수입, 한계수입, 평균수입 모두 같다. ( ○ / ✕ )

3. 경쟁기업의 한계수입과 평균수입은 같다. ( ○ / ✕ )

4. 경쟁기업에서 생산된 각 단위의 한계수익과 한계비용으로 이윤극대화 수준을 결정할 수 있다.

( ○ / ✕ )

5. 완전경쟁시장에는 수많은 구매자와 판매자가 존재하기 때문에 시장가격에 영향을 미칠 수 없다.

( ○ / ✕ )

6. 완전경쟁시장에서 일반적으로 가격을 인상하는 기업은 더 큰 이윤을 남긴다. ( ○ / ✕ )

7. 완전경쟁시장에서 이익을 극대화하는 기업은 평균수익이 한계비용을 초과할 때 생산량을 증가할
   것이다. ( ○ / ✕ )

8. 가격이 평균가변비용보다 낮으면 기업은 일시적으로 조업을 중단한다. ( ○ / ✕ )

9. 총수입이 총비용보다 적을 때 기업은 장기적으로 시장에 진입한다. ( ○ / ✕ )

10. 경쟁기업이 이윤극대화를 달성하려면 기업의 가격은 단기, 장기에서 모두 한계비용과 같아야 한다.

( ○ / ✕ )

1. 완전경쟁시장의 특징에 대한 설명으로 옳은 것은?

   ① 정부는 반독점법을 통해 경쟁시장을 통제한다.
   ② 생산자들은 거의 동일한 재화를 판매한다.
   ③ 기업은 비용극소화에 도달할 수 있다.
   ④ 기업은 가격설정자이다.

2. 완전경쟁시장에서 가격수용자에 대한 설명으로 옳은 것은?

   ① 구매자
   ② 판매자
   ③ 구매자와 판매자 모두 아님
   ④ 구매자와 판매자

3. 다음 항목 중 자유로운 시장진입이 가능한 산업은 무엇인가?

   ① 광물채굴
   ② 전기
   ③ 음식점
   ④ 케이블 TV

4. 완전경쟁시장에 관한 설명으로 다음 항목 중 옳은 것은?

   ① 경쟁기업의 평균수입과 한계수입은 같다.
   ② 모든 기업의 한계수입은 재화 가격보다 크다.
   ③ 경쟁력이 있는 기업만이 평균수입과 재화 가격이 같다.
   ④ 한계수입은 총수입을 판매량으로 나눈 값이다.

5. 완전경쟁시장의 한계수입에 대한 설명으로 옳은 것은?

   ① 한계수입은 평균수입과 가격과 같다.
   ② 한계수입은 평균수입과 가격보다 높다.
   ③ 한계수입은 평균비용과 같다.
   ④ 한계수입은 한계비용보다 크다.

6. 완전경쟁시장의 한 기업이 이윤을 얻고 있다. 이에 대한 설명으로 다음 중 옳은 것은?

   ① 재화의 가격은 평균총비용보다 작다.
   ② 한계비용은 한계수입보다 크다.
   ③ 새로운 기업이 시장에 진출한다.
   ④ 비효율적인 기업은 시장에서 퇴출한다.

7. 한 경쟁기업에서 한계비용이 한계수입을 초과하는 수준의 생산량을 생산하고 있다. 이에 대한 설명으로 다음 중 옳은 것은?

   ① 재화의 생산을 한 단위 증가하면 기업의 이윤은 증가한다.
   ② 재화의 생산을 한 단위 증가하면 기업의 이윤은 감소한다.
   ③ 기업은 생산량을 늘려야 한다.
   ④ 기업은 이윤극대화 수준의 생산량을 생산하고 있다.

8. 완전경쟁시장의 한 기업이 총 200달러의 수입을 얻었다. 만약 마지막으로 생산되고 판매한 단위에서 20달러의 한계수입을 얻었다. 해당 기업의 평균수입과 판매수량은 얼마인가?

① 평균수입은 10달러, 판매 수량은 20단위이다.
② 평균수입은 10달러, 판매 수량은 10단위이다.
③ 평균수입은 20달러, 판매 수량은 20단위이다.
④ 평균수입은 20달러, 판매 수량은 10단위이다.

9. 다음 중 경쟁기업의 장기 시장퇴출 조건으로 옳은 것은?

① $TR < TC$
② $TR < FC$
③ $TR < VC$
④ $P > ATC$

10. 한 의류공장의 임대료는 45,000달러, 인건비와 전기료는 105,000달러이다. 만약 해당 의류공장에서 75,000달러의 수입을 얻는다고 할 때 다음 설명 중 옳은 것은?

① 단기적으로 공장을 가동하는 비용이 비싸기 때문에 의류 생산을 중단해야 한다.
② 단기적으로 공장을 가동하지 않으면 고정비용이 발생하기 때문에 의류 생산을 지속해야 한다.
③ 공장은 이윤을 증가하기 위해 가격을 낮추어야 한다.
④ 공장이 수입을 얻고 있기 때문에 의류 생산을 지속해야 한다.

11. 다음의 표는 경쟁산업에 있는 한 기업의 수량과 가격을 보여준다. 해당 기업의 고정비용이 30달러일 때 다음 질문에 답하시오.

| Q | P | VC | TC | TR | AVC | ATC | MC | MR |
|---|---|----|----|----|----|----|----|----|
| 0 | 50 | 0 | 30 | 0 | 0 | 0 | – | – |
| 1 | 50 | 10 | 40 | 50 | 10 | 40 | | |
| 2 | 50 | 40 | | | | | | |
| 3 | 50 | 90 | | | | | | |
| 4 | 50 | 150 | | | | | | |
| 5 | 50 | 230 | | | | | | |
| 6 | 50 | 330 | | | | | | |

1) 각 생산량에서 다음의 빈칸을 채우시오.

2) 해당 기업은 재화를 얼마나 생산할 때 이윤 극대화에 도달하는가?

3) 해당 기업은 시장에서 조업을 중단해야 하는가? 조업을 중단한다면 언제 해야 하는가?

4) 해당 기업은 시장에서 퇴출해야 하는가? 시장퇴출을 한다면 언제 해야 하는가?

## 1  기본 개념

| | |
|---|---|
| 독점<br>monopoly | 한 기업이 밀접한 대체재가 없는 재화의 유일한 공급자로서 시장지배력을 갖는 시장을 말한다. |
| 가격설정자<br>price maker | 시장가격을 주어진 것으로 받아들이지 않고 스스로 적당한 가격을 설정할 수 있음을 의미한다. |
| 자연독점<br>natural monopoly | 시장 전체 수요를 여러 기업보다 하나의 기업이 맡아 더 적은 비용으로 생산할 수 있는 시장 조건을 의미한다. |
| 진입장벽<br>entry barrier | 새로운 기업이 특정 산업이나 시장에 진입하는 데 방해가 되는 것을 의미한다. |
| 산출효과<br>output effect | 재화의 판매량 증가로 인한 총수입의 증가효과를 의미한다. |
| 가격효과<br>price effect | 재화의 가격 하락으로 인한 총수입의 감소효과를 의미한다. |
| 가격차별<br>price discrimination | 동일한 재화에 대해 소비자에 따라 서로 다른 가격을 설정하는 행위를 말한다. |

## 2  보충학습

### (1) 독점시장의 특징

① 특정 시장에서 대체재가 없는 유일한 공급자로 시장지배력을 가진다.
② 가격설정자이다.
③ 수요곡선은 우하향한다.
④ 가격($P$)은 수요곡선에서 결정한다.

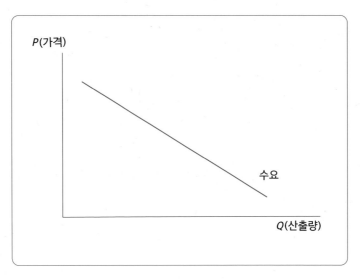

[그림 5-5] 독점시장의 수요곡선

## (2) 독점시장이 발생하는 원인

독점시장이 발생하는 근본적인 원인은 시장으로의 진입장벽이 존재하기 때문이다. 진입장벽은 독점기업이 시장 지배력을 유지하고, 새로운 경쟁자의 진입을 어렵게 만듦으로써 독점시장을 형성하게 만든다. 이러한 진입장벽에는 다양한 요인들이 포함된다.

① **진입 장벽**: 새로운 경쟁자의 시장 진입을 어렵게 하는 요인들이 존재하는 경우 독점시장이 발생할 수 있다(예: 높은 초기 투자 비용, 기술적 노하우, 브랜드 인지도).

② **자연 독점**: 규모의 경제로 인해 하나의 기업이 시장을 효율적으로 운영할 수 있는 경우 독점시장이 발생할 수 있다(예: 전력, 수도 공급).

③ **자원 독점**: 특점 자원 또는 생산요소를 기업이 독점적으로 소유하는 경우 독점시장이 발생할 수 있다(예: 희귀 광물).

④ **정부의 규제**: 정부가 특정 기업에 독점권을 부여하거나 특허 제도를 통해 특정 기술이나 제품에 대한 독점권을 인정할 때 독점시장이 형성될 수 있다(예: 신약 특허, 저작권).

⑤ **네트워크 효과**: 제품이나 서비스의 가치가 사용자의 수에 따라 증가하는 경우 독점시장이 형성될 수 있다(예: 소셜 네트워크 서비스).

⑥ **인수 합병**: 기업들이 경쟁 기업을 인수하거나 합병함으로서 시장 점유율을 높이고 독점적 지위를 강화하여 독점시장을 형성할 수 있다.

### (3) 독점기업의 이윤극대화와 가격

독점기업은 한계수익과 한계비용이 같아지는 지점에서 이윤을 극대화한다. 이 지점에서의 생산량을 결정하고, 그 생산량에 대응하는 가격을 수요곡선을 통해 설정한다. 이를 통해 독점기업은 최대의 이윤을 실현할 수 있다.

$P > MR = MC$

### (4) 독점기업의 이윤

① $\pi = TR - TC = (P{-}ATC) \times Q$

② 만약 $P > ATC$라면, 독점기업은 이윤을 낸다.

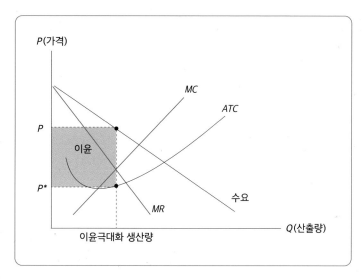

[그림 5-6] 독점시장의 이균극대화와 이윤

### (5) 독점의 비효율성

① 사회적 최적 생산량 결정

- 수요곡선과 한계비용곡선이 교차하는 점보다 작은 생산량에서는 한계소비자의 지불용의 (수요곡선)가 한계비용보다 크다.
- 수요곡선과 한계비용곡선이 교차하는 점보다 큰 생산량에서는 한계소비자의 지불용의(수요곡선)가 한계비용보다 작다.
- 그러므로 독점기업의 사회적으로 최적인 생산량(효율적 수량)은 수요곡선과 한계비용곡선이 교차하는 점에서 결정된다. 즉, $P = MC$ 지점에서의 생산량은 자원의 최적 배분을 의미하며, 사회적 효율성을 극대화한다.

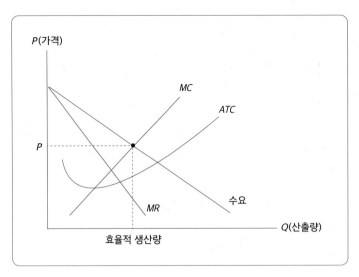

[그림 5-7] 독점기업의 효율적 생산량

② 경제적 순손실

- 독점기업이 이윤극대화하는 경우 가격은 한계비용보다 높고, 생산량은 효율적인 생산량보다 적게 생산한다.
- 그러므로 재화의 생산비보다 지불용의가 높은 소비자 중 일부는 소비하지 못한다.

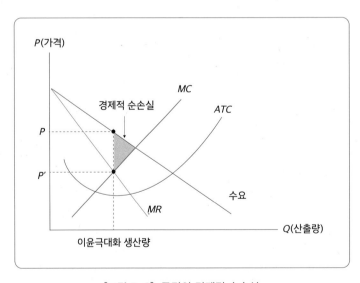

[그림 5-8] 독점의 경제적 순손실

## (6) 가격차별

독점기업은 생산비가 같은 경우 소비자에 따라 다른 가격을 부과하기도 한다. 이런 행위를 가격차별이라 한다(예: 비행기 요금, 수량 할인, 할인권).

## (7) 독점에 대한 정책

경쟁시장과 달리 독점시장은 사회적 최적 생산량보다 적은 양을 생산하고 가격을 한계비용보다 높게 설정하기 때문에 자원을 효율적으로 배분하지 못한다. 이러한 독점 문제를 해결하기 위한 정부의 정책은 주로 다음과 같다.

① **독점금지법과 경쟁 촉진**: 독점시장을 보다 경쟁적으로 만든다.
② **정부규제**: 기업들이 임의로 가격을 결정하지 못하도록 독점기업의 행태를 규제한다(일반적으로 상수도나 전기와 같은 자연독점 산업에서 활용된다).
③ **국유화**: 민간 소유의 독점을 규제하는 대신 국영 독점으로 전환함으로써 정부가 독점기업을 소유한다.
④ **자유방임**: 아무런 조치를 취하지 않는다.

## A. 다음의 문장을 읽고 내용이 옳으면 ○, 틀리면 ×로 답하시오.

1. 독점기업은 무한한 시장지배력을 가지고 있으므로 원하는 수준의 이윤을 달성할 수 있다.

( ○ / × )

2. 독점기업의 재화 가격은 한계수입과 같다. ( ○ / × )

3. 독점이 존재하는 근본적인 원인은 진입장벽 때문이다. ( ○ / × )

4. 독점기업의 판매량이 증가하면 총수입이 증가하는 것을 산출효과라고 한다. ( ○ / × )

5. 독점기업은 한계비용과 가격이 일치하는 지점에서 이윤극대화 생산량이 결정된다. ( ○ / × )

## B. 다음의 질문에 대한 옳은 답을 고르시오.

1. 다음 중 독점에 관한 설명으로 옳은 것은?

① 한계수입은 가격수준보다 높다.
② 효율적인 생산량을 생산하고 소비한다.
③ 한계수입과 한계비용이 일치하는 지점에서 이윤극대화 생산량이 결정된다.
④ 독점기업은 가격수용자이다.

2. 다음 중 독점기업일 가능성이 가장 높은 기업은 무엇인가?

① 호텔
② 수도공사
③ 백화점
④ 편의점

3. 기업이 생산량을 증가할 때 자연독점이 발생할 수 있는 현상으로 옳은 것은?

① 한계비용의 증가
② 한계수입의 감소
③ 평균총비용의 감소
④ 총비용의 증가

4. 독점시장의 재화 가격에 대한 설명으로 옳은 것은?

① 공급과 관련이 있다.
② 수요와 관련이 있다.
③ 한계비용과 관련이 있다.
④ 한계수입과 관련이 있다.

5. 독점기업의 시장수요곡선에 대한 설명으로 옳은 것은?

① 평균수입은 재화의 가격보다 작다.
② 평균수입은 한계수입보다 작다.
③ 한계수입은 재화의 가격보다 작다.
④ 한계수입은 재화의 가격보다 크다.

6. 자연독점에 대한 설명으로 옳은 것은?

① 기업에 일정한 규모의 수익을 제공한다.
② 규모의 불경제가 존재한다.
③ 여러 기업이 생산하면 평균총비용을 낮출 수 있다.
④ 여러 기업보다 하나의 기업이 생산하면 평균총비용을 낮출 수 있다.

7. 정부가 만든 독점에 대한 설명으로 옳은 것은?

① 특정 산업에 대한 정부의 지출은 독점을 발생시킨다.
② 정부는 판매자들 간의 경쟁을 유인함으로써 시장지배력을 행사한다.
③ 정부는 어떤 재화나 서비스를 판매할 수 있는 독점적인 권리를 개인이나 기업에 부여한다.
④ 특정 산업에 부과한 정부의 세금이 독점을 발생시킨다.

8. 독점기업의 판매량이 증가할수록 한계수입이 감소할 때, 다음 설명 중 옳은 것은?

① 산출효과가 가격효과보다 크다.
② 가격효과가 산출효과보다 크다.
③ 산출효과는 가격효과와 같다.
④ 산출효과와 가격효과는 없다.

9. 독점기업이 사회적으로 효율적인 생산량을 생산하지 않는 원인으로 옳은 것은?

① 가격이 한계비용보다 높기 때문이다.
② 가격이 한계수입과 같기 때문이다.
③ 가격이 평균총비용과 같기 때문이다.
④ 가격이 한계비용보다 낮기 때문이다.

10. 독점기업의 이윤 극대화 생산량을 생산하는 조건으로 옳은 것은?

① 한계수입과 한계비용이 같다.
② 한계비용과 가격이 같다.
③ 한계수입과 평균총비용이 같다.
④ 가격과 평균총비용이 같다.

## 1 기본 개념

| | |
|---|---|
| 불완전경쟁<br>imperfect competition | 완전경쟁시장과 독점시장의 사이의 경쟁 형태를 의미한다. |
| 독점적 경쟁<br>monopolistic competition | 다수의 공급자가 동일하지는 않지만 매우 유사한 제품을 차별화하여 공급하는 시장 구조를 말한다. |
| 과점<br>oligopoly | 소수의 공급자가 시장의 대부분을 차지하여 유사하거나 동일한 상품을 공급하는 시장 구조를 말한다. |
| 복점<br>duopoly | 두 개의 기업에 의해 제품 공급이 이루어지는 시장이며 과점의 가장 단순한 형태이다. |
| 담합<br>collusion | 기업들이 가격과 생산량을 협의하여 결정하는 행위를 말한다. |
| 카르텔<br>cartel | 동일 업종의 기업이 경쟁 제한을 목적으로 담합하여 독점 형태에 도달하는 것을 말한다. |
| 게임이론<br>game theory | 상호의존적인 참여자들의 행동을 분석하여 최적의 전략을 찾아내는 것을 연구하는 이론이다. |
| 우월전략<br>dominant strategy | 각 경기자가 상대의 전략과 상관없이 항상 자신에게 유리한 전략을 의미한다. |
| 우월전략균형<br>dominant strategy equilibrium | 각 경기자의 우월전략으로 이루어진 쌍을 말한다. |
| 내쉬전략<br>nash strategy | 각 경기자가 상대의 전략에 따라 자신의 최선 전략을 찾아내는 것을 말한다. |
| 내쉬균형<br>nash equilibrium | 각 경기자의 내쉬전략으로 이루어진 쌍을 말한다. |

## (1) 불완전경쟁시장의 시장구조

① 독점적 경쟁
② 과점

## (2) 독점경쟁시장의 특징

① 다수의 공급자가 존재한다.
② 수요곡선은 우하향한다.
③ 제품을 차별화(예: 광고, 상표, 품질, 디자인)한다.
④ 시장으로의 자유로운 진입과 퇴출이 가능하다.
⑤ 독점적 경쟁기업은 비가격경쟁을 한다.

## (3) 독점적 경쟁시장의 단기 균형 – 차별화를 통한 경쟁

① 한계수입($MR$)과 한계비용($MC$)이 일치하는 점에서 생산($Q$)한다($MR = MC$).
② 가격($P$)은 수요곡선에서 결정한다.
③ $P > ATC$일 때 이윤을 얻는다.
④ $P < ATC$일 때 손실을 본다.
⑤ 단기 시장에서 독점기업과 매우 유사하다.

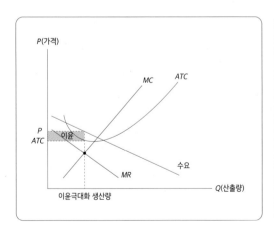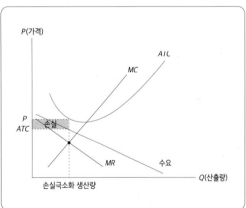

[그림 5-9] 독점적 경쟁시장: 단기 균형

**(4) 독점적 경쟁시장의 장기 균형 – 자유로운 진입과 퇴출**

① 한계수입($MR$)과 한계비용($MC$)이 일치하는 점에서 생산($Q$)한다($MR = MC$).

② 기업들의 경제적이윤이 0이 될 때까지 시장에 진입과 퇴출을 반복한다.

    • 진입 유인: 시장에 이윤이 존재하는 경우

    • 퇴출 유인: 시장에 손실이 존재하는 경우

③ 수요곡선은 장기 평균총비용곡선($ATC$)과 접한다.

④ 완전경쟁시장에서와 같이 가격이 평균총비용과 일치한다($P=ATC$).

⑤ 독점시장에서와 같이 가격이 한계비용을 초과한다($MC<P$).

⑥ 이윤극대화 생산량은 효율적인 생산량보다 적다.

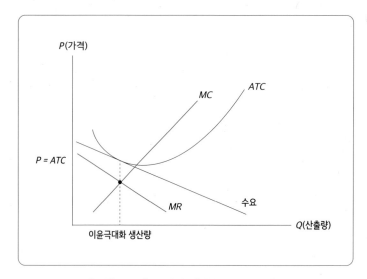

[그림 5-10] 독점적 경쟁시장: 장기 균형

**(5) 독점적 경쟁시장의 장단점**

| 장점 | • 제품차별화를 통해 다양한 제품을 생산한다.<br>• 소비자의 후생이 증대된다. |
|---|---|
| 단점 | • 이윤극대화 생산은 효율적인 생산량이 아니다.<br>• 비가격경쟁에 따라 자원의 낭비가 초래된다.<br>• 초과 생산설비를 보유하는 문제가 존재한다. |

## (6) 독점적 경쟁시장에서 비효율이 발생하는 이유

① 균형가격이 한계비용보다 높기 때문이다(mark-up).
② 기업의 진입과 퇴출로 인한 효과가 존재하기 때문이다.
  • 제품 다양화 효과: 새로운 상품의 진입은 소비자의 선택의 폭을 넓혀 소비자들에게 긍정적인 효과를 준다
  • 시장탈취 효과: 새로운 기업의 진입은 기존 기업들에게 부정적인 효과를 준다.

## (7) 과점시장의 특징

① 소수의 공급자가 존재한다.
② 동일하거나 차별화된 제품을 판매한다.
③ 기업 간에 상호의존적인 전략적 상황에 처하게 되어 비가격경쟁이 이루어진다.

## (8) 과점기업의 이윤극대화

① 과점시장에서의 담합은 몇 개의 기업이 시장을 지배하고 있는 상황에서 이들 기업이 서로 협력하여 가격, 생산량, 시장분할 등을 조정함으로써 경쟁을 제한하고 이익을 극대화하는 행위를 말한다.
② **생산량**: 독점시장보다 많고 완전경쟁시장보다 적다.
③ **가격**: 독점시장 가격보다 낮고 완전경쟁시장 가격보다 높다.

## (9) 과점시장의 장단점

| 장점 | • 완전경쟁시장이나 독점시장보다 연구개발이 활발히 이루어진다.<br>• 다양한 재화의 공급으로 인해 소비자의 선택폭이 넓어진다. |
|---|---|
| 단점 | • 효율적인 생산량이 아니다.<br>• 과도한 광고비 지출 등 사회적 자원낭비가 발생할 수 있다. |

## (10) 게임이론 기초용어

| 경기자 | 게임에 참여하는 경제주체를 말한다. |
|---|---|
| 전략 | 경기자들이 자신의 이윤(효용)극대화를 위해 선택할 수 있는 대안을 말한다. |
| 보수 | 게임의 결과로 각 경기자들이 얻게 되는 것을 말한다. |
| 균형 | • 외부충격이 없는 한 경기자들의 전략이 유지되는 형태를 의미한다.<br>• 모든 경기자들이 현재의 결과에 만족하여 더 이상 자신의 전략을 바꿀 유인이 없는 상태를 게임의 균형이라고 한다. |

## (11) 죄수의 딜레마

협력이 이루어지면 서로에게 유리한 결과를 얻게 될 수 있음에도 불구하고, 각 개인이 자신의 이익을 추구하다 사회 전체에 손실을 야기하는 상황을 말한다.

| 용의자 A / 용의자 B | 자백 | 부인 |
|---|---|---|
| 자백 | 둘 다 징역 5년 | A 징역 10년, B 석방 |
| 부인 | A 석방, B 징역 10년 | 둘 다 징역 1년 |

| 게임의 구성 | 게임의 결과 | |
|---|---|---|
| • 경기자: 용의자 A와 B<br>• 전략: 자백 혹은 부인 | 우월전략 | • 용의자 A의 우월전략: 자백<br>• 용의자 B의 우월전략: 자백 |
| | 우월전략균형 | (자백, 자백) |
| | 내쉬전략 | • 용의자 A의 내쉬전략: 용의자 B가 자백일 경우 자백, 부인일 경우 자백<br>• 용의자 B의 내쉬전략: 용의자 A가 자백일 경우 자백, 부인일 경우 자백 |
| | 내쉬균형 | (자백, 자백) |

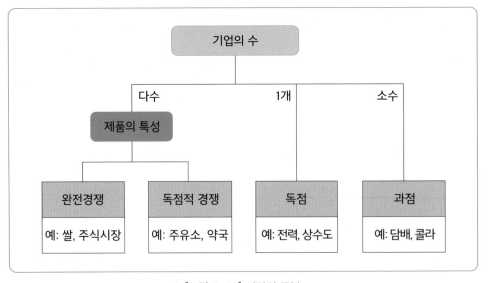

[그림 5-11] 시장의 구분

**[표 5-1] 시장의 세부 특성**

| 구분 | 완전경쟁시장 | 불완전경쟁시장 | | |
| --- | --- | --- | --- | --- |
| | | 독점시장 | 독점적 경쟁시장 | 과점시장 |
| 공급자의 수 | 다수 | 하나 | 다수 | 소수 |
| 상품의 질 | 동질 | 동질 | 이질 | 동질 또는 이질 |
| 시장 진입(장기) | 가능 | 불가능 | 가능 | 어려움 |
| 산출량 | 최적 생산 | 과소 생산 | 과소 생산 | 과소 생산 |
| 가격결정력 | 없음 | 있음(큼) | 있음(작음) | 있음(작음) |
| 비가격경쟁 | 없음 | 없음 | 매우 강함 | 강함 |
| 기타 특징 | 가격수용자 | 상품 차별화 | 담합(카르텔) | 가격결정자 |

## 3 연습문제

### A. 다음의 문장을 읽고 내용이 옳으면 ○, 틀리면 ×로 답하시오.

1. 독점적 경쟁시장에서의 '경쟁'은 시장에 많은 판매자가 있기 때문이다. (○ / ×)
2. 독점적 경쟁시장의 특징은 시장으로의 진입장벽이 존재하는 것이다. (○ / ×)
3. 과점은 소수의 판매자가 유사한 재화를 판매하는 반면, 독점적 경쟁은 많은 판매자가 차별화된 재화를 판매한다. (○ / ×)
4. 불완전경쟁 시장구조는 독점적경쟁과 독점을 포함한다. (○ / ×)
5. 독점적 경쟁시장에서 기업은 한계비용과 가격이 일치할 때 이윤극대화한다. (○ / ×)
6. 독점적 경쟁시장에 있는 기업은 단기와 장기에서 모두 이윤을 얻을 수 있다. (○ / ×)
7. 다른 모든 기업의 전략을 고려하여 해당 기업의 최선의 전략을 선택하는 것을 내쉬균형이라고 한다. (○ / ×)
8. 과점기업은 담합할 때 더 많이 생산한다. (○ / ×)
9. 과점기업의 수가 많을수록 가격효과는 사라진다. (○ / ×)
10. 생산량 증가로 인한 산출효과가 가격효과보다 크다면 과점기업은 생산량을 더 늘릴 것이다. (○ / ×)

1. 독점적 경쟁기업에 대한 설명으로 옳은 것은?

   ① 단기적으로는 경제적 이익을 얻을 수 있지만 장기적으로는 얻을 수 없다.
   ② 단기적으로나 장기적으로 모두 경제적 이익을 얻을 수 있다.
   ③ 장기적으로 경제적 이익을 얻을 수 있지만 단기적으로는 얻을 수 없다.
   ④ 단기적으로나 장기적으로 모두 경제적 이익을 얻을 수 없다.

2. 불완전경쟁 시장의 두 가지 유형으로 옳은 것은?

   ① 독점과 독점적경쟁
   ② 독점과 과점
   ③ 독점적경쟁과 과점
   ④ 독점적경쟁과 카르텔

3. 유사하거나 동일한 제품을 공급하는 소수의 판매자만 있는 시장구조 설명으로 옳은 것은?

   ① 과점
   ② 독과점
   ③ 독점적경쟁
   ④ 완전경쟁

4. 과점시장의 특징에 대한 설명으로 옳은 것은?

   ① 매우 다양한 제품을 공급한다.
   ② 시장지배력을 가지고 있다.
   ③ 한계생산비용과 동일한 가격으로 판매한다.
   ④ 한 판매자의 행동은 다른 판매자의 이윤에 영향을 미치지 않는다.

5. 독점적 경쟁기업이 가격을 인상할 때 일어나는 현상으로 다음 중 옳은 것은?

   ① 시장공급곡선은 오른쪽으로 이동한다.
   ② 수요량은 변하지 않는다.
   ③ 수요량은 0이 된다.
   ④ 수요량은 감소하지만 0보다 크다.

6. 과점에 대한 설명으로 옳은 것은?

   ① 과점시장에는 수많은 공급자가 존재한다.
   ② 한 공급자의 행동은 다른 모든 공급자의 이윤에 큰 영향을 미친다.
   ③ 과점기업은 상호의존하지 않으며 서로 경쟁한다.
   ④ 과점시장의 가격은 독점시장 가격보다 낮으나 완전경쟁시장의 가격보다 높다.

7. 다음 중 과점시장을 보여주는 사례로 적합한 것은?

   ① 반도체를 생산하는 두 기업
   ② 가스공사
   ③ 농산물 시장
   ④ 편의점

8. 불완전경쟁 시장에서 산출량을 증가할수록 가격이 하락하는 현상에 대한 설명으로 옳은 것은?

   ① 수입효과
   ② 산출효과
   ③ 가격효과
   ④ 카르텔 효과

9. 과점기업의 총수입이 증가했다. 다음 중 산출효과에 대한 설명으로 옳은 것은?

① 산출효과가 가격효과보다 클 때
② 산출효과와 가격효과가 일치할 때
③ 산출효과가 가격효과보다 작을 때
④ 산출효과가 수입효과보다 클 때

10. 시장에서 경쟁을 줄이기 위해 과점기업들의 담합이 이루어졌다. 다음 중 경쟁이 제한됨에 따라 일어나는 현상으로 옳은 것은?

① 가격은 하락하고 산출량은 증가한다.
② 가격은 상승하고 산출량은 감소한다.
③ 가격과 산출량은 모두 감소한다.
④ 가격과 산출량은 모두 증가한다.

11. 다음 재화 중 완전경쟁, 독점, 독점적 경쟁, 과점시장 중 해당되는 것을 적어 보시오.

1) 농산물

2) 콜라

3) 케이블 TV

4) 햄버거

12. 다음의 각 경우가 완전경쟁, 독점, 독점적 경쟁시장 중 해당되는 것을 적어 보시오.

1) 경쟁기업과 차별화된 재화를 판매한다.

2) 한계수입과 한계비용이 일치하는 산출량을 생산한다.

3) 수요곡선이 우하향한다.

4) 사회적으로 최적 산출량을 생산한다.

13. 한 마을에서 A와 B가 유일하게 빵 가게를 운영하고 있다고 가정하자. A와 B는 각각 판매 수입을 위해 낮은 가격과 높은 가격 중 하나를 선택해야 한다. A와 B전략에 대한 연간 경제적 이윤은 아래 표와 같다. 다음 질문에 답하시오.

| 구분 | | A | |
| --- | --- | --- | --- |
| | | 낮은 가격 | 높은 가격 |
| B | 낮은 가격 | ($20,000, $20,000) | ($18,000, $22,000) |
| | 높은 가격 | ($25,000, $15,000) | ($22,000, $20,000) |

※ 각 셀의 값은 (A의 이윤, B의 이윤)을 나타낸다.

1) $A$는 우월전략이 있는가?

2) $B$는 우월전략이 있는가?

3) 내쉬균형이 존재하는가?

# CHAPTER 05  시장조직이론

## 01  완전경쟁시장

**A.** 1. ○  2. ✕  3. ○  4. ○  5. ○  6. ✕  7. ○  8. ○  9. ✕  10. ○

**B.** 1. ②  2. ④  3. ③  4. ①  5. ①  6. ③  7. ②  8. ④  9. ①  10. ①

11. 1)

| Q | P | VC | TC | TR | AVC | ATC | MC | MR |
|---|----|-----|-----|-----|------|-----|-----|-----|
| 0 | 50 | 0 | 30 | 0 | 0 | 0 | – | – |
| 1 | 50 | 10 | 40 | 50 | 10 | 40 | 10 | 50 |
| 2 | 50 | 40 | 70 | 100 | 20 | 35 | 30 | 50 |
| 3 | 50 | 90 | 120 | 150 | 30 | 40 | 50 | 50 |
| 4 | 50 | 150 | 180 | 200 | 37.5 | 45 | 60 | 50 |
| 5 | 50 | 230 | 260 | 250 | 46 | 52 | 80 | 50 |
| 6 | 50 | 330 | 360 | 300 | 55 | 60 | 100 | 50 |

2) MC = MR 시점, 즉 Q = 3일 때 기업은 이윤극대화에 도달한다.

3) P < AVC일 때 기업은 단기적으로 조업을 중단하므로, 해당 기업은 Q = 6일 때 단기적으로 조업을 중단한다.

4) P < ATC일 때 기업은 장기적으로 시장퇴출하므로 Q = 5일 때 장기적으로 시장퇴출한다.

## 02  독점시장

**A.** 1. ✕  2. ✕  3. ○  4. ○  5. ✕

**B.** 1. ③  2. ②  3. ③  4. ②  5. ③  6. ④  7. ③  8. ②  9. ①  10. ①

## 03 독점경쟁과 과점시장

**A.** 1. ○   2. ×   3. ○   4. ×   5. ×   6. ×   7. ○   8. ×   9. ○   10. ○

**B.** 1. ①   2. ③   3. ①   4. ②   5. ④   6. ④   7. ①   8. ③   9. ①   10. ②

11. 1) 완전경쟁, 2) 과점, 3) 독점, 4) 독점적 경쟁

12. 1) 독점적 경쟁, 2) 완전경쟁, 독점, 독점적 경쟁, 3) 독점, 독점적 경쟁, 4) 완전경쟁

13. 1) A는 우월전략이 있다. B의 전략과 상관 없이 A는 낮은 가격전략을 선택해야 한다.

    2) B는 우월전략이 있다. A의 전략과 상관 없이 B는 낮은 가격전략을 선택해야 한다.

    3) A와 B의 전략에는 내쉬균형이 존재한다. 각각 낮은 가격전략을 선택할 때 발생한다.

# 무역학

# CHAPTER 06 무역의 기초

## 수업 목표

◇ 무역이 무엇인지 이해하고 무역의 종류를 학습한다.

◇ 해외시장조사의 대상과 방법을 학습한다.

◇ 세계 무역환경의 변화를 이해한다.

◇ 경제블록과 자유무역협정에 대해 학습한다.

## 01  무역이란?

### 1  기본 개념

| | |
|---|---|
| 국제수지<br>balance of payment | 한 국가가 일정 기간 동안 국제 거래에서 수출과 수입한 내역을 분류한 것을 뜻한다. |
| 물품<br>goods | 무역 거래에서 사고 파는 유형의 재화를 의미한다. |
| 용역<br>service | 무역 거래의 대상 중 물품에 대비되는 개념으로 가치를 지니는 서비스를 의미한다. |
| 절대우위<br>absolute advantage | 특정 재화나 서비스의 생산비용이 다른 나라보다 낮을 때 그 나라가 특정 재화나 서비스에 대해 절대우위에 있다고 한다. |
| 비교우위<br>comparative advantage | 특정 재화나 서비스를 다른 나라보다 더 적은 기회비용으로 생산할 수 있을 때 이 나라는 그 재화나 서비스에 대해 비교우위에 있다고 한다. |
| 소비재<br>consumption goods | 인간이 일상 생활에서 직접 소비하는 재화를 말한다. |

| 원자재<br>raw material/commodity | 공업 생산의 원료가 되는 재화로, 예로 들면 원유, 철광석, 석탄 등이 있다. |
| --- | --- |
| 수출<br>export | 국내 재화나 서비스를 외국에 판매하는 활동을 말한다. |
| 수입<br>import | 외국에서 생산된 물품과 서비스를 국내로 사들여 오는 활동을 말한다. |

## 2 보충학습

### (1) 무역의 정의

물품(goods)과 용역(service)을 사고 파는 행위가 국경을 초월하여 이루어지는 것을 무역이라고 한다. 즉, 서로 다른 국가 간의 물품 혹은 서비스의 매매를 뜻한다.

### (2) 무역의 의미

① 다른 나라보다 좋은 물건이 있거나 다른 나라에서 생산할 수 없는 물건을 만들 수 있다면, 즉 그 물건에 **절대우위**가 있다면 다른 나라로 수출하여 외화를 벌어들일 수 있다.
② 같은 물건을 다른 나라보다 더 싸게, 잘 만들 수 있다면, 즉 그 물건에 **비교우위**가 있어도 다른 나라로 수출하여 국제수지 흑자를 달성할 수 있다.
③ 또한, 소비재의 수입으로 국내물가를 안정시키고 원자재의 수입으로 국내생산과 수출을 증대시킨다.

### (3) 무역의 종류

| 민간무역과 정부무역 | 민간기업이 해외 무역업체와 거래하는 것을 민간무역이라고 하고, 정부기관이 무역거래의 주체가 되는 것을 정부무역이라고 한다. |
| --- | --- |
| 직접무역과 간접무역 | 수출업자와 수입업자가 직접 계약을 체결하고 이행하는 것을 직접무역이라고 하는 데 반해, 간접무역은 제3국의 무역상을 거쳐 거래하는 것을 뜻하며, 중개무역, 중계무역, 통과무역, 스위치무역 등이 있다. |
| 중개무역 | 수출국과 수입국 중간에 제3국 중개인이 개입하여 이루어지는 무역으로, 중개수수료의 취득을 목적으로 한다. |
| 중계무역 | 수출을 목적으로 중개인이 물품을 수입하여 국내에 반입하지 않고 제3국으로 다시 수출하는 무역으로, 매매차익을 목적으로 한다. |
| 통과무역 | A국에서 B국으로 가는 물품이 C국을 통과하여 수출입되는 형태로, C국은 보관료, 운반료, 통과세 등을 벌어들일 수 있다. |

| | |
|---|---|
| 스위치무역 | 물품은 수출업자에서 수입업자로 이동하지만 결제는 제3국(switcher)을 통해 이루어지는 거래를 뜻한다. |
| 가공무역 | 원자재를 해외 위탁업체로부터 받아 가공한 후 위탁자에게 또는 제3국으로 수출하는 형태를 수탁가공무역이라 하고, 원자재를 수출하여 가공작업 비용을 지불하는 대가로 현지에서 가공한 후 다시 수입하는 형태를 위탁가공무역이라고 한다. |
| 보세창고도무역 | 수출업자가 수입국가의 관세가 유보된 보세구역에 무상으로 제품을 반입하여 현지에서 판매하는 무역을 뜻한다. |
| 연계무역 | 수출을 조건으로 수입을 허용하는 무역으로, 수출입 대금을 돈으로 지급하지 않고, 그 액수에 해당하는 물품을 수입, 수출함으로써 계산하는 방식의 무역을 말한다. |

## 3 연습문제

### A. 다음의 문장을 읽고 내용이 옳으면 ○, 틀리면 ✕로 답하시오.

1. 민간기업이 해외 무역업체와 거래하는 것을 민간무역이라고 하고, 정부기관이 무역거래의 주체가 되는 것을 정부무역이라고 한다. ( ○ / ✕ )

2. 직접무역에는 중개무역, 중계무역, 통과무역, 스위치무역 등이 있다. ( ○ / ✕ )

3. 같은 물건을 다른 나라보다 더 싸게, 잘 만들 수 있다면, 즉 그 물건에 절대우위가 있다면 다른 나라로 수출하여 국제수지 흑자를 달성할 수 있다. ( ○ / ✕ )

4. 중개무역은 수출국과 수입국 중간에 제3국 중개인이 개입하여 이루어지는 무역으로, 중개수수료의 취득을 목적으로 한다. ( ○ / ✕ )

5. 수출업자가 수입국가의 국경을 지나 관세를 부담한 후 보세구역에 제품을 반입하여 현지에서 판매하는 무역을 보세창고도거래라고 한다. ( ○ / ✕ )

6. A국에서 B국으로 가는 물품이 C국을 통과하여 수출입되는 형태로, C국은 보관료, 운반료, 통과세 등의 벌어들일 수 있는 형태의 무역을 스위치무역이라 한다. ( ○ / ✕ )

7. 가공무역은 다시 위탁가공무역과 수탁가공무역으로 구분된다. ( ○ / ✕ )

8. 원자재를 수출하여 가공작업 비용을 지불하는 대가로 현지에서 가공한 후 다시 수입하는 형태를 수탁가공무역이라고 한다. ( ○ / ✕ )

9. 한 국가가 일정 기간 동안 국제 거래에서 수출과 수입한 내역을 분류한 것을 국제수지라고 한다. ( ○ / ✕ )

10. 원자재를 해외 위탁업체로부터 받아 국내에서 가공하는 것을 위탁가공무역이라 하고, 원자재를 수출하여 해외에서 가공하는 것을 수탁가공무역이라 한다. ( ○ / ✕ )

1. 물품을 무환(무상)으로 수출하여 그 물품이 판매된 범위 내에서 대금을 결제하는 계약에 의한 수출은 무엇인가?

   ① 위탁가공무역
   ② 위탁판매수출
   ③ 임대차방식에 의한 수출
   ④ 보세창고도거래

2. 간접무역의 형태와 그에 대한 설명으로 옳은 것은?

   ① 중개무역: 보세 구역에 물품을 장치시키는 것이 가능하다.
   ② 스위치무역: 알선업자가 수출국과 수입국 사이에 대금 결제 서비스를 제공하며 이득을 취하는 형태의 무역이다.
   ③ 중계무역: 주선업자가 수출입 업체를 서로 알선해 주어 그 대가로 수수료를 취득하는 것이 목적이다.
   ④ 통과무역: 물건을 통과시켜 주고 각종 대리 행위에 따른 비용을 청구하는 방식으로 이득을 취한다.

3. 일반적인 연계무역에 해당하지 않는 것은?

   ① 물물교환(barter trade)
   ② 구상무역(compensation trade)
   ③ 대응구매(counter purchase)
   ④ 중개무역(merchandising trade)

4. 수출할 것을 목적으로 물품을 수입하여 가공하지 않고 제3국으로 수출하는 무역은 무엇인가?

   ① 일반가공무역       ② 수위탁판매무역
   ③ 수탁가공무역       ④ 중계무역

5. 화물은 A국에서 B국으로 직송되지만, 제3국인 C국에서 대금이 결제되는 무역은 무엇인가?

   ① 연계무역
   ② 스위치무역
   ③ 중개무역
   ④ 구상무역

6. 원자재를 해외로부터 받아 가공한 후 다시 수출하는 무역은 무엇인가?

   ① 위탁가공무역       ② 수탁가공무역
   ③ 보세창고도거래     ④ 간접무역

7. 무역에 관한 설명 중 옳은 것은?

   ① 무역은 물품을 사고 파는 행위를 말하며 의료서비스나 교육서비스와 같은 용역의 거래는 무역에 해당하지 않는다.
   ② 국내의 본사와 해외에 위치한 지점 간의 거래는 무역거래가 아니다.
   ③ 같은 물품을 다른 나라보다 더 싸게 잘 만들 수 있다면, 무역거래가 성립될 수 있다.
   ④ 무역은 자국에서 생산할 수 없는 물품이나 자국 보다 더 좋은 물품을 거래하는 경우에만 성립된다.

8. 무역의 의의에 관한 설명 중 옳지 않은 것은?

   ① 외화를 벌어들일 수 있다.
   ② 국제수지의 균형을 달성할 수 있다.
   ③ 수입보다 수출을 장려하기 위해 수입물품에 높은 관세를 적용하는 것이 무역거래에서는 유리하다.
   ④ 특정 산업을 보호하거나 특정 물품의 국내물가를 안정시킬 수 있다.

## 1 기본 개념

| | |
|---|---|
| 국내총생산<br>gross domestic product | 한 국가 내에 위치하는 모든 경제주체가 일정 기간 동안 생산한 재화와 용역의 부가가치를 금액으로 환산한 것을 말한다. |
| 운송<br>carriage/transport | 운송인이 원료나 제품을 선박, 항공기, 기차, 트럭과 같은 운송수단에 실어 수송하는 것을 뜻한다. |
| 관세<br>tariff/customs duty | 무역거래에서 수출 또는 수입하는 상품에 대해 부과되는 세금을 말한다. |
| 결제<br>payment | 무역거래에서 수입물품의 대금을 지급하는 것을 뜻한다. |

## 2 보충학습

**(1) 해외시장조사 내용**

① 해외시장조사는 무역거래의 첫 단계로, 특정 상품의 구매 또는 판매 가능성을 조사하는 단계이다.
② 목표시장의 지리적 조건(면적, 기후 등), 사회적 조건(인종, 언어, 종교, 인구, 상관습 등), 경제적 조건(GDP, 금리, 실업률, 환율, 조세제도, 수출입규제, 통관제도 등), 물리적 조건(운송수단, 통신시설 등) 등을 조사하고 분석해야 한다.

**(2) 해외시장조사 방법**

① 목표시장을 분석하는 데 유용한 웹사이트를 참고하면 필요한 정보를 효율적으로 얻을 수 있다.
② 대표적인 국내 웹사이트로는 대한무역투자진흥공사, 한국무역협회, 한국수출입은행, 대한상공회의소 등이 있다.
③ 대표적인 해외 웹사이트로는 세계은행, 국제연합무역개발협의회 등이 있다.

| 대한무역투자진흥공사 |
| --- |

| 한국무역협회 |
| --- |

| 세계은행 |
| --- |

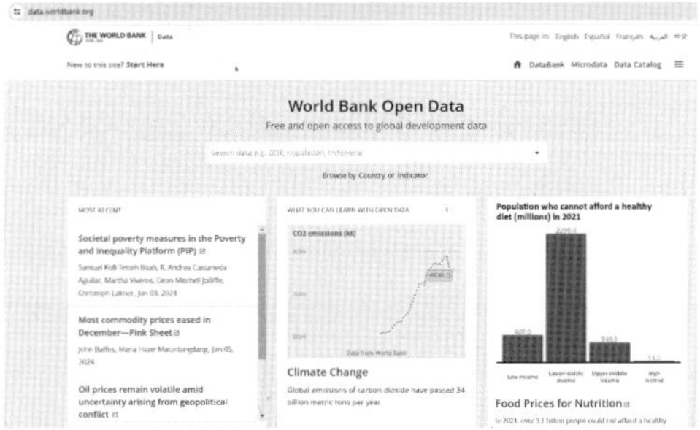

| 국제연합무역개발협의회 |
| --- |

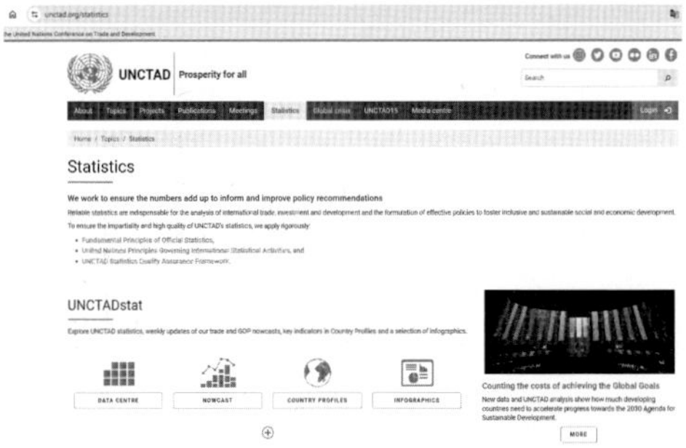

출처: 대한무역투자진흥공사 – www.kotra.or.kr, 한국무역협회 – www.kita.net
세계은행 – www.worldbank.org/en/home, 국제연합무역개발협의회 – unctad.org

[그림 6-1] 대표적인 해외시장조사 웹사이트

---

A. 다음의 문장을 읽고 내용이 옳으면 ○, 틀리면 ×로 답하시오.

1. 해외시장조사는 무역거래의 첫 단계로, 특정 상품의 구매 또는 판매 가능성을 조사하는 단계이다.
( ○ / × )

2. 해외시장조사에서 파악해야 하는 사회적 조건에는 인종, 언어, 종교, 인구, 상관습 등이 있다.
( ○ / × )

3. 수출입규제는 해외시장조사 과정에서 고려해야하는 사회적 조건 중 하나이다. ( ○ / × )

4. 무역거래 전반에서 해외시장조사 단계는 계약이나 결제 단계에 비해 상대적으로 덜 중요하다.
( ○ / × )

5. 목표시장을 결정하는 기준으로 운송수단이나 통신시설 등은 중요하지 않다. ( ○ / × )

6. 거래대상 업체를 선정하는 기준으로 3C가 있는데, 3C는 character, capacity, capital을 의미
한다. ( ○ / × )

7. GDP는 한 국가 내에 위치하는 모든 경제주체가 일정기간 동한 생산한 재화와 용역의 부가가치를
금액으로 환산한 것으로 국내총생산이라고 한다. ( ○ / × )

8. 관세란 무역거래에서 수입 혹은 수출하는 상품에 대해 부과되는 세금을 말하는데 영어로는 tariff
또는 customs duty라고 한다. ( ○ / × )

9. 국내와 국외를 막론하고 그 나라의 국적을 가지는 국민에 의해 생산되는 최종생산물의 가치를 합
한 금액을 GDP라고 한다. ( ○ / × )

1. 해외시장조사를 하기 위해 고려해야 할 사항이 아닌 것은?

   ① 해당 지역의 정책환경 및 정부정책, 거시경제지표, 국내외 경쟁사 파악
   ② 무역계약조항별 거래당사자의 관행과 계약 불이행시 대처방안 조사
   ③ 한국무역보험공사를 통한 무역보험 부보금액 조사
   ④ 대한무역투자진흥공사 및 대외경제정책연구원을 통한 해당지역 조사자료

2. 해외시장조사의 내용으로 옳지 않는 것은?

   ① 특정 상품의 구매 또는 판매 가능성을 타진한다.
   ② 목표시장의 지리적 조건을 조사한다.
   ③ 거래대상 국가의 종교를 파악하는 것은 중요하다.
   ④ 거래대상 국가 사람들의 교육수준을 파악하는 것은 중요하지 않다.

3. 무역거래 대상국을 선택할 때 고려해야 하는 조건 중 경제적 조건에 해당하지 않는 것은?

   ① GDP
   ② 통신시설
   ③ 실업률
   ④ 금리

4. 해외시장조사 방법으로 옳지 않은 것은?

   ① 목표시장을 파악하기 위해서는 국내외 기관들을 통해 조사하는 것보다 직접 발로 뛰어 조사하는 것이 효율적이다.
   ② 목표시장을 분석하는 데 유용한 웹사이트를 참고하면 필요한 정보를 효율적으로 얻을 수 있다.
   ③ 국내의 대한무역투자진흥공사, 무역협회, 한국수출입은행, 대한상공회의소 등의 웹사이트들을 참고하면 좋다.
   ④ 세계은행, 국제연합무역개발협의회 등 해외기관의 도움을 얻어 효율적으로 시장조사를 할 수 있다.

**1** 기본 개념

| | |
|---|---|
| 아시아태평양경제협력체<br>APEC(Asia-Pacific Economic Cooperation) | 아시아 태평양 지역을 포괄하는 유일한 경제협력기구로, 무역과 투자의 자유화 및 경제기술협력을 통한 경제성장과 발전을 목적으로 하고 있으며 2024년 현재 21개국이 가입되어 있다. |
| 동남아시아국가연합<br>ASEAN(Association of South-East Asian Nations) | 동남아시아 국가들의 정치, 경제 연합체로, 2024년 현재 10개국이 참여하고 있다. |
| 유럽연합<br>EU(European Union) | 유럽의 정치, 경제의 통합을 실현하기 위해 1993년에 출범한 연합기구로, 2024년 현재 27개국으로 구성되어 있다. |
| 유럽자유무역연합<br>EFTA(European Free Trade Association) | 서유럽국가 중 EU에 참여하지 않은 4개국(스위스, 노르웨이, 아이슬란드, 리히텐슈타인)이 소속된 경제통상기구이다. |
| 자유무역협정<br>FTA(Free Trade Agreement) | 특정 국가 간 상호 무역증진을 위해 무역장벽을 완화 혹은 철폐하는 협정을 뜻한다. |
| 발효<br>in force | 조약이나 협정, 법 등의 효력이 나타나는 것을 의미한다. |
| 타결<br>signed | 의견이 다른 양편에서 서로 양보하여 일을 마무리하는 것을 말한다. |
| 협상<br>negotiation | 둘 이상의 당사자가 특정 목적에 부합되는 결정을 하기 위해 합의하는 과정을 뜻한다. |
| 상공회의소<br>chamber of commerce | 기업과 상인들이 이익을 도모하기 위해 조직한 종합 경제단체이다. |
| 대한무역투자진흥공사<br>KOTRA(Korea Trade -investment promotion agency) | 대한민국의 수출증진과 투자유치를 위해 정부가 설립한 기관이다. |

## 2 보충학습

### (1) 경제통합

| 명칭 | 참여국(회원국) | 목적 | 시기 | 사무국 | 상징 |
|---|---|---|---|---|---|
| 아시아태평양<br>경제협력체<br>(APEC) | 한국, 미국, 일본, 캐나다, 오스트레일리아, 뉴질랜드, 중국, 멕시코, 파푸아뉴기니, 칠레, 페루, 러시아, 베트남, 태국, 말레이시아, 싱가포르, 타이완, 홍콩, 필리핀, 브루나이, 파푸아뉴기니, 인도네시아(총 21개국) | 아시아·태평양 지역의 경제협력을 증진시키기 위한 역내 정상들의 협의기구 | 1989년<br>11월<br>1차회의 | – | |
| 동남아시아<br>국가연합<br>(ASEAN) | 필리핀, 말레이시아, 싱가포르, 인도네시아, 타이, 브루나이, 베트남, 라오스, 미얀마, 캄보디아(총 10개국) | 동남아시아 국가들의 자원개발과 기술 및 과학 발전의 공동협력과 통합을 통해 지역경제를 활성화하기 위해 설립된 경제협력체 | 1967년<br>설립 | 인도네시아,<br>자카르타 | |
| 유럽연합(EU) | 독일, 프랑스, 이탈리아, 네덜란드, 벨기에, 룩셈부르크, 아일랜드, 덴마크, 그리스, 스페인, 포르투갈, 스웨덴 핀란드, 오스트리아, 헝가리, 폴란드, 체코, 슬로베니아, 에스토니아, 사이프러스, 라트비아, 리투아니아, 몰타, 슬로바키아, 루마니아, 불가리아, 크로아티아(총 27개국) | 유럽의 정치 및 경제의 통합을 실현하기 위한 연합기구 | 1993년<br>출범 | 벨기에<br>브뤼셀<br>(EU의회) | |
| 북미<br>자유무역<br>협정(NAFTA) | 미국, 캐나다, 멕시코(총 3개국) | 북미 3국이 관세 등 무역장벽을 폐지하고 자유무역권을 형성한 협정 | 1994년<br>발효 | – | |

### (2) FTA 추진 현황

① FTA는 자유무역협정으로, 국가 간 관세와 비관세 무역장벽을 완화 및 철폐하여 무역자유화를 실현하기 위한 양국 간 또는 지역 사이에 체결하는 특혜 무역협정이다.

② 대한민국은 2004년 4월 1일, 칠레와 최초로 FTA가 발효된 이후 2023년 인도네시아와 FTA가 발효됨으로써 현재(2024년) 총 21건, 59개국과 자유무역협정이 발효된 상태이다. 대한민국과 FTA가 발효된 국가 및 연합은 칠레, 싱가포르, EFTA, 아세안, 인도, EU, 페루, 미국, 호주, 캐나다, 중국, 뉴질랜드, 베트남, 콜롬비아, 중미5개국, 영국, RCEP, 이스라엘, 캄보디아, 인도네시아가 있다.

③ FTA의 효력이 발생되지는 않았지만, 바로 전 단계인 협정이 타결되어 협정문에 서명한 국가로는 필리핀과 에콰도르가 있다.

④ 협상 중에 있는 FTA로는 한·중·일, 메르코수르, 러시아, 말레이시아, 우즈베키스탄과의 FTA가 있다.

---

### 3 연습문제

**A. 다음의 문장을 읽고 내용이 옳으면 ○, 틀리면 ✕로 답하시오.**

1. 2004년 4월 대한민국과 가장 먼저 FTA를 체결한 국가는 칠레이다. (○ / ✕)

2. 국가간 관세와 비관세 무역장벽을 완화 및 철폐하여 무역자유화를 실현하기 위한 양국 간 또는 지역 사이에 체결하는 특혜 무역협정을 FTA라고 한다. (○ / ✕)

3. 아시아태평양경제협력체는 아시아·태평양 지역의 정치 및 경제의 통합을 실현하기 위한 연합기구이다. (○ / ✕)

4. 동남아시아국가연합의 사무국은 태국의 수도 방콕에 위치한다. (○ / ✕)

5. NAFTA는 북미지역의 FTA에 해당한다. (○ / ✕)

6. 대한민국은 현재 우즈베키스탄과 FTA를 체결하기 위해 협상 중에 있다. (○ / ✕)

7. 2024년 기준 대한민국과 FTA가 발효된 국가의 수는 총 59개이다. (○ / ✕)

8. APEC에 속한 국가에는 한국, 중국, 일본, 베트남과 같은 아시아 국가뿐만 아니라 캐나다, 뉴질랜드, 러시아와 같은 북미대륙이나 유럽대륙에 위치한 국가들도 포함된다. (○ / ✕)

9. 자유무역협정은 국가간 관세와 비관세 무역장벽을 완화 및 철폐하여 무역자유화를 실현하기 위한 다자간 특혜 무역협정이다. (○ / ✕)

10. 2024년 기준 대한민국은 총 19건의 FTA를 발효하였다. (○ / ✕)

11. FTA의 효력이 발생되지는 않았지만, 바로 전 단계인 협정이 타결되어 협정문에 서명한 국가로는 인도네시아가 있다. (○ / ✕)

1. 자유무역협정(FTA)의 최종 단계에 해당하는
   것은?

   ① 서명
   ② 협상
   ③ 발효
   ④ 타결

2. 대한민국이 맺은 자유무역협정으로 옳지 않
   은 것은?

   ① 한·중·일
   ② 한·인도네시아
   ③ 한·영
   ④ 한·아세안

3. 동남아시아국가연합에 속하지 않는 국가는
   어느 것인가?

   ① 브루나이
   ② 베트남
   ③ 동티모르
   ④ 캄보디아

4. 유럽연합에 속하는 국가는 어느 것인가?

   ① 노르웨이
   ② 사이프러스
   ③ 스위스
   ④ 영국

5. 아시아태평약 지역을 포괄하는 유일한 경제
   협력 기구는 무엇인가?

   ① ASEAN
   ② APEC
   ③ RCEP
   ④ FTA

6. 북미자유무역협정(NAFTA)에 속하지 않는
   나라는 어느 것인가?

   ① 캐나다
   ② 미국
   ③ 멕시코
   ④ 파나마

7. 대한민국의 FTA 체결에 관한 설명으로 옳은 것은?

① 가장 먼저 FTA가 발효된 국가는 페루이다.
② ASEAN 소속 개별 국가들과의 단독 FTA 체결은 아직 진행되지 않았다.
③ FTA는 협상에 따라 그 명칭이 달라질 수 있다.
④ 베트남과의 FTA는 대한민국의 제1위 교역 대상으로서 그 의미가 있다.

9. 자유무역협정(FTA) 관세법령상 다음 순서대로 우리나라에 수입 판매되는 "벌꿀조제품 (HSK: 2016.90-9091)"의 원산지에 관한 설명으로 올바른 것은? (제56회 국제무역사 기출)

> • 중국은 아르헨티나로부터 천연꿀(HSK: 0409.00-0000)을 수입한다.
> • 중국은 아르헨티나로부터 수입한 천연꿀에 화분 등을 첨가하여 만든 벌꿀조제품(HSK: 2106.90-9091)을 한국으로 수출한다.
> • 벌꿀조제품은 운송의 편의상 필리핀을 단순 경유하여 한국으로 수입된다.
> • 한국에 도착된 벌꿀조제품은 소매용 소포장 한 후 국내에 판매된다.

① 해당 물품의 마지막 경유지인 필리핀이 원산지 국가이다.
② 해당 물품을 벌꿀조제품으로 가공한 중국이 원산지 국가이다.
③ 해당 물품의 재료인 천연꿀을 생산한 아르헨티나가 원산지 국가이다.
④ 해당 물품이 소매 포장되고 최종 소비자에게 판매가 이루어진 한국이 원산지 국가이다.

8. 각 협력체의 명칭과 그 상징이 잘못 연결된 것은?

| | 명칭 | 상징 |
|---|---|---|
| ① | NAFTA | |
| ② | APEC | |
| ③ | EU | |
| ④ | ASEAN | |

# 모범답안

## CHAPTER 06  무역의 기초

### 01 무역이란?

**A.** 1. ○ 2. × 3. × 4. ○ 5. × 6. × 7. ○ 8. × 9. ○ 10. ×

**B.** 1. ② 2. ④ 3. ④ 4. ④ 5. ② 6. ② 7. ③ 8. ③

### 02 해외시장조사

**A.** 1. ○ 2. ○ 3. × 4. × 5. × 6. ○ 7. ○ 8. ○ 9. ×

**B.** 1. ③ 2. ④ 3. ② 4. ①

### 03 글로벌 무역 환경

**A.** 1. ○ 2. ○ 3. × 4. × 5. ○ 6. ○ 7. ○ 8. ○ 9. × 10. × 11. ×

**B.** 1. ③ 2. ① 3. ③ 4. ② 5. ② 6. ④ 7. ③ 8. ③ 9. ②

# CHAPTER 07  무역계약

## 01  무역계약 관련 법

### 1  기본 개념

| | |
|---|---|
| 매매계약<br>contract of sale | 매도인은 물품인도를 부담하고 매수인은 대금지급의 의무를 부담하기로 약속한 계약을 뜻한다. |
| 매도인<br>seller | 매수인에게 계약물품을 판매하고 대금을 청구하는 당사자를 의미한다. |
| 매수인<br>buyer | 매도인으로부터 계약물품을 수령하고 대금지급의무를 가지는 당사자를 말한다. |
| 상업송장<br>commercial invoice | 매매계약의 조건을 올바르게 이행하였음을 밝히는, 매도인이 매수인에게 보내는 서류로, 송장번호, 품명, 규격, 수량, 단가, 총액, 송하인, 수하인 등이 적힌다. |
| 인코텀즈<br>Incoterms(International Commercial Terms) | 무역계약에 사용되는 무역조건을 통일한 것으로, 각 조건마다 물품에 관한 위험과 비용이 언제, 어디서 매도인으로부터 매수인에게 이전되는지, 그리고 관련 업무를 누가 담당하는지 규정한다. |

| | |
|---|---|
| 신용장<br>L/C(Letter of Credit) | 은행이 수입업자의 요청으로 수출업자에게 신용장에 명시된 금액의 결제를 보증하기 위해 발행하는 문서를 뜻한다. |
| 운송계약<br>contract of carriage | 운송인이 목적지까지 화물 운송을 약속하고 화주로부터 운임을 지급받는 계약을 의미한다. |
| 선하증권<br>B/L(Bill of Lading) | 운송을 위해 화물을 선박에 적재하였다는 사실을 인증하고 운송인이나 선장 그 대리인이 서명한 문서를 의미한다. |
| 헤이그규칙<br>Hague Rules | 물품운송에서 선사의 책임과 범위를 정한 통일규칙을 뜻한다. |
| 해상보험<br>marine insurance | 항해 중 발생하는 손해를 보상하는 보험을 말한다. |
| 해상보험법<br>MIA(Marine Insurance Act) | 1906년에 제정된 영국해상보험법이다. |
| 보험자<br>insurer/assurer | 보험사업을 영위하는 자로, 보험사고가 발생할 때 보험금을 지급하는 회사를 의미한다. |
| 피보험자<br>insured/assured | 손해가 발생할 때 손해배상을 받을 권리가 있는 자로, 피보험이익을 지닌다. |
| 국제물품매매계약에 관한<br>국제연합협약<br>CISG(The United Convention on Contracts for the International Sale of Goods) | 국제적으로 물품의 매매방식을 통일시키기 위한 국제협약을 말한다. |
| 비엔나협약<br>Vienna Convention | CISG의 별칭이다. |

**2** 보충학습

**(1) 무역계약 관련 법**

① 무역의 4대 계약과 관련 법

| 계약 | 당사자 | 관련 서류 | 적용되는 법(규정) |
|---|---|---|---|
| 매매계약(sale) | 매도인 vs. 매수인 | 매매계약서(sales contract) | CISG/Incoterms 2020 |
| 결제(finance) | 은행 vs. 매도인/매수인 | 신용장(L/C) | UCP 600 |
| 운송(carriage) | 운송인 vs. 매도인/매수인 | 선하증권(B/L) | Hague(-Visby) Rules |
| 보험(indemnity) | 보험회사 vs. 매도인/매수인 | 보험증권(I/P) | MIA 1906 |

② 무역 관련 국내법: 대한민국 무역의 3대 기본법은 대외무역법, 관세법, 외국환거래법이다.

**(2) 무역 관련 통일규범**

① 각국의 무역 관련 법이 거래별 특성을 잘 반영하지 못할 뿐 아니라 국가별로 상이한 거래법을 사용함으로써 혼란을 야기하게 됨에 따라 국제매매법의 통일의 필요성이 제기되었다. 그 결과 탄생한 것이 국제물품매매계약에 관한 국제연합협약(The United Nations Convention on Contracts for the International Sale of Goods, CISG), 일명 비엔나협약이다.

② 신용장 거래 시 국가마다 다른 제도와 상관습, 외환거래를 위한 금융기관의 미비 등으로 인해 발생된 국제거래의 혼란을 막기 위해 신용장과 신용장을 사용하는 거래의 관습을 통일시킨 규칙이 UCP이다.

## A. 다음의 문장을 읽고 내용이 옳으면 ○, 틀리면 ✕로 답하시오.

1. 무역계약에서 매도인은 수입업자이고 매수인은 수출업자를 말한다.          ( ○ / ✕ )

2. 화물운송을 위해 선박에 적재하였다는 사실을 인증하고 운송인이나 선장 그 대리인이 서명한 문서를 상업송장이라고 한다.          ( ○ / ✕ )

3. 국제물품매매계약에 관한 국제연합협약은 물품의 매매방식을 통일시키기 위한 국제협약으로, CISG라고 부른다.          ( ○ / ✕ )

4. 보험계약에서 보험자는 사고가 발생한 경우 보험회사로부터 보험금을 지급 받는 당사자를 뜻한다.          ( ○ / ✕ )

5. 보험계약에서 피보험자는 보험회사와 계약을 체결하고 보험료를 납부할 의무를 지는 당사자를 말한다.          ( ○ / ✕ )

6. 은행이 수입업자의 요청으로 수출업자에게 신용장에 명시된 금액의 결제를 보증하기 위해 발행하는 문서를 신용장이라고 한다.          ( ○ / ✕ )

7. 무역거래에서 신용장을 사용할 때 지켜야 할 사항, 해석에 대한 기준을 정한 국제규칙을 Incoterms라고 한다.          ( ○ / ✕ )

8. Bill of Lading은 화물운송을 위해 화물을 선박에 적재하였다는 사실을 증명하는 서류로, 선박회사에서 발행된 것만 은행에서 수리 가능하다.          ( ○ / ✕ )

## B. 다음의 질문에 대한 옳은 답을 고르시오.

1. 다음 중 무역관련 국내 3대 기본법이 아닌 것은?

① 관세법
② 수출보험법
③ 대외무역법
④ 외국환거래법

2. 다음 중 무역 관련 계약에 해당하지 않는 것은?

① 임대차계약
② 보험계약
③ 운송계약
④ 매매계약

3. 무역 관련 계약과 그 당사자를 바르게 연결한 것이 아닌 것은?

|  | 계약 | 당사자 |
|---|---|---|
| ① | 매매계약 | 은행 - 매수인 |
| ② | 결제 | 은행 - 매도인 |
| ③ | 보험계약 | 보험회사 - 매도인 |
| ④ | 운송계약 | 운송주선인 - 매수인 |

4. 다음 중 무역 관련 계약과 계약 관련 서류를 잘못 연결한 것은?

|  | 계약 | 서류 |
|---|---|---|
| ① | 보험계약 | 보험증권 |
| ② | 결제 | 신용장 |
| ③ | 매매계약 | 포장명세서 |
| ④ | 운송계약 | 선하증권 |

5. 무역 관련 계약과 관련 규정이 잘못 연결된 것은?

|  | 계약 | 규정 |
|---|---|---|
| ① | 결제 | UCP 600 |
| ② | 보험계약 | MIA 1906 |
| ③ | 매매계약 | CISG |
| ④ | 운송계약 | Incoterms 2020 |

6. 국제물품매매계약의 준거법에 관한 설명으로 잘못된 것은? (제52회 국제무역사 기출)

① 준거법과 재판관할은 반드시 일치할 필요는 없다.

② 준거법은 양 당사자의 소재 국가의 법 외에 제3의 국가의 법으로 지정할 수도 있다.

③ 무역계약의 당사자 간 약정에도 불구하고 당사자 일방 국가의 국내법은 무역계약의 준거법이 될 수 없다.

④ 분쟁 발생 시 조정이 소송보다 신속하고 효과적일 수 있다.

7. 무역계약서의 준거법과 그 역할에 관한 설명으로 올바른 것은? (제54회 국제무역사 기출)

① 준거법은 공정성을 위해 제3국의 법률로 정함이 원칙이며, 특정 계약당사자가 속한 국가의 법률은 준거법이 될 수 없다.

② 준거법이 속한 국가와 재판관할지는 당사자 간 합의에 따라 일치할 수도 있고 불일치할 수도 있다.

③ 비엔나협약과 같은 국제법은 전 세계적인 강행규정으로 매매당사자의 가입국 여부나 당사자의 적용배제선언 여부와 관계없이 양 당사자 간 계약에 적용된다.

④ 양 당사자 간 합의와 상관없이 준거법이 계약 내용에 우선한다.

## 1 기본 개념

| | |
|---|---|
| 낙성계약<br>consensual contract | 양 당사자의 합의로 계약이 이루어지는 것을 말한다. |
| 요물계약<br>real contract | 당사자의 합의 외에 물건의 인도와 같은 급부가 완료되어야 계약이 이루어지는 것을 의미한다. |
| 쌍무계약<br>bilateral contract | 양 당사자가 서로 대가적 의미를 가지는 채무를 부담하는 계약을 뜻한다. |
| 편무계약<br>unilateral contract | 당사자의 한쪽만 채무를 부담하는 계약을 말한다. |
| 유상계약<br>onerous contract | 양 당사자가 서로 대가적 의미를 가지는 출연 내지 출재를 하는 계약을 의미한다. |
| 무상계약<br>gratuitous contract | 당사자의 한쪽만 경제적인 출연을 하고 상대방은 반대급부를 하지 않는 계약을 말한다. |
| 조회<br>inquiry | 거래 희망 상품에 대한 구체적인 매매조건을 문의하는 것을 의미한다. |
| 청약<br>offer | 당사자의 한쪽이 상대방과 일정한 조건으로 계약을 체결하고 싶다는 의사표시를 말한다. |
| 청약자<br>offerer | 매매계약을 체결하기 위한 의사표시를 하는 자를 뜻한다. |
| 피청약자<br>offeree | 일정한 조건으로 매매계약을 체결하고 싶다는 의사표시를 받는 자를 뜻한다. |
| 확정청약<br>firm offer | 명시된 유효기간 내에 피청약자가 청약내용 그대로 승낙하면 계약이 체결되는 청약을 말한다. |
| 미확정청약<br>free offer | 유효기간이 표시되지 않은 청약으로, 불특정다수를 대상으로 한다. |
| 청약의 유인<br>invitation to offer | 상대방에게 청약을 하게끔 하려는 의사의 표시이다. |

| 조건부청약<br>conditional offer | 특정 조건을 충족시킬 경우에 한하여 효력이 발생되는 청약을 말한다. |
|---|---|
| 반대청약<br>counter offer | 원래 청약 조건을 변경하거나 새로운 조항을 추가하여 보내는 청약을 말한다. |
| 승낙<br>acceptance | 청약 내용의 변경 없이 계약을 성립시키기 위해 청약자에게 보내는 의사표시를 뜻한다. |

## 2 보충학습

### (1) 매매계약의 법적 성질

① **낙성계약**: 한쪽이 청약한 것을 다른 한쪽이 승낙함으로써 성립되는 계약을 뜻한다. 물품의 인도나 대금의 지급과 같은 급부를 하지 않아도 성립하기 때문에 훗날 분쟁이 발생할 소지가 있다. 반대되는 계약을 요물계약이라고 한다.

② **쌍무계약**: 계약의 당사자가 서로 의무를 부담하는 계약을 말한다. 두 당사자 모두 채권자이자 채무자의 입장에 놓인다. 즉, 매도인은 물품을 인도할 의무를 지니는 채무자인 동시에 물품 판매대금을 요구할 수 있는 채권자이다. 마찬가지로 매수인도 계약물품 대금을 지급할 의무가 있는 채무자인 동시에 약정된 물품을 제 때 인수할 권리를 지니는 채권자이다. 편무계약 (예: 무상증여, 무상임차 등)의 반대되는 개념이다.

③ **유상계약**: 계약의 양 당사자가 대가적 의미를 지니는 출재(出財)를 행하는 계약을 말한다. 즉 매도인이 제품을 제공하는 대가로 매수인이 대금을 지급하므로(출재하므로) 매매계약은 유상계약이라 할 수 있다. 이에 반대되는 계약은 무상계약이다.

④ 쌍무계약은 모두 유상계약인 반면, 유상계약이 모두 쌍무계약은 아니다. 편무계약 중 유상계약에 해당하는 경우가 존재하는데, 대표적인 예가 이자부소비대차계약이다. 상대방에게 돈을 빌려주고 그 대가로 이자를 받는 것을 이자부소비대차라고 하는데, 돈을 빌려주는 사람은 약속된 시기에 빌려준 원금을 모두 돌려 받으므로 대가를 치르지 않는 반면, 돈을 빌리는 사람은 빌린 돈을 돌려줄 때까지 이자라는 대가를 치르기 때문에 유상계약이며 동시에 일방만 의무를 하는 편무계약이다.

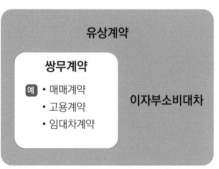

[그림 7-1] 유상계약과 쌍무계약의 관계

## (2) 매매계약의 체결 과정

① **거래제의**: 시장조사(CHAPTER 06)를 통해 잠재적 해외거래처를 선정하였다면, 그 대상자들에게 제품에 관한 자세한 정보를 제시함으로써 거래의사를 전달한다.

② **거래조회**: 거래제의를 받은 매수인이 제시된 정보에 대해 구체적으로 문의하고, 이 문의에 대해 매도인이 회신하는 단계이다.

③ **신용조회**: 주로 매도인이 매수인의 지불능력이나 재무상태, 거래행태 등에 관해 객관적인 제3자에게 문의하고 파악하는 단계이다.

④ **청약**: offerer(청약자, 주로 매도인)가 offeree(피청약자, 주로 매수인)에게 일정한 조건으로 계약을 체결하고 싶다는 의사를 표시하는 단계이다.

- **확정청약**: 특정인을 대상으로 발행하는 청약으로, 유효기간과 선적기일 등 세부사항이 명시되어 있다. 유효기간 내에 그 청약을 승낙하는 경우 계약이 체결된 것으로 간주하며 매도인과 매수인은 청약내용을 이행할 채무를 갖게 된다. 또한 유효기간이 끝날 때까지 다른 곳에 offer할 수 없다.

- 미확정청약: 불특정 다수에게 보내는 청약을 의미한다. 따라서 피청약자가 승낙하더라도 청약자의 확인을 거쳐야 계약이 성립한다. 엄밀한 의미로는, 미확정청약은 청약이라기보다는 청약의 유인으로 보는 것이 맞다.
- 조건부청약: 청약에 첨부된 특정 조건이 충족되어야 청약이 효력을 가지는 것으로, 넓은 의미에서 보면 미확정청약이라고 볼 수 있다.
  - subject to being unsold: 재고 조건부 청약
  - subject to prior sale: 선착순 판매 조건부 청약
  - offer on approval: 견본승인 조건부 청약
  - offer on sale or return: 잔품 반환 조건부 청약
- 반대청약: 피청약자가 청약의 조건 중 일부의 수정을 요구하는 행위로, 단순한 수정으로 보지 않고 새로운 청약으로 간주한다. 아무리 미세한 수정이라도 요구되는 경우는 승낙으로 인정되지 않는다. 반대청약이 이루어진 경우에는 기존의 청약은 효력을 상실하게 된다.
- 청약의 효력 소멸: 청약을 철회하거나, 취소하거나 또는 승낙기간이 경과되면 청약은 효력을 잃게 된다.

⑤ **계약의 성립**: 청약의 내용대로 최종적인 합의가 이루어지면 승낙이 이루어진 것으로 보고 계약이 성립된다.

## A. 다음의 문장을 읽고 내용이 옳으면 ○, 틀리면 ×로 답하시오.

1. 한쪽이 청약한 것을 다른 한쪽이 승낙함으로써 성립되는 계약을 편무계약이라고 한다.

(○ / ×)

2. 낙성계약의 반대되는 개념의 계약이 요물계약이다.                (○ / ×)

3. 계약의 당사자가 서로 의무를 부담하는 계약을 쌍무계약이라고 하는데 무역계약은 쌍무계약의 성질을 지닌다.

(○ / ×)

4. 계약의 양 당사자가 대가적 의미를 지니는 출재(出財)를 행하는 계약을 유상계약이라고 하는데 매매계약은 무상계약에 해당한다.

(○ / ×)

5. 쌍무계약은 모두 유상계약이고 마찬가지로 유상계약은 모두 쌍무계약이다.    (○ / ×)

6. 편무계약 중에는 무상계약에 해당하는 경우가 존재한다.        (○ / ×)

7. 구매청약의 경우 offerer가 매수인이고 offeree가 매도인이다.        (○ / ×)

8. 무역계약의 적용 및 해석에 있어 가장 우선하는 것은 국제상관습이다.    (○ / ×)

9. 조건부청약에서 offerer가 보낸 견본의 품질 등을 확인하고 offeree가 승인해야 유효해지는 청약을 'offer on approval'이라고 한다.

(○ / ×)

## B. 다음의 질문에 대한 옳은 답을 고르시오.

1. firm offer의 특성이 아닌 것은?

① 유효기일이 있다.

② 선적기일이 명시되어 있다.

③ acceptance가 오면 선적의 의무가 생긴다.

④ 다른 업체에 청약을 추가로 발행하는 것이 자유롭다.

2. 일반적인 수출계약 체결의 절차를 바르게 나열한 것은?

① inquiry → offer → counter offer → acceptance → sales contract

② inquiry → order → offer → counter offer → acceptance → sales contract

③ inquiry → order → counter offer → acceptance → sales contract

④ inquiry → offer → acceptance → counter offer → sales contract

3. 매매계약의 법적 성질에 속하지 않는 것은?

① 낙성계약
② 요식계약
③ 쌍무계약
④ 유상계약

4. 무역계약과 관련된 설명으로 옳은 것은?

① 청약은 반드시 서면으로 이루어져야 한다.
② 반대청약은 청약으로서의 효력이 없다.
③ 계약성립을 위해서는 청약과 반대청약만 있으면 된다.
④ 계약은 곧 합의이다.

5. 다음 보기에서 무역계약의 청약에 대한 설명 중 옳지 않은 것을 모두 고른 것은?

> ㄱ) 구매청약서 상에서 청약자는 매도인, 피청약자는 매수인이다.
> ㄴ) 모든 청약서는 선적기간이 명시되어야 효력을 얻게 된다.
> ㄷ) 청약서에 "subject to our final confirmation"이라는 문구가 명시되어 있다면 청약자의 최종 확인을 받아야 한다.
> ㄹ) 판매청약서에 "Offer on approval"이라는 문구가 명시되어 있다면 피청약자는 남아 있는 재고가 있을 경우에만 매도 가능하다.
> ㅁ) "Counter Offer"는 청약을 받은 측에서 청약 조건의 수정을 요구하는 것을 의미하는데, 기존의 청약은 여전히 효력을 유지한다.

① ㄱ, ㄴ
② ㄱ, ㄴ, ㄷ
③ ㄱ, ㄴ, ㄷ, ㅁ
④ ㄱ, ㄴ, ㄹ, ㅁ

6. 미확정청약에 관한 설명으로 옳은 것은?

① 확정적 또는 취소불능의 표시가 없는 청약
② 청약자의 청약내용 중 승낙의 유효기간이 표기되어 있는 청약
③ 최소나 조건변경이 불가능한 청약
④ 유효기간이 없더라도 청약에 취소불능이라는 표시가 되어 있는 청약

7. 청약자가 제시한 조건에 대한 피청약자의 승낙으로 볼 수 없는 것은?

① 매수인은 물품 수령 후, 30일 이내에 대금을 지급하는 방식의 대금결제 조건을 주문서에 기재하여 매도인에게 전달하였지만 매도인은 매수인의 주문서에 어떠한 대응도 하지 않고 매수인에게 물품을 발송하였다.
② 매도인은 Offer sheet상에 유효기간 "February 26th, 2024"를 명기하였고 매수인은 유효기간 내에 서명하여 청약자에게 전달하였다.
③ 매도인은 대금결제조건으로 100% 선급을 요청하는 청약서를 매수인에게 전달하였고 이에 매수인은 승낙의 과정을 생략하고 선급금 100%를 지급하였다.
④ 매도인은 단가 USD20를 기재한 Proforma Invoice를 매수인에게 전달하였고 매수인은 시세보다 비싸다고 판단하여 거절의 의사를 표시하였다. 하지만 다음날 시세보다 낮은 가격을 확인하고 승낙하였다.

8. 무역계약의 승낙(acceptance)에 관한 설명으로 옳은 것은?

① 피청약자가 청약을 받고 침묵을 지키거나 아무런 행동도 하지 않는 경우 승낙으로 간주된다.

② 지연된 승낙이 있는 경우는 이를 받은 청약자가 승낙하여도 계약은 성립되지 않는다.

③ 청약과 승낙 모두 상대방에게 도달할 때 효력이 발생하는 도달주의를 채택하고 있다.

④ 취소는 청약자의 청약이 피청약자에게 도달한 후 청약을 거두어들이는 것으로, 피청약자의 승낙이 청약자에게 도달하기 전에 피청약자에게 취소가 도달하면 취소가 가능하다.

9. 청약에 관한 설명으로 옳지 않은 것은?

① offer on sale or return - 잔품반환조건부청약

② subject to being unsold - 재고조건부청약

③ offer on approval - 수량확인조건부청약

④ subject to prior sale - 선착순판매조건부청약

10. 무역계약의 법적 성격에 관한 설명으로 잘못된 것은? (제56회 국제무역사 기출)

① 무역계약은 불요식계약으로, 구두나 서면, 어떠한 방식으로도 체결될 수 있다.

② 무역계약은 수출자는 물품인도 의무를, 상대방인 수입자는 대금지급 의무를 상호 부담하는 쌍무계약이다.

③ 일방의 청약과 이에 대한 상대방의 승낙만으로 무역계약이 완전하게 성립된 것으로 볼 수 없다. 약속된 조건이 이행되는 등의 반대급부가 있어야 성립하는 요물계약이기 때문이다.

④ 무역계약은 대가적 관계에 있는 계약으로, 상호 경제적 가치가 있는 것을 교환하는 유상계약이다.

11. Vienna Convention(1980)에서 규정하고 있는 승낙과 계약의 성립방법에 관한 내용으로 잘못된 것은? (제56회 국제무역사 기출)

① 승낙의 과정을 생략하고 피청약자가 바로 청약의 내용을 실행함으로써 계약을 성립시키는 것을 의사실현에 의한 성립이라고 한다.

② 사전에 양 당사자가 특별히 정함이 없는 경우에는 침묵 혹은 부작위 자체만으로는 승낙이 인정되지 않는다.

③ 불특정 다수에 대한 청약도 특별한 경우를 제외하고는 청약으로 본다.

④ 승낙을 의도하고 있고, 청약의 조건을 실질적으로 변경하지 아니하는 부가적 조건 또는 상이한 조건을 포함하는 청약에 대한 응답은 승낙이 된다.

## 1 기본 개념

| | |
|---|---|
| 품질조건<br>terms of quality | 무역계약에서 상품의 품질을 결정하는 조건이다. |
| 견본매매<br>sale by sample | 매도인이 제시한 견본과 동일한 품질의 물품을 인도하기로 약정하는 매매방법을 말한다. |
| 표준품매매<br>sale by standard | 매매계약을 위해 표준으로 정한 물품의 품질을 기준으로 하는 매매를 뜻한다. |
| 평균중등품질조건<br>FAQ(Fair Average Quality) term | 동종상품 중 평균적인 중등의 품질을 갖춘 상품을 인도하는 조건을 말한다. |
| 판매적격품질조건<br>GMQ(Good Merchantable Quality) term | 매도인이 인도한 물품이 판매에 적합한 품질을 갖춘 것임을 보증하는 조건을 의미한다. |
| 보통표준품질조건<br>USQ(Usual Standard Quality) term | 공인검사기관의 판정에 의해 보통 수준으로 인정되는 물품을 인도하기로 하는 조건을 의미한다. |
| 등급매매<br>sale by grade | 공인된 등급으로 거래되는 상품의 품질조건을 뜻한다. |
| 선적수량조건<br>shipped quantity term | 선적항에서 화물을 선적할 때 수량이 계약서상의 수량과 일치하면 매도인의 의무를 다한 것으로 보는 조건이다. |
| 양륙수량조건<br>landed quantity term | 양륙항에서 화물을 양하할 때 수량이 계약내용과 일치하면 매도인의 의무를 다한 것으로 보는 조건이다. |
| TQ 조건<br>tale quale term | 계약물품의 품질을 결정하는 무역거래조건 중 하나로, 곡물의 거래 시 매도인이 선적 시의 품질은 보증하지만 양륙 시에는 책임지지 않는 선적 품질조건을 일컫는다. |

| | |
|---|---|
| RT 조건<br>rye term | 계약물품의 품질을 결정하는 무역거래조건 중 하나로, 곡물의 거래 시 매도인이 운송 도중 발생한 품질변화에 대해 책임지는 양륙품질조건을 말한다. |
| 총중량<br>gross weight | 포장재와 충전물, 물품의 무게를 모두 포함하는 무게를 말한다. |
| 순중량<br>net weight | 포장재를 제외한 순수한 내용물만의 무게를 말한다. |
| 용적<br>measurement | 화물이 차지하는 부피로, 화물의 가로, 세로, 높이를 곱하여 산출한다. |
| 입방미터<br>CBM(cubic meter) | 용적단위로, $1m^3$를 의미한다. |
| 다스<br>dozen | 수량단위로, 12개를 말한다. |
| 개장<br>unitary packing | 소매의 단위가 되는 최소 단위의 포장이다. |
| 내장<br>interior packing | 개장물품을 다루기 편하게 몇 개의 개장을 합한 포장이다. |
| 화인<br>shipping marks | 화물의 외장에 표시된 기호 또는 문자로, 적재 및 양하작업이나 수입항에서의 통관에 도움을 준다. |
| 선적일<br>date of shipment | 화물이 운송수단에 선적된 날짜로, 선하증권의 발행일을 의미하기도 한다. |
| 지연선적<br>delayed shipment | 물품이 계약서에 명시된 선적일을 넘겨 선적된 것을 말한다. |
| 분할선적<br>partial shipment | 계약물품을 여러 번에 나누어 선적하는 것을 의미한다. |
| 환적<br>transshipment | 화물을 선적항에서 목적항으로 운송하는 도중 다른 선박으로 옮겨 싣는 것을 뜻한다. |
| 불가항력<br>force majeure | 천재지변과 같이 인력으로 통제할 수 없는 사유로 인해 발생한 사고를 뜻하는데, 대부분의 경우 이에 따른 계약불이행은 면책 가능하다. |

| 선지급<br>advanced payment | 계약물품이 선적 혹은 인도되기 전에 대금을 미리 지급하는 조건이다. |
|---|---|
| 후지급<br>deferred payment | 계약물품이 인도된 시점 혹은 인도 후 일정기간이 지나 대금을 지급하는 조건이다. |
| 서류상환불<br>CAD(Cash Against Documents) | 매도인이 선적서류를 매수인에게 제시하고 그 서류와 상환으로 대금을 지급받는 조건이다. |
| 대금교환불<br>COD(Cash On Delivery) | 매수인이 수입국에 도착한 물품의 품질 등을 검사한 후 물품과 현금을 상환하여 지급하는 조건이다. |
| 인수도<br>D/A(Documents against Acceptance) | 매도인이 선적완료 후 발행한 기한부 환어음을 매수인이 인수하여 선적서류를 인도받은 후 만기일에 대금을 결제하는 조건이다. |
| 지급도<br>D/P(Documents against Payment) | 매도인이 선적완료 후 발행한 일람불 환어음을 매수인이 결제함과 동시에 선적서류를 인도받는 조건이다. |
| 신용장결제<br>payment against L/C | 매수인이 매도인에게 물품대금을 결제하기 위하여 신용장을 사용하는 방식이다. |
| 환어음결제<br>payment by bill of exchange | 매도인이 매수인 혹은 신용장개설은행을 지급인으로 하는 어음을 발행하여 수출대금을 회수하는 방식이다. |
| 무담보어음결제<br>payment by clean bill of exchange | 환어음의 담보가 되는 선적서류가 첨부되지 않고 환어음 단독으로도 결제가 가능한 방식으로, 매수인이 환어음을 결제하지 않을 수 있는 위험이 존재한다. |
| 현금결제<br>remittance | 수출입대금을 현금으로 결제하는 방식으로, 서류상환불, 대금교환불 방식 등이 포함된다. |

## 2  보충학습

### (1) 계약서

① 계약이 체결되면 계약서를 작성하게 된다. 계약서는 대부분 전문, 본문, 말미문언, 서명으로 구성된다.
② 본문에 주된 계약 내용이 기재되는데 대략 8가지 조건으로 구성된다.

### (2) 품질조건

① 물품의 품질을 규정하는 기준으로 규격, 색상, 기능, 성분 등이 해당된다.

② **견본매매**
  - 거래 상대방에게 견본을 보내 감정하도록 하는 방식으로, 제품의 품질을 올바로 인식시킬 수 있는 좋은 방법이다.
  - 고가의 상품이나 운반이 어려운 상품의 경우에는 카탈로그나 제품설명서 등으로 대체한다.
③ **표준품매매**: 농수산물과 같은 1차 산품의 거래에서 사용되는 품질조건으로, 같은 원료나 같은 규격, 같은 기계의 사용 등이 불가능 하기 때문에 해당 연도나 계절의 표준품을 기준으로 삼는다.
  - **FAQ term**: 곡물매매에 주로 사용된다. 선적지의 해당 계절에 출하된 제품들 중 평균 중등품의 품질을 기준으로 한다.
  - **GMQ term**: 목재나 냉동어류의 매매에 주로 사용된다. 제품의 특성상 외관으로 품질을 판단하기 어려우므로 수입지에서 제품을 인도할 때 상품으로 판매하기에 적격한 품질을 매도인이 보장하는 조건이다.
④ **등급매매**: 인삼, 한우 등은 품질을 1등급, 2등급, 혹은 A등급, B등급으로 구분하는데, 이 등급은 해당 물품을 취급하는 조합이나 정부가 지정한 공공기관에서 판정한다.
⑤ **상표매매**: 매도인의 상표 자체가 품질을 나타내는 경우로, 예를 들면 몽블랑 만년필이나 코카콜라 등이 여기에 속한다.

### (3) 수량조건

① **중량**: 양곡, 철강, 수산물 등 중량을 기준으로 매매되는 제품에 적용되는 기준이다. 모든 포장재를 포함하여 측정하는 총중량과 포장무게를 제외한 상품의 무게만을 측정하는 순중량 등이 있다.

② **길이**: 실이나 직물 등 길이나 면적을 기준으로 거래되는 물품의 거래 단위로, meter, feet, yard, inch 등 국가별로 단위가 상이하다.

③ **용적**: 액체화물이나 목재 등은 용적이나 부피를 기준으로 거래되는데, 단위는 m³(CBM), ft³, barrel 등 다양하다.

④ **개수**: 잡화물의 수량 기준으로 사용되며 piece, dozen, gross 등의 단위로 거래된다.

⑤ **벌크화물의 수량**: 살화물이라고 불리는 광물, 곡물 등은 운송 중 감량이 예상되기 때문에 계약을 체결할 때 일정비율의 과부족을 허용하는 '과부족용인조건(M/L clause, more or less clause)'을 선택하는 것이 통상적이다.

## (4) 가격조건

① 계약서에 포함되는 조건 중 가장 중요한 조건이라고 할 수 있다.

② 어느 나라의 통화로 결제를 할 것인지, 무역거래에서 발생되는 비용과 위험은 어느 측이 부담할 것인지 등에 관한 내용을 계약서에 정확히 명시하는 경우에도 해석상의 차이가 발생하여 분쟁이 야기되는 경우가 많다. 국제상업회의소(ICC)에서 이러한 분쟁을 해결하기 위해 마련한 국제 규칙이 인코텀즈(Incoterms 2020)이다.

## (5) 선적조건

① **선적시기**: 선적의 시기는 특정일을 지정하는 방식, 특정월을 지정하는 방식, 그리고 즉시선적으로 구분할 수 있다.

- **특정일**: 계약서에 적힌 날짜가 최종 선적일로 간주된다.
- **특정월**: 'March shipment'라고 명시된 경우는 단월 조건으로, 3월 1일부터 3월 31일 사이에 선적을 완료하면 된다. 'shipment during May and June'이라고 명시된 경우를 연월 조건이라고 한다.
- **즉시선적**: 'immediate(prompt) shipment' 혹은 'shipment without delay'라고 명시되며, 가능하면 빨리 선적하라는 의미이다.

② 선적기일의 마지막 날이 공휴일 혹은 일요일인 경우 선적기일은 자동으로 연장되지 않는다.

③ **분할선적**: 물품을 2회 이상 나누어 선적하는 것을 의미하는데, 신용장에 분할선적 관련하여 특별한 언급이 없으면 분할선적은 허용되는 것으로 본다. 선적 횟수만큼 선적서류도 발행된다.

④ **환적**: 화물이 운송 도중 다른 운송수단으로 옮겨져 목적지까지 이동하는 것을 환적이라고 한다. 신용장에 환적 금지 문언이 없으면 환적이 허용되는 것으로 간주된다.

### (6) 포장조건

① 포장은 물품을 안전하게 보호하는 기능과, 운송이나 하역작업을 용이하게 하는 기능, 제품의 정보를 제공하여 구매욕구를 불러일으키는 기능 등을 담당한다.

② 화인은 화물의 포장 겉면에 표시하는 번호, 기호, 문구 등을 뜻한다. 목적은 화물을 취급하는 사람이 다른 물품과 구분하여 식별할 수 있고, 안전하게 취급할 수 있도록 하는 것이다.

③ 화인은 주화인, 부화인, 품질표시, 원산지표시, 수량 및 중량표시, 목적지표시, 그리고 주의표시가 있다.

유독성 물질 주의 화인

취급주의 화인

출처: jingsourcing.com

**[그림 7-2] 화인**

**(7) 보험조건**

① 화물 운송 과정에서 위험이 발생할 수 있는데, 이 위험으로 인해 화물에 발생한 손해를 보상받기 위해 보험에 가입한다. 이 보험을 적하보험이라고 한다.

② 인코텀즈의 조건 중, CIF와 CIP조건의 경우에는 매도인이 보험계약을 체결해야 한다.

③ 보험계약을 체결하기 위해 보험기간, 보험금액, 부보범위, 보험금 지급장소, 부가위험 등에 대해 양 당사자가 합의해야 한다.

**(8) 결제조건**

① 결제시기별 구분

- 선지급(CWO): 물품 주문과 동시에 대금을 지급하는 방식으로, 견본품이나 특별주문의 경우 주로 선택한다.
- 동시지급: 매도인이 운송서류를 매수인에게 제시하는 시점에서 대금을 지급하는 서류상환불(CAD)과 물품이 목적지에 도착하면 물품을 인도하는 시점에서 대금을 지급하는 대금교환불(COD), 그리고 추심거래의 지급도(D/P) 방식 등이 있다.

- 후지급: 물품이 선적된 후, 또는 목적지에 도착한 후 일정 기일이 경과한 후에 결제하는 방식으로, 추심거래 중 인수도(D/A) 방식이 대표적인 예이다. 예를 들어, 플랜트를 수출하는 경우 주로 선택되는 결제조건이다.

② 결제방법에 따른 구분

- 송금결제: 송금수표나 우편환(M/T), 전신환(T/T)을 이용하여 결제하는 방식이다.
- 신용장결제: 큰 금액의 거래에 주로 사용되는데 어음결제에 비해 은행의 지급보증이 추가되므로(신용장부 화환어음결제) 매도인이 안심하고 거래할 수 있는 결제 방식이다.
- 어음결제: 무역거래에서 사용되는 환어음(화환어음)과 선적서류를 함께 은행에 제시하여 결제받는 방식으로, 추심결제라고도 한다. 추심결제는 다시 D/A와 D/P로 구분된다.

### D/P(Documents Against Payment) 거래흐름도

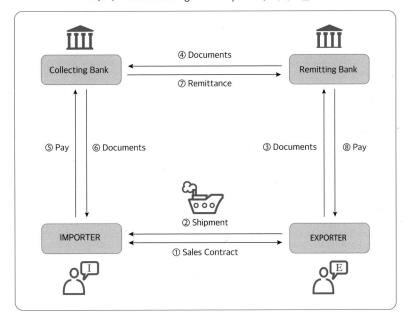

### D/A(Documents Against Payment Acceptance) 거래흐름도

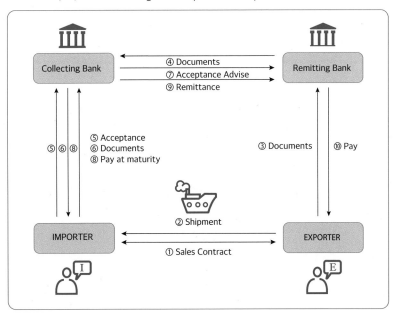

출처: 한국무역신문(www.weeklytrade.co.kr)

[그림 7-3] 추심결제 흐름도

### A. 다음의 문장을 읽고 내용이 옳으면 ○, 틀리면 ×로 답하시오.

1. Rye Term(RT)은 농산물 거래에 사용되는 품질조건으로, 매도인이 선적 시 품질을 책임지는 선적품질조건이다. (○ / ×)

2. 화환어음결제 방식 중 D/A방식은 매도인이 선호하는 방식이고, D/P는 매수인이 선호하는 방식이다. (○ / ×)

3. 매도인이 선적을 하고 선적서류를 매수인 또는 대리인에게 보내 선적서류와 상환으로 대금을 결제하는 방식을 COD라고 한다. (○ / ×)

4. 대금결제 조건 중 무담보어음결제는 선적서류 없이 어음만 있어도 거래가 가능한 조건이고, 화환어음결제는 선적서류와 신용장 모두를 필요로 하는 거래 조건이다. (○ / ×)

5. CISG, 일명 Vienna Convention이라고도 하는 이 협정은 계약의 양 당사자의 영업지가 서로 다른 나라여야 적용이 가능하다. (○ / ×)

6. 화인은 주화인, 부화인, 품질표시, 원산지표시, 수량 및 중량표시, 목적지표시, 그리고 주의표시가 있다. (○ / ×)

7. 인코텀즈의 조건 중 CIF와 CFR 조건의 경우에는 매도인이 보험계약을 체결해야 한다. (○ / ×)

8. 선적기일 표시 중 'immediate shipment' 혹은 'shipment without delay'라고 명시된 경우는 지정된 기일 내에 선적을 완료하라는 의미이다. (○ / ×)

9. 선적기일의 마지막 날이 공휴일 혹은 일요일인 경우 선적기일은 그다음 은행영업일까지 자동으로 연장된다. (○ / ×)

10. 물품을 2회 이상 나누어 선적하는 경우 선적 횟수만큼 선적서류도 여러 통 발행된다. (○ / ×)

11. 결제조건 중 선지급의 경우 플랜트 수출과 같이 거래 금액이 큰 경우 주로 사용되는 조건이다. (○ / ×)

12. 어음결제는 무역거래에서 사용되는 환어음(화환어음)과 선적서류를 함께 은행에 제시하여 결제받는 방식으로, 추심결제라고도 한다. (○ / ×)

13. 추심결제 방식 중 D/P는 동시지급 방식이고 D/A는 후지급 방식에 해당한다. (○ / ×)

14. 광물, 곡물 등 운송 중 감량이 예상되는 벌크화물은 계약 체결 시 일정비율의 과부족을 허용하는 과부족용인조건을 선택하는 것이 통상적이다. (○ / ×)

15. 신용장에 환적가능 문구가 없으면 환적이 허용되지 않는 것으로 간주된다. (○ / ×)

1. 수출업자에게 가장 유리한 결제조건은 무엇인가?

① D/P
② CAD
③ COD
④ CWO

2. 농산물의 거래에 주로 사용되는 품질기준은 무엇인가?

① sale by specification
② sale by standard type
③ sale by sample
④ sale by grade

3. 수입지에서 판매 가능한 품질을 유지해야 하는 판매적격품질조건은 무엇인가?

① FAQ
② TQ
③ GMQ
④ USQ

4. 화물의 포장에 반드시 표시되어야 하는 필수적 화인(mark)에 속하지 않는 것은?

① main mark
② origin mark
③ port mark
④ case number mark

5. 대금결제 시기가 가장 늦어 매도인에게 불리한 결제조건은 무엇인가?

① D/P
② D/A
③ COD
④ CWO

6. 품질조건에 관한 설명으로 옳지 않은 것은?

① 가장 널리 사용되는 품질결정방법은 sale by sample이다.
② sale by standard는 주로 대형기계류 거래에 이용된다.
③ 국제농산물거래에서는 FAQ 조건을 사용한다.
④ 품질결정은 결정시기에 따라 선적품질조건과 양륙품질조건으로 구분될 수 있다.

7. 계약서의 이면에 인쇄되어 있는 'General Agreement on Terms and Conditions(일반거래조건협정서)'에 관한 설명으로 옳은 것은?

① 품질조건의 표준품매매에서 목재나 냉동어류는 Fair average quality 조건을 사용한다.
② 선적조건의 분할선적의 경우 n회차의 선적에서 분할이 지연될 경우 모든 선적이 무효한 것으로 처리된다.
③ 선적시기를 특정일 지정으로 잡았을 때 분할선적을 했을 경우 2020년 11월 20일에 선적을 시작했다면 선적일은 'November 20, 2020'으로 계약서와 신용장에 표기해야 한다.
④ 수량을 파악할 때 광물이나 곡류처럼 수입과정에서 감량이 예상되는 경우를 대비하여 UCP 600에서는 일정 범위 내의 차이를 용인하는 규정을 마련해 두었다.

8. 결제에 관한 설명으로 옳은 것은?

① D/P는 환어음을 사용하지 않는다.
② D/P와 D/A는 신용장 방식의 결제방식이다.
③ 수출업자는 D/A를 D/P보다 선호한다.
④ D/A에는 기한부어음이 사용된다.

9. 화물포장의 표시인 화인 중 옳지 않은 것은?

위쪽 표시
①

온도제한
②

열차단
③

식품표시
④

10. 화물포장의 위험물질 주의표시의 설명 중 옳지 않은 것은?

가연성물질
①

산화성물질
②

부식성물질
③

방사성물질
④

## ✏️ 모범답안

## CHAPTER 07 무역계약

01 무역계약 관련 법

    **A.** 1. ✕ 2. ✕ 3. ◯ 4. ✕ 5. ✕ 6. ◯ 7. ✕ 8. ✕

    **B.** 1. ② 2. ① 3. ① 4. ③ 5. ④ 6. ③ 7. ②

02 매매계약의 성질

    **A.** 1. ✕ 2. ◯ 3. ◯ 4. ✕ 5. ✕ 6. ◯ 7. ◯ 8. ✕ 9. ◯

    **B.** 1. ④ 2. ① 3. ② 4. ④ 5. ④ 6. ① 7. ④ 8. ③ 9. ③ 10. ③ 11. ③

03 계약의 기본조건

    **A.** 1. ✕ 2. ✕ 3. ✕ 4. ✕ 5. ◯ 6. ◯ 7. ✕ 8. ✕ 9. ✕ 10. ◯ 11. ✕ 12. ◯ 13. ◯

        14. ◯ 15. ✕

    **B.** 1. ④ 2. ④ 3. ③ 4. ③ 5. ② 6. ② 7. ④ 8. ④ 9. ③ 10. ①

# CHAPTER 08  무역거래조건의 해석에 관한 국제규칙

## 수업 목표

◇ Incoterms 2020의 출현 배경과 개정 사유에 대해 학습한다.

◇ Incoterms 2020의 구성과 형식을 파악한다.

◇ 각 조건별 매도인과 매수인의 의무와 책임 범위를 파악한다.

◇ 각 조건별 매도인과 매수인의 비용부담 범위를 이해한다.

## 01 Incoterms 2020의 형식

### 1 기본 개념

| 국제상업회의소 ICC(International Chamber of Commerce) | 파리에 본부를 둔 국제경제협력기구로,각국의 상업회의소가 가맹되어 있으며 Incoterms, UCP 등을 만들어 보급한다. |
|---|---|
| 의무 obligation | 계약에 의해 일방이 다른 당사자에게 행해야 하는 채무로, 매매계약에서는 매도인의 물품인도 의무와 매수인의 대금지급 의무가 있다. |
| 위험 risk | 무역거래에 따른 위험은 대금결제의 위험, 운송의 위험, 환율변동의 위험, 천재지변의 위험 등이 있다. |
| 비용 costs | 무역거래에서 물품을 인도하는 등 계약내용을 이행하는 데 드는 돈을 말한다. |
| 무역구제 trade remedy | 상대국의 무역조치에 따른 국내 산업의 피해를 제거하거나 대처하기 위한 무역조치를 뜻한다. |

| | |
|---|---|
| 임의<br>arbitrariness | 일정한 기준이나 원칙 없이 하고 싶은 대로 하는 것을 말한다. |
| 처분권 이전<br>transfer of disposition right | 계약물품의 소유권이나 담보 설정 권리 등을 남에게 넘겨주는 행위를 뜻한다. |
| 단일운송<br>unimodal transport | 한 가지 운송수단에 의해 물품이 수송되는 운송방식으로, 무역거래에서는 주로 해상운송이 여기에 해당된다. |
| 복합운송<br>multimodal transport | 두 가지 이상의 서로 다른 운송수단을 이용해 화물을 목적지까지 운반하는 형태를 말한다. |
| 허가<br>authorization | 수입제한 물품의 수입허가와 같이, 권한을 가지는 기관이 금지되어 있는 행위를 특정인에게 가능하도록 해제하는 처분을 의미한다. |
| 승인<br>license | 허가와 비슷한 의미로, 허가가 제한을 풀어주는 개념이라면 승인은 새로운 행위를 할 수 있는 권한을 부여해 주는 것을 말한다. |
| 통관<br>customs clearance | 물품이 수출국 혹은 수입국의 세관을 통과하는 것으로, 이 과정에서 관세를 징수하고 허가 및 승인 사항을 확인한다. |
| 통관절차<br>procedure of customs clearance | 국경을 통과하는 화물을 허가하기 위한 세관검사 절차로, 수출입신고, 물품검사, 관세납부 등의 단계를 거친다. |
| 관세<br>tariff | 세관을 통해 수출 혹은 수입되거나 단순히 통과하는 물품에 대해 부과하는 세금을 의미한다. |
| 인도<br>delivery | 물품의 점유권을 이전하는 것을 말한다. |
| 인수<br>taking delivery | 물건이나 권리를 넘겨받는 것을 말한다. |
| 조달<br>procurement | 연속매매에서는 이미 선적된 상태의 물품을 거래하므로 매도인의 물품선적의무 대신 이미 선적된 물품을 조달하는 것으로 대체할 수 있다는 내용이 인코텀즈 2010에 신설되었다. |
| 비용부담<br>allocation of costs | 물품인도 과정에서 발생하는 비용 중 어느 당사자가 어떤 비용을 부담하는지 결정하는 것을 말한다. |

| | |
|---|---|
| 위험이전<br>transfer of risk | 물품인도 과정에서 발생하는 위험이 어느 시점에 매도인으로부터 매수인에게 이전되는지 결정하는 것을 말한다. |
| 통지<br>advice/notice | 특정 사실을 상대방에게 알리는 행위로, 예를 들어 신용장통지는 개설은행이 신용장을 개설하였음을 수익자에게 알리는 행위를 말한다. |
| 점검<br>inspection | 계약물품에 이상이 있는지 외관이나 측정 등을 통해 직접 확인하고 조사하는 행위를 말한다. |
| 포장<br>packaging | 물품의 수송과 보관 과정에서 그 가치와 상태를 보호하기 위해 적절한 재료나 용기로 물품을 싸는 일을 뜻한다. |
| 선적서류<br>shipping documents | 화물을 운송수단에 선적한 후 신용장 조건대로 은행에 제출하는 서류로, 주로 선하증권, 보험증권, 송장이 대표적이고 경우에 따라 포장명세서, 원산지증명서, 검사증명서 등이 포함된다. |
| 운송서류<br>transport documents | 화물이 선적되었음을 증명하기 위해 운송인이 발행하는 서류로, 운송수단에 따라 선하증권, 항공운송증권, 복합운송서류 등이 있다. |
| 보험<br>insurance | 무역거래에서의 보험은 대부분 해상보험을 뜻한다. 항해에 관한 사고에 기인하여 발생하는 손해를 보상하는 보험을 말한다. |
| 보험료<br>insurance premium | 보험회사가 보험금지급 책임을 지는 대가로 보험계약자가 납부하는 금액을 뜻한다. |

## 2 보충학습

### (1) Incoterms란?

① 1936년 프랑스 파리에 본부를 두고 있는 국제상업회의소(ICC)가 국제무역계약에 사용되는 각국의 조건을 통일하여 만든 무역조건(trade terms)에 관한 국제규칙이다.

② 여섯 번 개정되었고 가장 최근 개정된 것이 Incoterms 2020이다.

③ 인코텀즈는 매도인의 관점에서 양 당사자가 부담하여야 하는 최소한의 비용과 의무를 규정하고 있다. 그러나 강행규정이 아니라 계약 당사자의 합의가 있는 경우에만 사용되는 임의규정이기 때문에 구속력을 가지기 위해서는 계약서 등에 인코텀즈의 조건을 따른다는 명시가 필요하다.

[그림 8-1] Incoterms

④ 인코텀즈에서 규정하는 사항
- 당사자 간의 의무
- 당사자 간의 위험부담
- 당사자 간의 비용부담

⑤ 인코텀즈에서 규정하지 않는 사항
- 매매계약
- 대금지급방법
- 매매계약 위반에 대한 구제수단
- 매매물품의 소유권 이전

## (2) Incoterms 2020의 구성

① 계약 당사자들이 부담해야 하는 의무와 비용을 11가지로 구분하여 정리하였고, 이 11가지 조건은 다시 거래에서 사용되는 운송방식을 기준으로 모든 운송형태에 적합한 조건 7가지와 해상 및 내수로운송에 적합한 조건 4가지로 구분된다.

**[표 8-1] Incoterms 2020 조건의 운송형태별 구분**

| CLASSIFICATION OF THE 11 INCOTERMS 2020 RULES | | |
|---|---|---|
| RULES FOR ANY MODE OR MODES OF TRANSPORT | | |
| [1] | **EXW**<br>EX WORKS | 작업장 인도조건 |
| [2] | **FCA**<br>FREE CARRIER<br>+ OPTION FOR ON-BOARD BILL OF LADING | 운송인 인도조건 |
| [3] | **CPT**<br>CARRIAGE PAID TO | 운송비지급 인도조건 |
| [4] | **CIP**<br>CARRIAGE AND INSURANCE PAID TO | 운송비, 보험료지급 인도조건 |
| [5] | **DAP**<br>DELIVERED AT PLACE | 도착지 인도조건 |
| [6] | **DPU**<br>DELIVERED AT PLACE UNLOADED | 도착지양하 인도조건 |
| [7] | **DDP**<br>DELIVERED DUTY PAID | 관세지급 인도조건 |
| RULES FOR SEA AND INLAND WATERWAY TRANSPORT | | |
| [8] | **FAS**<br>FREE ALONGSIDE SHIP | 선측 인도조건 |
| [9] | **FOB**<br>FREE ON BOARD | 본선 인도조건 |
| [10] | **CFR**<br>COST AND FREIGHT | 운임포함 인도조건 |
| [11] | **CIF**<br>COST INSURANCE AND FREIGHT | 운임, 보험료포함 인도조건 |

② 인코텀즈의 11가지 조건들은 매도인과 매수인의 의무 및 비용부담을 각 10개의 조항으로 정리하여 보여준다.

[표 8-2] Incoterms 2020 매도인과 매수인의 의무

| 매도인의 의무(A) | 매수인의 의무(B) |
|---|---|
| AI 일반의무(물품 제공 의무, General obligations) | B1 일반의무(대금지급의무, General obligations) |
| A2 인도(Delivery) | B2 인도의 수령(Tacking delivery) |
| A3 위험이전(Transfer of risks) | B3 위험이전(Transfer of risks) |
| A4 운송(Carriage) | B4 운송(Carriage) |
| A5 보험(Insurance) | B5 보험(Insurance) |
| A6 인도/운송서류(Delivery/Transport document) | B6 인도/운송서류(Delivery/Transport document) |
| A7 수출/수입통관(Export/Import clearance) | B7 수출/수입통관(Export/Import clearance) |
| A8 점검/포장/화인표시(Checking/Packaging/Marking) | B8 점검/포장/화인표시(Checking/Packaging/Marking) |
| A9 비용분담(Allocation of costs) | B9 비용분담(Allocation of costs) |
| A10 통지(Notices) | B10 통지(Notices) |

**3** 연습문제

A. 다음의 문장을 읽고 내용이 옳으면 ○, 틀리면 ✕로 답하시오.

1. 상대국의 무역조치에 따른 국내 산업의 피해를 제거하거나 대처하기 위한 무역조치를 무역구제라고 한다. (○ / ✕)
2. 인도는 물품이나 권리를 넘겨받는 것을 말하고, 인수는 물품의 점유권을 타인에게 이전하는 것을 말한다. (○ / ✕)
3. Incoterms 2020에서 규정하는 보험계약은 대부분 운송 중인 화물에 대한 적하보험을 의미한다. (○ / ✕)
4. Incoterms 2020은 거래에서 사용되는 운송방식을 기준으로 2개의 그룹으로 구분된다. (○ / ✕)
5. Incoterms 2020의 11가지 조건은 모든 운송형태에 적합한 조건 4가지와 해상 및 내수로운송에 적합한 조건 7가지로 구분된다. (○ / ✕)
6. Incoterms 2020의 조건 중 CIP, CFR, CIF, CPT 조건은 모두 모든 운송형태에 적합한 조건이다. (○ / ✕)
7. Incoterms 2020의 조건 중 CIP, CIF, DPU 조건은 모두 매도인이 운송비를 지급하는 조건이다. (○ / ✕)
8. Incoterms 2020의 조건 중 DDP 조건은 매수인의 의무와 책임이 가장 큰 조건이다. (○ / ✕)

B. 다음의 질문에 대한 옳은 답을 고르시오.

1. Incoterms 2020에 대한 설명 중 옳지 않은 것은?
   ① 국제상공회의소가 제정하였다.
   ② 상관습의 변화를 반영하여 주기적으로 개정된다.
   ③ 매도인과 매수인간의 위험이전 시점에 대해 규정하고 있다.
   ④ 매도인과 매수인 간의 소유권 이전 시점에 대해 규정하고 있다.

2. Incoterms 2020의 개별규칙 내 조항의 순서를 올바르게 배열한 것은?

| 1. 운송 | 6. 일반의무 |
|---|---|
| 2. 비용부담 | 7. 점검, 포장, 화인 표시 |
| 3. 보험 | 8. 위험이전 |
| 4. 인도/인수의 수령 | 9. 수출자/수입자 통지 |
| 5. 수출/수입통관 | 10. 인도서류, 운송서류 |

   ① 6-4-1-8-3-5-10-7-9-2
   ② 6-1-4-9-2-5-10-7-8-3
   ③ 6-4-8-1-3-10-5-7-2-9
   ④ 6-1-8-9-2-10-5-7-4-3

3. Incoterms 2020 조건들의 명칭을 올바르게 나타낸 것을 모두 고른 것은?

> ㉠ EXW: 작업장 인도
> ㉡ DAP: 도착지양하 인도
> ㉢ FCA: 운임포함 인도
> ㉣ DDP: 관세지급인도

① ㉡, ㉣　　　　　② ㉡, ㉢
③ ㉠, ㉣　　　　　④ ㉠, ㉢

4. Incoterms 2020의 11가지 조건에 관한 설명으로 옳은 것을 모두 고른 것은?

| 구분 | A | B | C | D |
|------|---|---|---|---|
| 조건 | EXW | FOB | CIF | DDP |
| 위험 분기점 | 지정인도 장소 (수출국) | 지정 선적항 (수출국) | 지정 선적항 (수출국) | 지정 목적지 (수입국) |
| 비용 분기점 | 지정인도 장소 (수출국) | 지정 선적항 (수출국) | 지정 선적항 (수출국) | 지정 목적지 (수입국) |
| 수출 통관 | 매수인 | 매도인 | 매도인 | 매도인 |
| 수입 통관 | 매수인 | 매수인 | 매도인 | 매수인 |

① A, B　　　　　② A, C
③ A, B, C　　　　④ B, C, D

5. Incoterms에 관한 설명 중 옳지 않은 것은?

① 무역조건 해석에 관한 국제규칙이다.
② 1936년 국제상업회의소(ICC)가 제정하였다.
③ 여섯 번 개정되었고, 가장 최근 개정된 것이 Incoterms 2020이다.
④ 매수인의 관점에서 무역거래 당사자의 최소한의 비용과 의무를 규정하고 있다.

6. Incoterms 2020에서 규정하는 사항이 아닌 것은?

① 당사자 간의 의무
② 당사자 간의 대금 지급 방법
③ 당사자 간의 비용부담
④ 당사자 간의 위험부담

7. Incoterms 2020에서 규정하는 사항은 무엇인가?

① 매매계약 내용
② 매매계약 위반에 대한 구제수단
③ 매매물품의 소유권 이전
④ 당사자 간의 통지 의무

8. Incoterms 2020의 구성에 관한 설명으로 옳지 않은 것은?

① 계약 당사자들이 부담해야 하는 의무와 비용을 11가지 조건별로 구분하여 정리하였다.
② 11가지 조건들의 명칭은 모두 3개의 알파벳으로 구성되었다.
③ 11가지 조건들은 매도인과 매수인의 의무 및 비용부담을 각 10개로 정리하여 보여준다.
④ 11가지 조건은 매도인의 책임 범위에 따라 다시 4개의 그룹으로 구분된다.

9. Incoterms 2020의 11가지 조건 중 매도인의 책임과 의무가 가장 적은 조건은?

① DDP
② CPT
③ FCA
④ EXW

## 1 기본 개념

| | |
|---|---|
| 작업장 인도조건<br>EXW | 매도인의 작업장 구내에서 매수인이 임의로 처분할 수 있도록 물품을 인도하는 조건이다. |
| 운송인 인도조건<br>FCA | 매수인이 지정한 운송인에게 매도인이 수출통관을 마친 물품을 인도하는 조건이다. |
| 운송비지급 인도조건<br>CPT | 매도인이 운송비를 부담하여 물품을 최초 운송인의 보관하에 위치하는 조건이다. |
| 운송비, 보험료지급 인도조건<br>CIP | 매도인이 운송비와 보험료를 지급하여 최초 운송인의 보관하에 물품을 위치시키는 조건이다. |
| 도착지 인도조건<br>DAP | 목적지의 지정장소에서 양하하지 않은 상태로 매수인에게 물품을 인도하는 조건이다. |
| 도착지양하 인도조건<br>DPU | 목적지의 지정장소에서 매도인이 물품을 양하하여 매수인에게 인도하는 조건이다. |
| 관세지급 인도조건<br>DDP | 매도인이 수입통관을 포함해 물품운송 과정에서 발생하는 모든 비용을 부담하여 인도하는 조건이다. |
| 적재<br>loading | 화물을 본선의 갑판 위 혹은 선창에 싣는 행위로, on board라고도 한다. |
| 양하<br>unloading | 화물을 선박으로부터 육지 혹은 부선으로 내리는 행위로, discharging이라고도 한다. |
| 선적비<br>shipping charge | 선적항에서 화물을 본선에 적재할 때까지 드는 모든 비용으로, 부두 창고의 보관비, 입출고비, 부선사용료, 트럭사용료, 검량/검수비 등이 포함된다. |
| 양하비<br>discharging cost | 양륙항에서 화물을 본선으로부터 내려 지정 집하장에 반입하는 데까지 드는 비용으로, 장치장 보관료, 반출료, 트럭사용료, 사무처리비용 등이 포함된다. |
| 부보<br>cover | 선박이나 화물에 손해가 발생하는 경우에 보상받기 위해 보험에 가입하는 것을 의미한다. |

| | |
|---|---|
| 협회적하약관(A약관)<br>ICC[A](Institute Cargo<br>Clause [A]) | 런던보험업자협회에서 채택한 선적된 화물에 관한 보험약관 중 부보<br>범위가 가장 넓은 약관으로, 인코텀즈상 매도인의 보험가입 의무 중<br>최대담보범위를 요구하는 CIP 조건으로 거래할 때 선택할 수 있다. |
| 포장명세서<br>packing list | 포장된 물품의 수량, 중량, 일련번호 등을 기술한 서류로, 통관 시 심<br>사자료이자 검수 및 검량의 참조자료이며 선사와의 운송계약 체결 시<br>기준이 된다. |
| 운송인<br>carrier | 화주와의 계약에 의거하여 운임을 받고 운송서비스를 제공하는 자로,<br>선박회사, 항공회사 등이 대표적이다. |
| 운송주선인<br>freight forwarder | 자기명의로 운송위탁자(화주)와 운송업자 사이에서 운송계약을 주선<br>하는 자를 칭하는 말로, 화주에게는 운송인으로서의 역할과 책임을<br>수행하고 운송업자에게는 화주로서의 의무와 권리를 행사한다. |
| 영업장 구내<br>premises | 특정한 작업이 진행되는 공간으로, 관계자 이외의 출입이 제한되는<br>건물 혹은 부지를 뜻한다. |
| 컨테이너<br>container | 화물을 능률적이고 경제적으로 싣고 운송할 수 있도록 규격화된 직육<br>면체의 용기로, 20피트와 40피트의 규격이 일반적이다. |
| 컨테이너 터미널<br>container terminal | 컨테이너운송에서 해상과 육상운송의 접점인 부두에 위치하는 항구<br>앞 장소로, 본선의 하역, 하역준비, 화물보관, 컨테이너 및 화물의 인<br>수, 인도를 수행하는 공간이다. CY, CFS 등이 이곳에 속한다. |

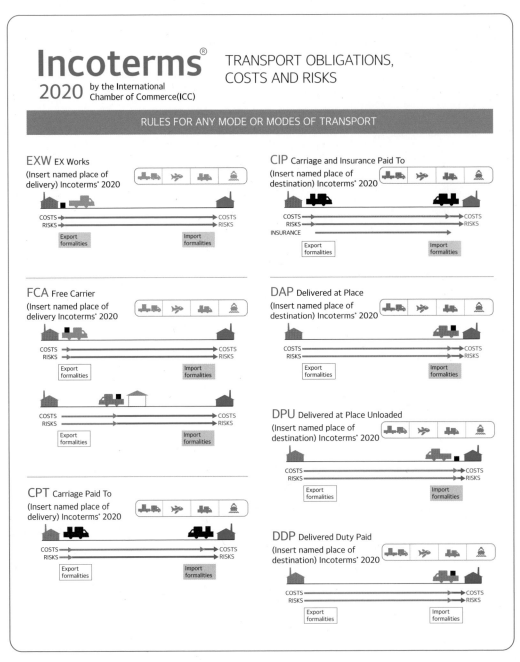

주: 회색 – 매도인의 비용과 의무, **파란색** – 매수인의 비용과 의무, **검은색** – 매도인과 매수인의 비용과 의무 혼재
출처: Incoterms® 2020 – ICC

[그림 8-2] 모든 운송수단에 사용 가능한 7가지 조건

## (1) EXW(EX Works, 작업장 인도조건)

① 매수인이 매도인의 작업장에서 물품을 인수하는 시점에서 매도인의 의무가 끝나는 조건으로, 매도인의 최소한도 의무조건이다.

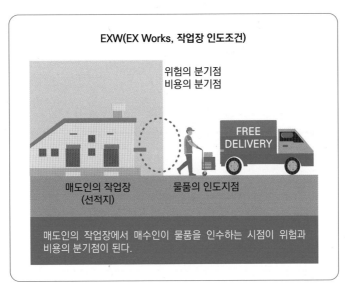

[그림 8-3] EXW 조건의 위험 및 비용분기점

② 매수인이 수출통관의 의무를 부담한다.
③ 매도인의 의무
 • 계약과 일치하는 물품을 자신의 작업장에서 매수인에게 인도해야 한다.
 • 물품과 관련된 서류(송장, 포장명세서 등)를 제공해야 한다.
 • 매수인이 요청하면 매수인이 수출에 필요한 허가나 승인을 취득할 수 있도록 지원해야 한다. 이때 발생된 비용은 매수인이 부담한다.
④ 매수인의 의무
 • 매도인의 작업장에서 물품을 즉시 인수해야 한다.
 • 자신의 비용과 위험부담으로 물품을 목적지까지 운반하기 위한 모든 조치를 취해야 한다.

## (2) FCA(Free Carrier, 운송인 인도조건)

① 매도인이 물품을 매수인이 지정한 운송인에게 지정된 장소에서 수출통관을 마친 후 인도하는 조건이다.
② 위험이 이전되는 장소와 비용의 분기점이 수출국으로 동일하다.

③ 만일 매수인이 운송인이 아닌 운송주선인에게 인도하도록 매도인에게 지시하였다면 운송주선인에게 물품을 인도할 때 매도인의 의무가 끝난다.

④ FCA 뒤에는 통상적으로 비용분기점인 수출지의 내륙지점이 표기된다.

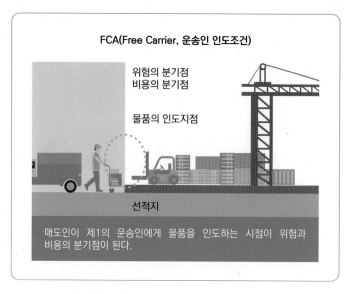

[그림 8-4] FCA 조건의 위험 및 비용분기점

⑤ 매도인의 의무
- 매매계약과 일치하는 제품을 지정된 장소에서 매수인이 지정한 운송인에게 인도해야 한다.
- 물품의 인도장소가 매도인의 영업장 구내일 경우는 매수인이 지정한 운송인의 차량에 물품을 적재한 시점에 위험이 매수인에게 이전된다. 그러나 인도장소가 매도인의 영업장 밖일 경우는 매도인의 차량에 실려있는 물품을 운송인에게 인도하는 시점에 위험이 이전된다.
- 수출허가를 취득하고 수출통관할 의무가 있다.
- 계약에 일치하는 물품을 인도하였다는 사실을 증명할 수 있는 송장, 수출허가서, 운송서류를 제공해야 한다.
- 보험가입과 운송계약의 의무는 없다.

⑥ 매수인의 의무
- 물품을 인도할 운송인과 운송계약을 체결한 후, 운송방식, 인도날짜 인도장소를 매도인에게 통지해야 한다. 또한 운송비 지급의 의무도 있다.
- 수입허가를 취득하고 수입통관할 의무가 있다.

## (3) CPT(Carriage Paid To, 운송비지급 인도조건)

① 매도인이 계약물품을 목적지까지 인도하기 위한 운송계약을 체결하고 운송비를 지급하는 조건이다.

② 제1의 운송인에게 물품을 인도한 시점부터 위험부담이 매수인에게 이전된다.

③ 위험이 이전되는 곳은 수출국의 지정장소지만 비용의 분기점은 수입국의 지정 목적지이므로 두 지점이 일치하지 않는다.

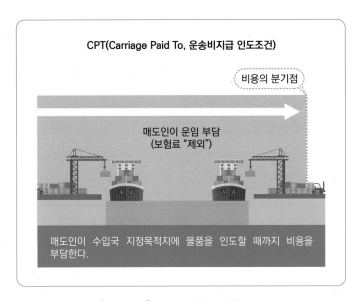

[그림 8-5] CPT 조건의 비용분기점

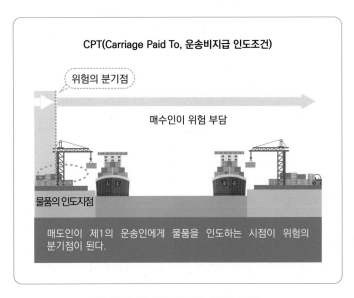

[그림 8-6] CPT 조건의 위험분기점

④ CPT 뒤에는 통상적으로 비용분기점인 수입지의 내륙지점이나 공항 또는 항구가 표기된다.

⑤ FCA 조건과의 차이는 매도인이 운임을 부담한다는 점이다.

⑥ CPT 조건에서는 두 개의 장소가 중요하다.

- 물품이 인도되는 장소이자 위험이 이전되는 지점으로 매도인의 국가 내의 제1의 운송인에게 물품을 인도하는 장소이다.
- 물품의 최종목적지로 매도인이 체결한 운송계약이 종료되는 장소이다.

⑦ 매도인의 의무

- 약정된 기간 내에 제1의 운송인에게 물품을 인도할 때까지 물품에 대한 책임을 부담한다.
- 물품의 운송을 위한 운송계약을 체결할 의무가 있다.
- 계약에 일치하는 물품을 인도하였다는 사실을 증명할 수 있는 송장, 수출허가서, 운송서류를 제공해야 한다.
- 보험계약 체결의 의무는 없다.

⑧ 매수인의 의무

- 물품이 제1의 운송인에게 인도된 시점부터 물품에 대한 위험을 부담한다.

### (4) CIP(Carriage and Insurance Paid To, 운송비, 보험료지급 인도조건)

① 매도인이 계약물품을 목적지까지 인도하기 위해 필요한 운송계약과 보험계약을 체결하는 조건이다.

② CPT 조건과의 차이는 매도인이 보험계약을 체결하고 보험료를 납부해야 한다는 점이다.

③ 위험이 이전되는 곳은 수출국의 지정장소지만 비용의 분기점은 수입국의 지정 목적지로 두 지점이 일치하지 않는다.

④ CIP 뒤에는 통상적으로 비용분기점인 수입지의 내륙지점이나 공항 또는 항구가 표기된다.

⑤ 매도인의 의무

- 목적지까지 물품을 운송하는 과정에서 발생할 수 있는 손해에 대비하기 위한 적하보험에 가입하고 보험료를 지불할 의무가 있다. Incoterms 2020에서는 매도인으로 하여금 ICC(A) 약관에 상응하는 최대범위의 보험에 가입할 것을 요구하고 있다.
- 그 밖의 매도인의 의무는 CPT 조건과 같다.

⑥ 매수인의 의무: CPT 조건과 동일하다.

⑦ 현물인도조건

- 비슷한 CIF 조건에서는 물품을 선박에 선적하는 본선적재 행위가 무엇보다 중요하고, 본선에 물품을 적재한 증거로 선적선하증권을 매수인에게 반드시 제공해야 하지만, CIP 조

건은 본선적재의 의미가 없고 운송서류도 수출국 내륙지점에서 제1운송인에 의해 발행되기 때문에 선적선하증권과 같은 의미를 지니지는 않는다.

[그림 8-7] CIP 조건의 비용분기점

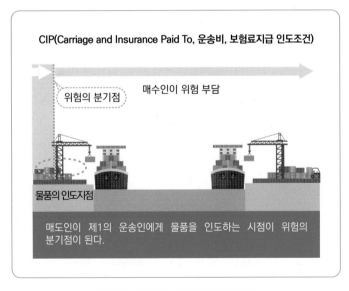

[그림 8-8] CIP 조건의 위험분기점

- CIF 조건은 계약과 일치하는 적법하고 완벽한 서류를 제시하면 대금을 지급받는 서류인 도조건인 반면, CIP 조건은 서류의 인도뿐 아니라 물품의 인도까지 대금결제의 조건으로 작용하는 현물인도조건이다.

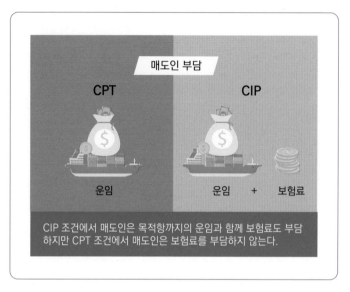

[그림 8-9] CPT 조건과 CIP 조건의 비용부담 차이

### (5) DAP(Delivered At Place, 도착지 인도조건)

① 지정된 목적지에서 수입통관을 마치지 않은 물품을 운송수단으로부터 양하하지 않은 상태로 매수인에게 인도하는 조건이다. 목적지까지의 모든 위험과 비용을 매도인이 부담한다.

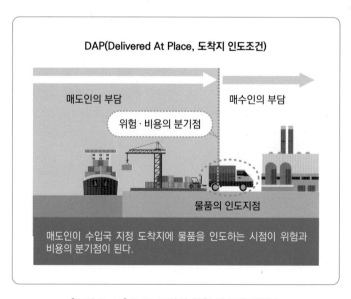

[그림 8-10] DAP 조건의 위험 및 비용분기점

② D로 시작하는 조건들은 물품의 인도지점이 곧 목적지의 인도지점이다.

③ 위험이 이전되는 곳과 비용의 분기점이 모두 수입국의 지정목적지로 동일하다.

④ DAP 뒤에는 통상적으로 비용분기점인 수입지의 내륙지점이 표기된다.

⑤ 매도인의 의무

- 물품의 인도장소가 수입국의 지정장소이므로 이 지점까지 물품을 운송하여 인도해야 한다는 점을 제외하면 CIP 조건과 같다.
- 목적지에서 운송수단으로부터 물품을 양하할 의무는 없다. 단 운송비에 양하비가 포함되어 매도인이 부담한 경우, 매수인과 별도로 합의하지 않은 한 매도인이 부담하는 것으로 한다.
- 매수인이 수입통관을 사전에 완료하지 못한 경우 이로 인해 인도가 완료되지 못했다면 이에 따른 위험과 비용은 매수인이 부담한다.

⑥ 매수인의 의무

- 목적지에 도착한 운송수단으로부터 물품을 양하할 의무가 있다.
- 물품이 목적지에 도착하기 전에 수입통관을 완료해야 한다.
- 물품을 양하한 시점부터 발생하는 모든 비용과 위험을 부담한다.

## (6) DPU(Delivered at Place Unloaded, 도착지양하 인도조건)

① 수입국의 지정된 목적지에서 수입통관을 마치지 않은 물품을 양하하여 매수인에게 인도하는 조건이다.

[그림 8-11] DPU 조건의 위험 및 비용분기점

② 위험이 이전되는 곳과 비용의 분기점이 모두 수입국의 지정목적지로 동일하다.

③ DPU 뒤에는 통상적으로 비용분기점인 수입지의 내륙지점이 표기된다.

④ 매도인의 의무

- 지정목적지에서의 양하비용을 매도인에게 요구하고 있는 유일한 조건이다.

- 물품의 양하 의무를 제외하면 DAP 조건과 같다.

⑤ 매수인의 의무

- 최종목적지에 도착하여 양하 완료된 물품을 인수해야 하고, 이 시점부터 발생하는 모든 비용과 위험을 부담한다.

- 수입통관을 완료해야 하고, 이에 수반되는 관세 및 모든 비용을 부담한다.

## (7) DDP(Delivered Duty Paid, 관세지급 인도조건)

① 매도인이 수입통관을 마친 물품을 최종목적지까지 운반하여 운송수단에서 하역하지 않은 상태로 매수인에게 인도하는 조건이다.

② EXW 조건과는 정반대로 매도인의 최대의무 조건이다.

③ 위험이 이전되는 곳과 비용의 분기점이 모두 수입국의 지정목적지로 동일하다.

④ DDP 뒤에는 통상적으로 비용분기점인 수입지의 내륙지점이 표기된다.

⑤ 매도인의 의무

- 자신의 비용과 위험부담으로 수출과 수입 통관을 진행해야 하고 관세를 납부해야 한다. 또한 수출과 수입 관련 허가를 받아야 한다.

[그림 8-12] DDP 조건의 위험 및 비용분기점

- 매도인이 수입통관과 수입관세 납부의 의무를 부담한다는 것을 제외하면 DAP 조건과 같다.
⑥ 매수인의 의무: 통관을 진행하고 관세를 납부해야 하는 의무가 없다는 것을 제외하면 DAP 조건과 같다.

## 3 연습문제

**A. 다음의 문장을 읽고 내용이 옳으면 ○, 틀리면 ✕로 답하시오.**

1. D로 시작하는 조건들은 물품의 인도지점이 곧 목적지의 인도지점이다. (○ / ✕)
2. Incoterms 2020 중 DPU 조건은 지정목적지에서의 양하비용을 매도인에게 요구하고 있는 유일한 조건이다. (○ / ✕)
3. CIP 조건은 본선적재의 의미가 없고 운송서류도 수출국 내륙지점에서 제1운송인에 의해 발행되기 때문에 서류인도조건이라고 할 수 있다. (○ / ✕)
4. DDP 조건은 EXW 조건과는 정반대로 매수인의 최대의무 조건이다. (○ / ✕)
5. FCA 조건에서 물품의 인도장소가 매도인의 영업장 밖일 경우는 매수인이 지정한 운송인의 차량에 물품을 적재한 시점에 위험이 매수인에게 이전된다. (○ / ✕)
6. CPT 조건에서 위험이 이전되는 곳은 수출국의 지정장소지만 비용의 분기점은 수입국의 지정목적지로, 두 지점이 일치하지 않는다. (○ / ✕)
7. CPT 조건이 FCA 조건과 다른 점은 매도인이 운임을 부담한다는 것이다. (○ / ✕)
8. CPT 조건에서 매수인은 물품이 제1의 운송인에게 인도된 시점부터 물품에 대한 위험을 부담한다. (○ / ✕)
9. CIP 조건에서는 매도인이 ICC(A) 약관에 상응하는 최소범위의 보험에 가입할 것을 요구한다. (○ / ✕)
10. DAP 조건은 지정된 목적지에서 수입통관을 마치지 않은 물품을 운송수단으로부터 양하하지 않은 상태로 매수인에게 인도하는 조건이다. (○ / ✕)
11. DAP 뒤에는 통상적으로 비용분기점인 수출지의 내륙지점이 표기된다. (○ / ✕)
12. DAP 조건에서 매도인은 목적지에서 운송수단으로부터 물품을 양하할 의무가 없다. (○ / ✕)
13. DAP 조건에서 만약 운송비에 양하비가 포함되어 있는 경우에는 매도인과 별도로 합의하지 않은 한 양하비는 매수인이 부담하는 것으로 본다. (○ / ✕)
14. DAP 조건에서 매수인이 수입통관을 사전에 완료하지 못한 경우 이로 인해 인도가 완료되지 못했다면 이에 따른 위험과 비용은 매수인에게 이전된다. (○ / ✕)

15. DPU 조건은 수입국의 지정된 목적지에서 수입통관을 마치지 않은 물품을 양하하여 매수인에게 인도하는 조건이다. (○ / ×)

16. DDP 조건에서 매수인은 자신의 비용과 위험부담으로 수출과 수입 통관을 진행해야 하고 관세를 납부해야 한다. 또한 수출과 수입 관련 허가를 받아야 한다. (○ / ×)

17. 선적항에서 화물을 본선에 적재할 때까지 드는 모든 비용으로, 부두 창고의 보관비, 입출고비, 부선사용료, 트럭사용료, 검량/검수비 등이 포함된 비용을 선적비라고 한다. (○ / ×)

18. 선박이나 화물에 손해가 발생하는 경우에 보상받기 위해 보험에 가입하는 행위를 부보라고 한다. (○ / ×)

19. ICC(C)는 런던보험업자협회에서 채택한 선적된 화물에 관한 보험약관 중 부보 범위가 가장 넓은 약관으로, 인코텀즈상 매도인의 보험가입 의무 중 최대담보범위를 요구하는 것이다.
(○ / ×)

20. 자기명의로 운송위탁자(화주)와 운송업자 사이에서 운송계약을 주선하는 자를 운송주선인이라고 한다. (○ / ×)

21. 운송주선인은 화주와 운송업자에게 운송인으로서의 역할과 책임을 수행한다. (○ / ×)

22. 영업장 구내, 즉 premises란 특정한 작업이 진행되는 공간으로, 관계자 이외의 출입이 제한되는 건물 혹은 부지를 뜻한다. (○ / ×)

**1.** Incoterms 2020하에서 CPT 조건과 FCA 조건의 차이점으로 옳은 것은?

① CPT 조건은 육로운송에서 사용이 불가능하지만 FCA 조건은 육로운송에서 사용가능하다.

② 두 조건 모두 매도인이 자국의 외국환은행을 통하여 대금을 받은 경우 소유권의 이전이 이루어진다.

③ FCA 조건과 CPT 조건은 매수인이 물품의 위험부담을 지는 시점이 모두 수출국에서 운송인에게 물품을 인도하는 시점으로 동일하다.

④ FCA 조건은 운임결제와 운송수단 선정을 모두 매수인이 하지만 CPT 조건에서는 운임결제는 매도인이, 운송수단 선정은 매수인이 한다.

**2.** DAP 조건에 대한 설명으로 옳지 않은 것은?

① 비용분기점과 위험분기점이 같다.

② 매도인이 운송주선인을 지정한다.

③ 매도인이 수입통관을 한다.

④ 만약 매도인이 도착지에서 양륙비용을 부담한 경우, 별도의 합의가 없다면 매수인으로부터 그 비용을 반환받을 권리가 없다.

**3.** 다음 예시에 맞는 Incoterms 2020의 조건으로 올바른 것은? (제56회 국제무역사 기출)

한국의 수출자 A와 미국의 수입자 B는 스마트폰 3,000대를 인천공항 터미널까지의 배송비와 인천발 항공운송비를 부담하는 조건으로, 수출계약을 체결하였다. 그러나 수입자 B가 조건을 변경하여 ICC(A) 조건의 적하보험료도 A가 부담할 것을 추가로 요구하여, A는 결국 수용하기로 했다.

① CPT          ② CIF

③ CIP          ④ FCA

**4.** Incoterms 2020의 분류 및 설명으로 올바른 것은? (제55회 국제무역사 기출)

① FOB 조건은 해상 및 내수로 운송방식에만 사용된다.

② CFR 조건은 매도인이 적하보험을 부보해야 한다.

③ DDP 조건은 매도인이 도착지에서 물품을 양하할 의무가 있다.

④ EXW 조건은 적출지의 지명을 표기할 필요가 없다.

**5.** 다음 예시의 수출자와 수입자가 제안하는 Incoterms 2020 조건을 옳게 설명한 것은? (제55회 국제무역사 기출)

우리나라 수출자 A는 미국 수입자 B와 식료품 수출조건을 협의 중이다. 수입자 B는 수출자 A가 미국 내 목적지 도착까지 모든 운송비 및 수입통관까지 부담하기를 희망한다. 하지만 수출자 A는 현지 수입통관에 부담을 느껴 미국 내 목적지 도착까지 모든 운송비에 목적지의 화물 양하까지 직접 부담하되, 수입통관은 수입자 B가 직접 담당해줄 것을 희망한다.

① 수출자 DDP, 수입자 DPU

② 수출자 DPU, 수입자 DDP

③ 수출자 DAP, 수입자 DDP

④ 수출자 DDP, 수입자 DAP

6. Incoterms 2020의 EXW 조건에 관한 내용으로 잘못된 것은? (제55회 국제무역사 기출)

① 한국에서 화물을 수출할 경우, 국내의 지정장소(공장이나 창고 등)에서 화물을 수입자에게 인도하면 책임이 종료되는 조건이다.
② 수출자는 수출통관 절차의 비용을 부담하지는 않지만, 수출통관은 자기 책임하에 완료해야 한다.
③ 수출에 필요한 운송비를 수입자가 부담한다.
④ Incoterms 2020의 11개 조건 중 수출자의 의무가 가장 가볍다.

7. Incoterms 2020의 역할 및 사용 방법에 관한 설명으로 올바른 것은? (제55회 국제무역사 기출)

① Incoterms는 최신 version이 적용되는 것이 원칙이므로 "CIF Shanghai"라고 기재되어 있을 경우 "CIF Shanghai Incoterms 2020"과 동일하게 인정되고 적용된다.
② DPU에서 지정장소는 인도장소이자 목적지이므로 매도인은 그 지점까지 운송해야 한다. 이런 지정장소를 명확히 하기 위해 "517, Yeongdong-daero, Gangnam-gu, Seoul, Korea, Incoterms 2020"과 같이 주소를 기재하는 것도 가능하다.
③ 계약 당사자들이 대금지급 장소를 합의하지 않은 경우 이 규칙의 지정장소는 대금지급 장소 역할을 한다. 또한 이 규칙은 무체물에는 적용되지 않고 유체물 국제매매거래에 적용되며, 지식재산권 관련 사항이 규정되어 있다.
④ Incoterms 2020은 가격조건, 운송 및 해상보험 관련 사항을 포함하는 포괄적 계약조건이므로 매도인과 매수인이 계약을 체결하지 않더라도 특정 규칙의 사용에 합의하면 이 규칙이 매매계약을 대신한다.

8. Incoterms 2020에 관한 설명으로 올바른 것은? (제53회 국제무역사 기출)

① Incoterms 2020은 비용과 위험의 분기점과 더불어 물품의 소유권 이전을 규정하고 있다.
② 매도인과 매수인의 별도 합의가 없다면 Incoterms 2020의 경우 최소 부보조건인 ICC(C) 조건으로 부보만 하면 된다.
③ 2020년 이후의 국제 무역계약에 대해서는 Incoterms 2020이 적용되기에, 매매당사자 간의 합의에 따라 Incoterms 2010을 채택하는 것은 가능하지 않다.
④ 물품 매매계약 시 Incoterms 2020을 적용하기 위해 계약서 등에 매매당사자 간 'FOB Incheon port(Incoterms 2020)' 등의 조건을 명확히 기재할 필요가 있다.

9. Incoterms 2020에서 규정한 것으로 올바른 것을 모두 기재한 것은? (제52회 국제무역사 기출)

A. 물품 운송계약 체결 주체
B. 대금 지급시기, 지급장소, 방법 또는 통화
C. 당사자들의 계약위반에 대한 구제수단
D. 위험이 어디에서 매도인으로부터 매수인에게 이전되는지 여부
E. 매도인과 매수인 중 어느 당사자가 비용을 부담하는지

① A, C, D
② A, D, E
③ B, C, D
④ B, D, E

## 03 해상 및 내수로운송에 적합한 조건

### 1 기본 개념

| | |
|---|---|
| 선측 인도조건<br>FAS(Free Alongside Ship) | 물품이 지정 선적항의 본선 선측 혹은 부선으로 선측에 인도되는 조건이다. |
| 본선 인도조건<br>FOB(Free On Board) | 물품이 지정 선적항에서 매수인이 지정한 본선에 적재되어 인도되는 조건이다. |
| 운임포함 인도조건<br>CFR(Cost and Freight) | 물품이 지정 선적항에서 매도인이 지정한 본선에 적재되어 인도되는 조건이다. |
| 운임, 보험료포함 인도조건<br>CIF(Cost, Insurance and Freight) | 물품이 지정 선적항에서 본선에 적재되어 인도되는 조건으로, 매도인이 운임과 보험료를 부담한다. |
| 협회적하약관(C약관)<br>ICC[C](Institute Cargo Clause [C]) | 런던보험업자협회에서 채택한 선적된 화물에 관한 보험약관 중 부보범위가 가장 좁은 약관으로, 인코텀즈상 매도인의 보험가입 의무 중 최소담보범위를 요구하는 CIF 조건으로 거래할 때 선택할 수 있다. |
| 최소담보조건<br>minimum coverage | 인코텀즈 CIF 조건에서 요구하는 매도인의 보험계약 의무로, 기본적인 해상위험, 즉 전손과 공동해손은 보상되지만 특정 분손 이외의 단독해손은 보상되지 않는 조건이다. |
| 본선적재부기<br>on board notation | 화물이 본선에 적재되기 이전에 운송업자에게 인도되는 경우에는 수취선하증권이 발행되고 그 후 실제로 화물이 선적되면 선하증권 뒷면에 이를 증명하는 문언이 기재되고 책임자의 서명이 추가되는데, 이를 본선적재부기 혹은 선적부기라고 한다. |
| 갑판<br>board/deck | 배의 윗면에 위치하는 넓고 평평한 바닥으로 선창과 함께 화물이 적재되는 공간을 말한다. |
| 선적선하증권<br>on board B/L | 화물이 본선에 선적된 후에 발행되는 선하증권을 말한다. |
| 수취선하증권<br>received B/L | 운송인이 화물을 수취하였음을 증명하는 선하증권을 말한다. |
| 화물수취증<br>B/N(Boat Note) | 본선으로부터 화물을 수취하는 사람이 본선에 제출하는 서류로, 화물을 수취하였음을 증명한다. |

| | |
|---|---|
| 연속매매<br>string sales | 1차 산품 거래의 경우 통상적으로 운송 도중 수차례에 걸쳐 매매가 이루어지게 되는데, 이러한 매매방식을 말한다. |
| 선적용구<br>shipping equipment | 선적작업에 사용되는 시설 및 장비로 크레인, 지게차, 부선, 그랩 등이 있다. |
| 작업장<br>workshop | 계약물품의 생산, 가공, 포장, 분류 등의 작업이 이루어지는 장소를 말한다. |
| 서류매입<br>negotiation | 매도인이 제시한 서류가 신용장 조건에 일치하는 경우 지정된 매입은행이 자신의 자금으로 수출대금을 매도인에게 지급하는 행위를 의미한다. |
| 선적항/선적지<br>loading port/<br>loading place | 계약물품을 선박과 같은 운송수단에 적재하는 항구 혹은 장소를 말한다. |
| 양륙항/양륙지<br>unloading port/<br>unloading place | 운송수단으로부터 화물을 내리는 항구 혹은 장소를 말한다. |
| 최종목적지<br>place of destination | 화물운송에서의 종점으로, 수하인에게 물품이 인도되는 지점을 뜻한다. |
| 반입인도<br>franco | 목적지에 있는 매수인 지정장소에 계약물품을 반입시킬 때까지 요구되는 모든 비용과 위험을 매도인이 부담하는 조건으로, 수입지에서 관세, 통관비, 양하비, 운송비 등을 매도인이 부담한다. |
| 부선<br>barge/lighter | 운하, 하천, 항구 등에서 화물을 운반하는 소형선박으로, 본선과 부두 사이의 중계운송을 담당한다. 동력 없이 예인선에 의해 끌려가는 것을 barge라고 하고, 동력이 설치되어 스스로 운항하는 것을 lighter라고 한다. |
| 예인선<br>tug boat | 항만 내에서 본선 혹은 부선을 끌거나 밀어 이동시키는 배를 말한다. |
| 관습<br>custom | 한 국가나 사회 내에 확립되어 모든 사람이 당연하게 여기고 준수하는 거래방식 혹은 실무적 습관을 일컫는 말이다. |
| 터미널화물처리비<br>THC(Terminal Handling<br>Charge) | 화물이 항구의 컨테이너 터미널에 입고된 시점부터 터미널 내에서 화물의 취급과 이동에 소요되는 비용을 말한다. |

| | |
|---|---|
| 감항성<br>seaworthiness | 선박이 해상운송에 따른 통상의 위험을 견디고 정상적인 항해를 하기 위해 필요한 인적, 물적 준비를 갖춘 상태로, 감항능력 혹은 내항성이라고도 한다. |
| 부두수령증<br>dock receipt | 선사가 화주로부터 부두(dock)에서 화물을 수취하였음을 증명하는 서류로, 부두수취증이라고도 한다. |
| 특약<br>special clause | 보험계약에서 담보되지 않는 위험을 추가로 담보하거나 제한하는 특별한 약관을 말한다. |
| 화주<br>shipper | 운송서비스의 수요자로 운송에서는 송화인, 무역거래에서는 수출자를 지칭한다. |
| 용선자<br>charterer | 선주로부터 선박을 빌려 자신 혹은 타인의 화물을 운송하는 자로, 용선자라고도 한다. |
| 용선계약<br>C/P(charter party) | 용선자가 선사로부터 선박의 전부 혹은 일부를 빌리는 계약으로, 주로 부정기선 운송에서 체결된다. |
| 부정기선<br>tramper/tramp ship | 운송 수요자, 즉 화주의 요구에 따라 수시로 어느 곳이나 항해하는 선박으로, 주로 벌크 화물 운송에 이용된다. |
| 정기선<br>liner | 일정한 운항계획에 따라 정해진 항로에 취항하는 선박으로, 화물의 양에 상관없이 정기적으로 같은 항로를 왕복 운항한다. |
| 선적 전 검사<br>pre-shipment inspection | 계약물품의 품질, 수량 등을 수입국 정부가 지정한 검사기관이 선적 전에 수출국에서 미리 검사하는 행위로, 검사비용은 매수인 부담이 원칙이다. |
| SD 조건<br>sea damaged term | 계약물품의 품질을 결정하는 무역거래조건 중 하나로, 매도인이 운송 도중 해수에 의한 품질 변화에 대해 책임지는 조건을 의미한다. |
| 손상<br>damage | 어떤 원인에 의하여 흠이 생긴 것을 의미한다. 운송 도중 손상이 생기면 책임소재를 밝혀 손해배상 절차를 밟는다. |
| 멸실<br>loss | 계약물품이 경제적 효용을 전부 상실할 정도로 파괴된 상태를 의미한다. |
| 면책<br>exclusion | 특정 위험, 우발적 사고, 태만에 따른 손해배상 책임으로부터 채무자를 면제시키는 것을 뜻한다. |

| | |
|---|---|
| 양도<br>transfer | 재산이나 물건, 권리, 법률적 지위 등을 남에게 넘겨주는 행위로, 무역 거래에서는 신용장의 명의 양도, 어음의 채권 양도, 보험금 청구를 위한 물건에 대한 권리 양도 등을 뜻한다. |
| 상징적 서류인도<br>symbolic delivery | 매매계약에서 계약물품을 유가증권으로 화체하여 선하증권을 인도하는 거래를 서류인도, 즉 상징적 인도라 한다. |
| 현물인도<br>physical(actual) delivery | 매매계약에서 계약물품 자체를 직접 인도하는 것을 현물인도라 한다. |

## 2 보충학습

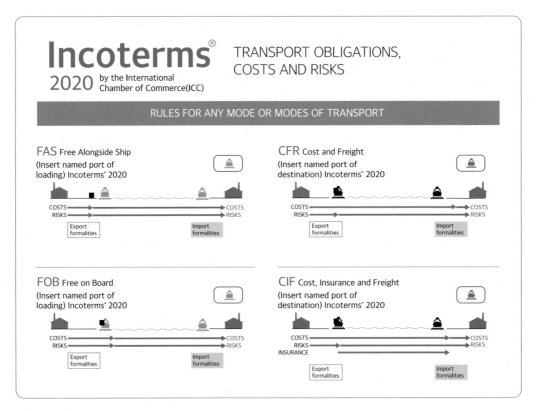

주: **회색** – 매도인의 비용과 의무, **파란색** – 매수인의 비용과 의무, **검은색** – 매도인과 매수인의 비용과 의무 혼재
출처: Incoterms® 2020 - ICC

[그림 8-13] 해상 및 내수로 운송에 사용 가능한 4가지 조건

## (1) 공통규정

① 해상 및 내수로운송에 적용되는 4가지 조건은 1차 산품과 같은 벌크화물(살화물)을 운송하는 경우에 사용하는 전통적인 조건이다. 따라서 단일 해상운송이지만 컨테이너화물을 운송하는 경우에는 FCA 조건이나 CPT, CIP 조건을 이용하도록 한다.

② 위 4가지 조건은 조달의 의무가 매도인의 인도의무에 포함된다. 1차 산품에 해당하는 광물, 원유, 곡물 등은 가치의 등락이 큰 편에 속하므로 매도 차익을 목적으로 운송 도중 연속해서 매매가 이루어진다. 운송 중인 화물이 거래되는 경우 첫 매도인으로부터 화물을 매입하여 제3의 매수인에게 판매하는 두 번째 매도인은 첫 매도인으로부터 화물을 직접 인수하여 매수인에게 인도할 방법이 없으므로 대신 전달하는, 즉 조달하는 것으로 인도의무를 다하게 된다. Incoterms 2020부터는 EXW 조건을 제외한 모든 조건에서 인도의무에 조달의무가 포함되는 것으로 확대되었다.

출처: 관세청 세관이야기
[그림 8-14] Incoterms 2020의 조달의무 확대적용

③ 위 4가지 조건은 해상 및 내수로 운송에 적용되는 만큼 화물의 내항성 (혹은 감항성) 포장을 완료해야 한다. 내항성 포장이란 운송 중 손상을 방지할 수 있는 최소한의 포장이자 화물취급을 견딜 수 있는 포장이다. 또한 수출국의 수출검사법에 적격한 포장을 의미하고 동시에 해상보험에 부보될 수 있는 포장을 말한다.

## (2) FAS(Free Alongside Ship, 선측 인도조건)

① 지정된 선적항의 부두 혹은 부선에서 본선의 측면에 화물을 인도하는 조건이다.

② 위험이 이전되는 곳과 비용의 분기점이 모두 수출국 항구 혹은 부선의 본선 측면으로 동일하다.

[그림 8-15] FAS 조건의 위험 및 비용분기점

③ FAS 뒤에는 통상적으로 비용분기점인 수출지의 항구가 표기된다.

④ 본선의 측면은 크레인과 같은 선적용구가 도달할 수 있는 장소를 뜻한다.

⑤ 부선은 바지 혹은 라이터와 같은 선박으로, 항구의 수심이나 규모 등의 문제로 선박이 접안하지 못하는 경우에 이용된다.

⑥ 매도인의 의무

- 매매계약에 일치하는 물품을 본선의 선측에 인도해야 한다.
- 물품이 계약에 일치함을 증명하는 서류와 선측에 무사히 인도되었음을 증명하는 부두수령증을 제공해야 한다.
- 수출허가를 취득하고 수출통관을 완료해야 하며 필요한 경우 수출관세를 납부할 의무가 있다.

⑦ 매수인의 의무

- 수입허가를 취득하고 수입통관 및 수입관세 납부를 부담한다.
- 목적항까지 운송을 위한 운송계약을 체결하고 운임을 부담한다. 동시에 선박명, 화물적재 장소, 적재시기를 매도인에게 통지할 의무가 있다.
- 통지를 불이행함으로써 발생하는 위험과 비용을 부담한다.
- 수출항의 부두 혹은 부선으로부터 본선에 화물을 적재하는 비용과 위험을 부담한다.

## (3) FOB(Free On Board, 본선 인도조건)

① 물품이 지정된 선적항에서 본선의 갑판에 적재될 때 매도인의 의무가 종결되는 조건이다.

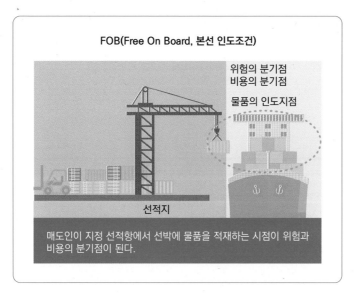

**FOB(Free On Board, 본선 인도조건)**

위험의 분기점
비용의 분기점

물품의 인도지점

선적지

매도인이 지정 선적항에서 선박에 물품을 적재하는 시점이 위험과 비용의 분기점이 된다.

[그림 8-16] FOB 조건의 위험 및 비용분기점

② 위험이 이전되는 곳과 비용의 분기점이 모두 수출지 항구의 본선적재 시점으로 동일하다.

③ FOB 뒤에는 통상적으로 비용분기점인 수출지의 항구가 표기된다.

④ 매도인이 선적지에서 화물을 본선에 적재한다는 점을 제외하면 FAS 조건과 동일하다.

⑤ 물품이 본선에 적재되기 전에 내륙 어느 지점에서 운송인에게 인도되는 컨테이너 물품의 경우 FCA 조건을 사용하는 것이 적절하다.

⑥ 매도인의 의무
 • 매매계약과 일치하는 물품을 본선의 갑판 상에 인도해야 한다.
 • 그 밖의 매도인의 의무는 FAS 조건과 같다.

⑦ 매수인의 의무
 • 자신의 비용과 위험 부담으로 운송계약을 체결하고 선박명, 적재장소, 적재시기를 매도인에게 통지해야 한다.
 • 통지를 불이행함으로써 발생하는 위험과 비용을 부담한다.
 • 수업허가를 취득하고 수입통관 및 수입관세 납부를 부담한다.

**(4) CFR(Cost and Freight, 운임포함 인도조건)**

① 매도인이 지정된 목적항까지 물품인도에 드는 비용과 운임을 지불해야 하지만 물품의 손상 및 멸실에 따른 위험은 본선적재 시점부터 매수인에게 이전되는 조건이다.

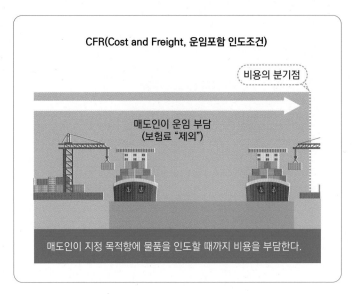

[그림 8-17] CFR 조건의 비용분기점

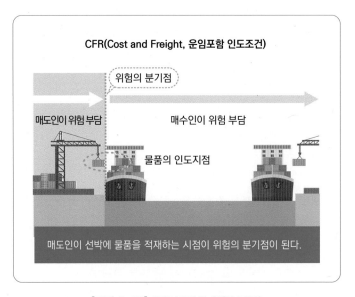

[그림 8-18] CFR 조건의 위험분기점

② 위험이 이전되는 곳은 수출지 항구의 본선 위이지만 비용의 분기점은 수입국의 목적항으로, 두 지점이 일치하지 않는다.

③ CFR 뒤에는 통상적으로 비용분기점인 수입지의 목적항구가 표기된다.

④ 매도인이 운임을 부담한다는 점을 제외하면 FOB 조건과 동일하다.

⑤ 물품이 본선에 적재되기 전에 내륙 어느 지점에서 운송인에게 인도되는 컨테이너 물품의 경우 CPT 조건을 사용하는 것이 적절하다.

⑥ 매도인의 의무
- 계약물품을 목적항까지 운송하기 위한 운송계약을 체결하고 운송비를 부담한다.
- 계약물품을 선적항의 본선 갑판에 적재하여야 한다.
- 수출허가를 취득하고 통관 및 관세납부를 부담한다.
- 계약에 일치하는 물품임을 증명하는 상업송장과 무사고 운송서류를 매수인에게 지체없이 제공해야 한다.

⑦ 매수인의 의무
- 매도인이 제공한 선적서류를 수취하고 목적지에서 물품을 인수해야 한다.
- 목적항에서 본선으로부터 물품을 양륙하는 비용이 운임에 포함되지 않은 경우 양륙비를 부담한다.
- 만일 목적항 선택권과 선적기일 지정권을 정해진 시간 내에 행사하지 못하고 매도인에게 통지하지 못하면 이로 인해 발생하는 모든 비용과 위험을 부담한다.


## (5) CIF(Cost, Insurance and Freight, 운임, 보험료포함 인도조건)

① 매도인이 물품을 목적항까지 운반하는데 필요한 운임에 보험료까지 지급하는 조건이다.

② 위험이 이전되는 곳은 수출지 항구의 본선 위이지만 비용의 분기점은 수입국의 목적항으로, 두 지점이 일치하지 않는다.

③ CIF 뒤에는 통상적으로, 비용분기점인 수입지의 목적항구가 표기된다.

④ 매도인이 보험계약을 체결하고 보험료를 부담한다는 점을 제외하면 CFR 조건과 동일하다.

⑤ 서류인도 계약조건이다. 매도인의 보험가입 그 자체가 중요한 것이 아니라 보험증권을 획득하고 매수인에게 제공하는 것이 중요하다. 물품이 목적항에 무사히 도착하여도 매도인이 합법적이고 유효한 선적서류를 매수인에게 제공하지 못하면 매도인의 의무가 이행되지 않은 것으로 간주될 수 있다.

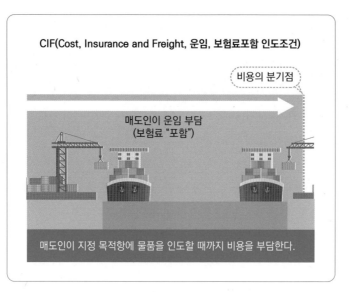

[그림 8-19] CIF 조건의 비용분기점

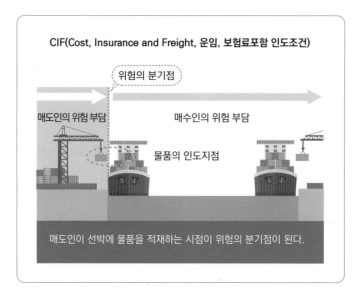

[그림 8-20] CIF 조건의 위험분기점

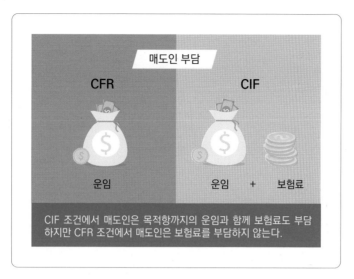

[그림 8-21] CFR 조건과 CIF 조건의 비용부담 차이

⑥ 물품이 본선에 적재되기 전에 내륙 어느 지점에서 운송인에게 인도되는 컨테이너 물품의 경우 CIP 조건을 사용하는 것이 적절하다.

⑦ 매도인의 의무
- 목적항까지 물품을 운반하기 위한 운송계약을 체결해야 한다.
- 매매계약에 일치하는 물품을 본선의 갑판상에 인도해야 한다.
- 수출허가를 취득하고 수출통관 및 수출관세납부를 부담한다.
- 목적지까지 물품을 운송하는 과정에서 발생할 수 있는 손해에 대비하기 위한 적하보험에 가입하고 보험료를 지불할 의무가 있다. Incoterms 2020에서는 매도인으로 하여금 ICC(C) 약관에 상응하는 최소범위의 보험에 가입할 것을 요구하고 있다. 최소담보조건이란 송장금액+10%에 해딩하는 금액을 의미한다.
- 나머지 의무는 CFR 조건의 매도인의 의무와 같다.

⑧ 매수인의 의무: CFR 조건의 매수인의 의무와 같다.

## (6) Incoterms 2020의 매도인과 매수인의 비용부담

| 구분 | 확인 포장 | 수출국 내륙운송 | 적재비 | 수출 통관 | 운송비 | 보험료 | 양하비 | 수입 통관 | 수입국 내륙운송 | 선적 전 검사비 |
|------|------|------|------|------|------|------|------|------|------|------|
| EXW | S | B | B | B | B | B | B | B | B | B |
| FCA | S | S | S | S | B | B | B | B | B | B |
| CPT | S | S | S | S | S | B | B | B | B | B |
| CIP | S | S | S | S | S | S | B | B | B | B |
| DAP | S | S | S | S | S | S | B | B | B | B |
| DPU | S | S | S | S | S | S | S | B | S | B |
| DDP | S | S | S | S | S | S | B | S | S | S |
| FAS | S | S | B | S | B | B | B | B | B | B |
| FOB | S | S | S | S | B | B | B | B | B | B |
| CFR | S | S | S | S | S | B | B | B | B | B |
| CIF | S | S | S | S | S | S | B | B | B | B |

※ S는 매도인의 비용부담을, B는 매수인의 비용부담을 의미한다.

> **A. 다음의 문장을 읽고 내용이 옳으면 ○, 틀리면 ✕로 답하시오.**

1. FOB는 정형거래조건 중 하나이며 정형거래조건에서는 소유권이전 시점에 관하여 규정하고 있다. (○ / ✕)

2. 연속매매(string sales)는 주로 해상운송에 사용되는 Incoterms 조건(FAS, FOB, CFR, CIF)을 선택하여 계약을 체결한다. (○ / ✕)

3. FOB 조건에서 한국의 수출업자 A가 일본의 수업업자 B에게 수출할 목적으로 국내 공급업자 C로부터 김치를 구입하는 경우, 수출허가를 취득할 의무는 C에게 있다. (○ / ✕)

4. 매도인이 수입통관한 물품을 최종목적지까지 운반하여 운송수단에서 양하하지 않은 상태로 매수인에게 인도하는 조건을 DDP라고 한다. (○ / ✕)

5. FAS 조건에서 선적비용은 매도인이 부담하고 양하비용은 매수인이 부담해야 한다. (○ / ✕)

6. CFR 조건에서는 매도인이 수출통관 절차를 진행해야 한다. (○ / ✕)

7. CIF 조건은 FOB 조건과 마찬가지로 서류인도 계약조건이다. (○ / ✕)

8. CIF 조건은 매도인이 보험계약을 체결해야 하는 점을 제외하면 CFR 조건과 동일한 조건이다. (○ / ✕)

9. CIF 조건으로 체결된 계약의 물품이 컨테이너 화물인 경우는 CIP 조건을 사용하는 것이 더 적절하다. (○ / ✕)

10. CFR 조건에서 매도인은 계약 물품을 본선 갑판상에 인도해야 할 의무가 있다. (○ / ✕)

11. 부두수령증은 선사가 화주로부터 부두에서 화물을 수취하였음을 증명하는 서류로, 부두수취증이라고도 한다. (○ / ✕)

12. CIF 조건에서 수출허가를 취득하고 통관 및 관세납부의 의무는 매수인이 부담한다. (○ / ✕)

13. FAS 조건에서 위험이 이전되는 곳과 비용의 분기점은 모두 수출국 항구 혹은 부선, 본선 측면으로 동일하다. (○ / ✕)

14. FOB 뒤에는 통상적으로 비용의 분기점인 수입지의 항구가 표기된다. (○ / ✕)

15. 특정 위험이나 우발적 사고, 태만에 따른 손해배상의 책임으로부터 채무자를 면제시키는 것을 면책이라고 한다. (○ / ✕)

1. 인코텀즈 조건 중 매도인의 위험부담이 가장 큰 조건은 어느 것인가?

① EXW
② FCA
③ CPT
④ CIF

2. Incoterms 2020의 사용에 관한 설명으로 올바른 것은? (제56회 국제무역사 기출)

① FOB 조건은 해상운송 전용규칙이지만 매매계약 당사자들의 합의에 의하여 항공운송에도 적용 가능하다. 이 경우 화물이 지정 공항에서 항공기에 적재(on board)되는 시점에 매도인의 위험과 비용이 매수인에게 이전된다.
② CIF 조건은 매도인이 물품을 선박에 적재하거나 또는 이미 그렇게 인도된 물품을 조달해 매수인에게 인도하는 것을 의미한다.
③ FCA Busan port로 계약을 체결하고 매수인이 해상보험에 가입한 경우, 매수인은 본선에 화물이 적재된 이후의 보험사고에 대해서만 보상받을 수 있다.
④ EXW Seller's warehouse로 계약을 체결하면 매도인은 수출통관의 의무는 없으나 물품을 수취용 차량에 적재할 의무가 있다.

3. Incoterms 2020의 CFR 조건에 관한 설명으로 옳지 않은 것은?

① 매매당사자의 위험부담의 분기점은 FOB 조건과 동일하다.
② 해상운송의 경우에 이용되는 조건이다.

③ 매도인은 지정목적항까지의 운송계약을 체결하고 운임을 지급해야 한다.
④ 매수인은 물품이 지정목적항에 도착한 이후의 위험을 부담하면 된다.

4. Incoterms 2020의 규칙에 관한 설명으로 잘못된 것은? (제54회 국제무역사 기출)

① FOB 조건에서 매수인은 자신의 비용으로 물품을 지정선적항으로부터 운송하는 계약을 체결하여야 한다.
② FCA 조건에서 매도인은 물품을 매도인의 영업 구내와 그 밖의 장소 두 가지 중 어느 하나로 인도한다.
③ CFR 조건에서 매도인의 위험분기점은 선박에 물품을 적재한 때이다.
④ DPU 조건에서 매도인은 도착 운송수단으로부터 물품을 양하할 필요가 없다.

5. 무역거래조건에 관한 설명으로 옳지 않은 것은?

① FCA 조건에서는 매도인이 수출통관절차를 밟아야 한다.
② CPT 조건에서 매도인이 부담하는 운송비는 CFR 조건의 경우와 마찬가지로 해상운임이다.
③ CFR 조건은 서류인도조건이다.
④ FOB 조건에서는 매수인이 자기의 비용으로 선복을 수배하여야 한다.

6. 다음의 내용만을 가정하여 거래가 진행될 경우 Incoterms 2020의 규정에 따른 CIF 수출단가 산정이 올바른 것은? (제54회 국제무역사 기출)

> A. 품목: 화장품 상자
> B. 1개당 물품 단가(제조원가 및 중간이윤 포함): USD 5.0
> C. 매도인 공장에서 선적항까지 1개당 내륙운송료(통관비용 포함): USD 0.5
> D. 선적항부터 도착항까지 1개당 해상운임: USD 1.0
> E. 매도인 공장부터 도착항까지 1개당 적하보험료: USD 0.5
> F. 도착항으로부터 목적지까지 1개당 내륙운송료(통관비용 포함): USD 1.0

① USD 5.0     ② USD 5.5
③ USD 7.0     ④ USD 7.5

7. 다음은 어느 수출업자의 일기이다. 일기의 내용으로 미루어 이 매매계약에 적용될 수 있는 Incoterms 2020 조건들에 대한 설명으로 옳지 않은 것은?

> 오늘 A국으로 수출한 물품들이 기차에 실려 떠났다. 수출 과정에서 운송비와 보험료까지 모두 지불하고 나니 남는 것이 없는 기분이다. 운송 담당 업자에게 방금 전화가 왔는데, 한 시간 후에 물건이 목적지에 도착한다고 한다. 수출 과정이 막바지에 이른듯하니 실수한 것이 없는지 다시 한번 서류를 살펴봐야겠다.

① 수출업자가 검토한 서류에 관세까지 내야 하는 조항이 있다면 이 거래에선 DDP 조건이 적용된다.
② 일기의 내용을 보면 운송비를 이미 수출업자가 지불하였기에 운임을 포함한 조건인 CFR이 적용 가능하다.
③ 서류를 살펴보고 목적지 인도로 수출업자의 의무가 끝난다면 DAP 조건 적용이 가능하다.
④ 일기의 거래에서 FAS 조건 적용은 부적합하다.

8. Incoterms 2020에 관한 설명이 잘못된 것은? (제54회 국제무역사 기출)

① 매수인의 적하보험 가입 의무에 관하여 규정하지 않으며 D terms는 매도인이 적하보험에 가입해야 할 의무가 없다.
② 항공기로 수출하는 경우, "FOB 수출국 공항"보다는 "FCA 수출국 공항"이 적절하다.
③ 매도인의 'risk'가 종료되었다는 의미와 'delivery'가 종료되었다는 것은 같은 의미이다.
④ CIP 조건은 어떠한 단일 또는 복수의 운송방식에 사용 가능한 규칙 중 하나이며 매도인이 물품을 운송수단에 적재한 때에 매수인에게 위험이 이전된다.

9. Incoterms 2020의 분류와 설명으로 잘못된 것은? (제52회 국제무역사 기출)

① 해상 및 내수로 운송 방식에만 사용되는 조건: FAS, FOB, CFR, CIF
② 적출지의 시명이 표기되어야 하는 조건: EXW, FCA, FAS, FOB
③ 매도인이 적하보험을 부보해야 하는 조건: CIP, CIF, CFR
④ 매도인이 도착지에서 물품을 양하할 의무가 있는 조건: DPU

10. CIF와 CIP의 특징에 대한 설명으로 옳지 않은 것은?

① CIF 조건은 선적B/L을 매수인에게 제공해야 한다.
② CIP 조건은 복합운송증권이 내륙 depot에서 발급된다.
③ CIP와 달리 CIF는 매도인이 운송비, 보험료를 부담한다.
④ CIP 조건은 지정된 선박이 없으므로 운송서류는 화물수취증이나 영수증에 불과하다.

11. Incoterms 2020의 분류 및 설명으로 잘못된 것은? (제56회 국제무역사 기출)

① FAS 조건은 지정선적항에서 매수인이 지정한 선박의 선측에 물품이 놓인 때 또는 이미 그렇게 인도된 물품을 조달한 때 인도하는 것을 의미한다.
② FOB 조건은 매도인이 보험계약을 체결할 의무가 없다.
③ CIF 조건은 항공기 등 복합운송 방식을 취할 경우에도 적하보험을 부보해야 한다.
④ DDP 조건은 매도인이 수출입통관을 모두 수행하고 관련 세금도 납부해야 한다.

---

## ✎ 모범답안

## CHAPTER 08   무역거래조건의 해석에 관한 국제규칙

### 01  Incoterms 2020의 형식

**A.** 1. ○ 2. × 3. ○ 4. ○ 5. × 6. × 7. ○ 8. ×

**B.** 1. ④ 2. ③ 3. ③ 4. ① 5. ④ 6. ② 7. ④ 8. ④ 9. ④

### 02  모든 운송형태에 적합한 조건

**A.** 1. ○ 2. ○ 3. × 4. × 5. × 6. ○ 7. ○ 8. ○ 9. × 10. ○ 11. × 12. ○ 13. ×
14. ○ 15. ○ 16. × 17. ○ 18. ○ 19. × 20. ○ 21. × 22. ○

**B.** 1. ③ 2. ③ 3. ③ 4. ① 5. ② 6. ② 7. ② 8. ④ 9. ②

### 03  해상 및 내수로운송에 적합한 조건

**A.** 1. × 2. ○ 3. ○ 4. ○ 5. × 6. ○ 7. × 8. ○ 9. ○ 10. ○ 11. ○ 12. × 13. ○
14. × 15. ○

**B.** 1. ④ 2. ② 3. ④ 4. ④ 5. ② 6. ③ 7. ② 8. ④ 9. ③ 10. ③ 11. ③

# CHAPTER 09　무역운송

> ## 수업 목표
>
> ◇ 해상운송과 복합운송 방식에 대해 학습한다.
> ◇ 운송계약의 당사자와 운임에 대해 학습한다.
> ◇ 운송 관련 서류와 운송 절차를 이해한다.

## 01　해상운송

### 1　기본 개념

| | |
|---|---|
| 해상운송<br>sea transport | 선박 등을 이용하여 해상에서 물건 혹은 사람을 실어나르는 것을 뜻한다. |
| 조선<br>shipbuilding | 배를 만드는 일을 일컫는다. |
| 원재료<br>raw material | 물품의 제조에 소비할 목적으로 매입한 것으로, 공업 생산의 원료가 되는 자재를 의미한다. |
| 항로<br>waterway | 선박이 운항하기로 예정된 경로, 즉 바다의 길을 뜻한다. |
| 운임<br>freight | 운송서비스의 대가로, 운송되는 화물의 용적, 중량, 가치 등에 의해 결정된다. |

| | |
|---|---|
| 표정운임률<br>tariff | 해운동맹이 협정하여 공표하는 정기선의 운임율을 말한다. |
| 만선<br>full load | 사람이나 화물 등이 선박에 가득 실린 상태를 말한다. |
| 고정비<br>fixed cost | 인건비, 감가상각비, 금융비, 관리비 등 생산 수량 혹은 제공하는 서비스 양의 증감에 관계없이 항상 지출되는 일정 비용으로 불변비라고도 한다. |
| 살화물<br>bulk cargo | 포장되지 않은 상태로 운송되는 대량화물로, 주로 원자재가 여기에 해당한다. |
| 특수전용선<br>special cargo ship | 철광석, 석탄과 같은 원재료의 운송에 적합한 구조와 장비를 갖춘 전용선 박으로, 용선계약을 통해 운항된다. |
| 탱커<br>tanker | 원유나 가스 등의 액체를 대량으로 운송하기 위한 전용선의 일종으로, 선 박 내부가 여러 개의 탱크로 분리되어 있다. |
| 광석전용선<br>ore carrier | 광석을 전문적으로 운송하는 선박이다. 광석의 중량이 집중되는 바닥은 이 중처리되어 있다. |
| 묵재전용선<br>lumber carrier | 목재를 싣는 데 편리한 구조와 설비를 갖춘 전용선을 말한다. |
| 자동차전용선<br>car carrier | 자동차만을 전문으로 운반하도록 설계된 선박으로, 수평선적방식인 RO/RO(roll on/roll off) ship 형태가 주를 이룬다. |
| 혼재<br>consolidation | 화물수송의 한 단위를 채우지 못하는 소량화물을 모아 혼재하여 적재함으 로써 수송의 한 단위를 만드는 것을 뜻한다. |
| 선적요청서<br>S/R(shipping request) | 화주가 선적을 담당하는 선사나 포워더에게 화물의 선적을 예약하기 위해 제출하는 문서를 말한다. |
| 기간용선계약<br>time charter | 용선자가 선주로부터 일정 기간 동안 선박을 용선하는 계약으로, 그 기간 에 따라 용선자가 용선료를 지급한다. 정기용선계약이라고도 한다. |
| 항해용선계약<br>voyage charter | 화주가 두 항구 사이의 화물 운송을 선주(선박회사)에게 의뢰하는 용선계 약을 뜻한다. |
| 나용선계약<br>bareboat charter | 용선자가 선주로부터 선박만 용선하고 선장, 선원, 장비, 소모품 등에 대한 모든 책임을 지는 용선계약을 뜻한다. |

| | |
|---|---|
| 선주<br>ship owner | 선박의 소유자를 말한다. 자신이 소유한 선박을 사용해 운송서비스를 제공하는 operator와 선박을 일정 기간 동안 용선하는 자로 구분된다. |
| 포괄운임 용선계약<br>lump sum charter | 항해용선계약에서 선적된 화물의 양에 상관없이 하나의 항해당 일정 운임을 포괄적으로 부과하는 운임을 말한다. |
| 재용선<br>sub charter | 용선한 선박을 다시 제3자에게 용선해 주거나, 제3자의 화물을 맡아 운송서비스를 제공하는 것을 말한다. |
| 해운동맹<br>shipping conference | 정기항로에 배선하는 정기선사들이 서로 지나친 경쟁을 방지할 목적으로 운임이나 영업조건 등의 협정을 맺기로 약속한 국제카르텔을 의미한다. |
| 기항지<br>calling port | 선박이 항해 도중 화물을 적재 혹은 양하하기 위해 머무는 항구를 뜻한다. |
| 비탄력적 시장<br>inelastic market | 운임의 등락이나 경쟁 선사의 출현 등에 따른 운송의 수요 및 공급 변화가 크지 않은 시장을 뜻한다. 정기선 시장은 상대적으로 비탄력적이다. |
| 운임톤<br>R/T(revenue ton) | 선사가 운임 산정 시 중량기준 운임과 용적기준 운임 중 더 높은 쪽을 선택하여 화주에게 부과하는 운임을 말한다. |
| 입항일<br>date of port entry | 화물의 적재 혹은 양하를 위해 선박이 항구에 들어온 날짜를 말한다. |
| 할증운임<br>surcharge/additional<br>charge | 화물의 위험성, 중량, 길이, 부피 등 화물 취급의 어려움이나 환율 및 유가 변동 등에 따른 위험을 부담하는 대가로 기본 운임에 더해 부과되는 운임을 말한다. |
| 통화<br>currency | 거래에서의 지급수단으로, 흔히 화폐와 같은 개념으로 사용된다. |
| 적하량<br>intake measurement | 운송수단에 적재된 화물의 무게 혹은 부피를 의미한다. |
| 정박기간<br>laydays, laytime | 선주와 화주 간 용선계약 시 화물의 적재 및 양하를 위해 선박이 항구에 머물 수 있는 허용 일수를 말한다. |
| 체선료<br>demurrage | 적재 및 양하 일수가 약정된 정박기간을 초과한 경우 초과된 일수에 대해 용선자가 선주에게 지불하는 금액을 의미한다. |

| | |
|---|---|
| 조출료<br>despatch money | 정박기간보다 적재 및 양하가 일찍 끝난 경우 용선자가 선사로부터 돌려받는 금액으로, 보통 체선료의 1/2 정도이다. |
| 관습적 조속하역<br>CQD(customary quick despatch) | 적재 및 양하가 진행되는 항구의 하역방식 및 하역능력에 따라 가급적 신속하게 하역을 마치기로 하는 조건을 의미한다. |
| 호천하역일<br>WWD(weather working days) | 하역이 가능한 기후하에서의 작업일을 의미한다. |
| 연속정박기간<br>running laydays | 하역을 시작한 시점부터 종료시점까지 모든 시간을 정박기간으로 간주하는 방식이다. |
| SHEX<br>Sundays and Holidays Excepted | 일요일과 공휴일을 정박기간 계산에서 제외하는 방식이다. |
| SHEXEIU<br>Sundays and Holidays Excepted Even If Used | 일요일과 공휴일에 하역작업을 하였어도 정박기간 계산에서 제외하는 방식이다. |
| 정박일수계산서<br>laydays statement | 항해용선계약에서 하역의 개시시기, 종료시간, 중지시간, 하역톤수 등이 기재된 서류로, 체선료나 조출료를 산정하는 기준이 된다. |

## 2 보충학습

### (1) 해상운송의 의미

① 경제 발전과 시장 확대에 기여한다.
  - 애덤 스미스(Adam Smith): "한 사회 한 나라의 경제발전은 그 시장의 크기에 제한을 받는다."[1] 즉 시장이 지나치게 협소하면 그 나라의 경제는 그 이상 발전할 수 없다는 의미로, 국제 분업, 즉 무역과 국제운송의 중요성을 강조하였다.

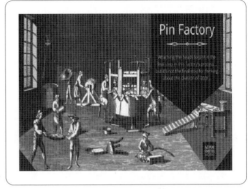

[그림 9-1] 애덤 스미스의 핀공장(분업의 효과와 시장확대의 중요성을 강조한 예)
출처: www.adamsmithworks.org

② 해상운송이란 해상에서 선박을 수단으로 하여 상업적 목적하에 화물, 여객을 운송하는 것을 말한다.

③ 해상운송의 의의
  - 타 운송에 비해 한번에 많은 물량을 저렴한 비용으로 원거리 수송이 가능하다.
  - 해외로부터 원자재를 수입하는 데 필수적이다.
  - 조선업이나 해상보험업 등 연관 산업의 발전을 촉진시킨다.
  - 전시에는 보조 군함으로 투입되거나 군수물자 수송을 담당하는 등 국방의 역할을 수행할 수 있다.

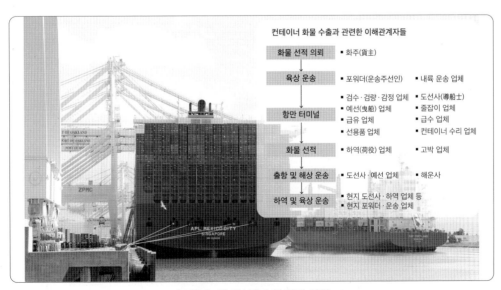

[그림 9-2] 해상운송의 연관 산업

---

1  애덤 스미스(1776), 『국부론』, "The division of labour was limited by the extent of the market"

## (2) 해상운송의 형태

### ① 정기선

- 엄격한 운송 계획하에 특정 항로를 규칙적으로 왕복 운항하는 선박을 뜻한다.
- 선박의 만선 여부와 상관 없이 정해진 일정에 따라 운항하기 때문에 고정비 투입 비율과 진입장벽이 높아 부정기선에 비해 운임이 높은 편이다.
- 여객, 컨테이너 화물 등이 수송의 주 대상이다.

### ② 부정기선

- 고정된 항로가 없다.
- 곡물이나 광석, 원유 등 벌크 화물이 운송의 주 대상이다.
- 운임이 수요와 공급에 의해 결정되고 수시로 변동된다.
- 정기선 시장에 비해 경쟁이 더 치열하기 때문에 운임은 상대적으로 더 낮은 편이다.

### ③ 특수전용선

- 부정기선의 일종으로, 운송하는 화물의 취급에 필요한 특수시설이 선박에 구비되어 있는 것이 특징이다.
- 특수전용선은 대부분 용선계약에 의해 운영된다.
- 냉동선이나 유조선, 광석전용선, 목재전용선, 자동차전용선 등이 대표적인 예이다.

## (3) 해상운송 계약의 종류

### ① 개품운송계약

- 선사가 다수의 화주들과 개별적으로 운송계약을 체결하는 것을 말한다.
- 여러 화주들의 화물을 혼재선적한다.
- 주로 정기선 운송의 계약이 해당한다.
- 운송계약의 증거서류로 선하증권이 발행된다.

**BILL OF LANDING FOR PORT TO PORT SHIPMENT**

MAERSK LINE
RFC GHE092502HK5
MAERSK

| Shipper (Complete Name And Address)<br>**Shenzhen Ailisheng Trade Co., Ltd.**<br>**Phoenix Road,Luohu district, Guangdong**<br>**Shenzhen city,China**<br>**Telephone and fax: 086-755-36922075** | Packing List No.: **219618043-1** | Bill of Landing No.:<br>**SSOF090406718** |
| :-- | :-- | :-- |
| | Freight And Charges Payable By:<br>**Shipper**<br>**at shen zhen /Guangdong** | Terms Of Sale:<br>**FOB (2010)** |
| Consignee (Complete Name And Address)<br>**Alejead Pc S.A.S - Aptdo Postal 28059**<br> **Carrera 100 5-39 – Cali - Valle - Colombia**<br>**Telephone and email: 059-032-4491451 -**<br>**alejead@hotmail.com** | Number of Original Bill of Landing Issued: **Three (3)** | |
| | Place and date of issue: **15 – August – 2010**<br>**Shen zhen / China** | |
| Notify Party (Complete Name And Address)<br>**Same as consignee** | For Release Of Shipment, Please Contact:<br>**Agencia de Aduanas Siacomex Ltda – Buenaventura**<br>**Calle 2 No. 2ª-58 – PBX: (052) 242 2798**<br>**Fax: (052) 242 4823 - buenaventura@siacomex.com** | |

| Place of Receipt:<br>**Shen Zhen / China** | Port Of Loading:<br>**Shangai / China** | Total No. Of Container/Package Received By The Carrier: **1 / 0** | |
| :-- | :-- | :-- | :-- |
| Place of Delivery:<br>**Cali / Colombia** | Port Of Discharge:<br>**Buenaventura / Colombia** | For Transshipment<br>To: **Maersk Line** | Vessel/Voyage:<br>**CSCL LE HAVRE / 0029W** |

| Marks And Numbers<br><br>**20' steel Dry Cargo Container No:**<br><br>**CSQU3054383** | No. of PKGS<br><br>**500 packages** | Description of Packages And Goods<br>**500 units of 15.6 inch laptop with core i7 8GB RAM, In 6 pallets with 80 packages each one with a volume of 1.63 M³ and 1 pallet with 20 packages with a volume of 0.41 M³** | Gross Weight<br><br>**1650 Kg** | Measurement<br><br>**10.2 M³** |
| :-- | :-- | :-- | :-- | :-- |

The above particulars are according to the declaration of the shipper. The carrier received the above goods in apparent good order and condition, unless otherwise specified, for carriage to the place as agreed above subject to the terms of this Bill of Landing including those on the back pages. If required by the Carrier, one original of this Bill of Landing must be surrendered duly endorsed in exchange for the goods or delivery order. In witness whereof original Bill of Landing has been signed in the number stated below, one of which being accomplished the other(s) to be void.
IN ACCEPTING THIS BILL OF LANDING, the Shipper, Consignee, Holder hereof, and Owner of the goods, agree to be bound by all of its stipulations, exceptions and conditions, whether written, printed or stamped on the front or back hereof, as well as the provisions above Carrier's published Tariff Rules and Regulations.

| Occean freight | Prepaid<br><br>**USD 3.300** | Collect | Shipped on Board: **20 – August – 2010**<br>Place: **Shangai** |
| :-- | :-- | :-- | :-- |
| In Witness Whereof **3** original Bills of Lading have been signed, not otherwise stated above, one of which being accomplished the others shall be void | | | Signature: _____<br><br>B/No: SSOF090406718<br>Terms of landing continued on reverse side |

The contract evidenced by Bill of Landing is governed by the laws of the Hong Kong Special Administrative Region. Any proceeding against the carrier must be brought in the courts of the Hong Kong Special Administrative Region and no other court.

[그림 9-3] 선하증권 예시

- 특별한 양식을 요구하지 않는 불요식계약이고, 화주가 선사 혹은 그 대리점에 선적요청서
를 제출하면 운송인이 이를 승낙하여 화물을 인수함으로써 계약이 체결된다.

② 용선계약

- 화주가 선사로부터 선박의 전체 혹은 일부를 빌려 화물을 운송하기 위해 체결하는 계약을 말한다. 계약의 증거서류로 용선계약서(charter party)가 발행된다.

[그림 9-4] 용선계약

- 기간용선계약
  - 정기용선계약이라고도 한다.
  - 용선자가 선박의 전부와 용구, 선원까지 일정 기간 동안 빌리고 그 대가로 용선료를 지불하는 계약이다.
  - 용선자는 연료비와 운항비, 항구세를 부담한다.
  - 일반적으로 용선자는 자신의 화물 보다는 타인의 화물을 인도받아 운송해주고 운임을 획득하는 것을 목적으로 한다.
- 항해용선계약
  - 선주가 용선자의 화물을 정해진 항구로부터 다른 항구까지 운송해 주고 그 대가로 운임을 받는 용선계약이다.
  - 운송하는 화물의 톤당 운임이 결정되는 경우와 한 항해당 가격이 책정되는 포괄운임이 부과되는 경우로 나뉜다.
  - 선주는 용선자에게 운임만 받고 그 외의 항해 관련 일체비용을 부담한다.
- 나용선계약
  - 선주로부터 선박만 빌리고 나머지는 용선자가 부담하는 계약이다.
  - 인건비가 저렴한 국가의 경우 해외에서 선박을 나용선하여 국내의 선원과 장비를 갖추어 제3국으로 재용선 하여 차익을 노리는 경우가 많다.

## (4) 해상운송 계약의 조건

① 운임

- 일반적으로 운임은 용적(용적톤)이나 중량(중량톤)을 기준으로 부과된다.
- 고가제품의 경우에는 제품의 가격이나 개수가 기준이 되기도 한다.
- 정기선 운임은 용적톤과 중량톤 중 더 높은 것을 채택하는 운임톤이 적용된다.

② 적용화폐
- 부정기선 계약의 경우는 계약서에 화폐단위를 명확하게 표기해야 한다.
- 정기선 계약의 경우는 운임률 표에 기준이 되는 적용화폐가 표기되어 있다.
- CIF 조건과 같이 운임이 선불인 경우 선적지에서 B/L이 작성된 날의 환율이 적용되고 반대로 FOB 조건과 같이 운임 후불인 경우는 양륙지에서 선박의 입항일 혹은 화물인도지시서가 발급된 날의 환율이 적용되어 운임이 계산된다.

③ 할증운임(할증료)
- 중량할증운임(heavy lift surcharge): 화물 한 단위가 일정 중량을 초과하면 기본요금의 일정 비율 혹은 일정액의 할증료가 추가된다.
- 장척할증운임(lengthy surcharge): 화물 한 단위가 일정 길이를 초과하는 경우 부과되는 운임이다.
- 양륙항 선택 할증운임(optional charge): 본선의 출항 시점까지 목적항을 지정하지 못한 경우나, 하나 이상을 지정한 경우 그 수에 비례해 부과되는 운임이다.
- 통화할증료(currency adjustment factor, CAF): 운임의 지불수단인 화폐의 환차손을 보전하기 위해 부과되는 할증운임이다.
- 유가할증료(bunker adjustment factor, BAF): 연료비의 인상에 따른 손실을 보전하기 위해 부과되는 할증운임이다.
- 수에즈운하할증료(Suez canal surcharge, SCS): 수에즈운하가 폐쇄되는 경우 희망봉을 경유해 운항함에 따라 추가되는 운임을 보전하기 위해 부과되는 할증운임이다.

④ 적하량 측정
- 선적량기준(intaken quantity basis): 운임산정의 기준이 되는 적하량을 선적시점을 기준으로 하는 방식이다. shipped weight term이라고도 부른다.
- 양륙량기준(outturn quantity basis): 양륙 시 화물의 양을 기준으로 운임을 산정하는 방식이다. landed weight term이라고도 한다.

⑤ 하역비용의 부담
- 화물을 선적하거나 양하하는 비용을 누가 부담하는가에 관한 문제이다. 통상적으로 정기선은 운임에 하역비가 포함되어 있지만 하역비의 부담이 큰 벌크화물을 취급하는 부정기선의 경우는 선주와 화주 간 합의하에 결정한다.
- berth term: 화물을 싣고 내리는 비용을 운송인이 부담하고 운임에 포함시켜 화주에게 부담시킨다. 다른 말로 liner term이라고 한다.
- FI(free in): 선적비용은 화주가 부담하고 양륙비용은 선주가 부담하는 조건이다.

- FO(free out): 선적비용은 선주가, 양륙비용은 화주가 부담하는 조건이다.
- FIO(free in and out): 선적비용과 양륙비용 모두 화주가 부담하는 조건으로, 선적항과 양륙항에서 조출료나 체선료가 발생할 수 있다.

⑥ 정박기간
- 항해용선계약에서 선적과 양륙작업을 위해 용선자 혹은 화주가 본선을 항구에 정박시킬 수 있도록 허용된 기간을 뜻한다.
- 이 기간을 초과하여 정박하면 체선료를 화주가 부담한다.

[그림 9-5] 체선료의 지불

- 이 기간보다 짧게 정박한 경우 선주로부터 조출료를 받는다.

[그림 9-6] 조출료의 지불

- 정박기간은 항구의 관습이나 하역하는 화물의 종류 등을 고려하여 약정된다.
- 관습적 조속하역: 항구의 관습적 방법이나 하역능력에 따라 가능한 조속히 하역할 것을 약정하는 방식으로, 정해진 하역기간은 없다. 단, 불가항력적으로 하역이 불가능한 날은 정박기간의 계산에서 제외한다.
- 연속정박기간: 하역작업이 개시된 시점부터 종료된 시점까지 계속된 날짜로 정박기간이 계산된다. 불가항력적 하역 불가일이나 공휴일까지 모두 정박기간 계산에 포함된다.
- 호천하역일: 하역작업이 가능한 기후하에서의 작업일만을 정박기간으로 계산하는 방식이다. 화물에 따라 특정 기후에서 하역의 가능여부가 달라질 수 있으므로 선주와 합의하에 "workable weather"를 결정한다.
- 하역이 끝나면 하역작업을 위해 실제로 정박한 일수를 기재한 정박일수계산서를 작성한 후 선장과 화주가 서명한다. 이 계산서를 기준으로 체선료와 조출료를 계산하여 지급한다.

A. 다음의 문장을 읽고 내용이 옳으면 ○, 틀리면 ✕로 답하시오.

1. 해운동맹이 협정을 통해 공표하는 정기선 운임을 표정운임률, tariff라고 한다.　（○ / ✕）

2. 살화물이란 포장되지 않는 상태로 운송되는 대량화물로, 주로 원자재가 해당된다.　（○ / ✕）

3. 화주가 선적을 담당하는 선사나 포워더에게 화물의 선적을 예약하기 위해 제출하는 문서를 S/I, 선적지시서라고 한다.　（○ / ✕）

4. 수에즈운하 할증료는 수에즈운하가 폐쇄되는 경우 희망봉을 경유해 운항함에 따라 부과되는 추가 운임을 보전하기 위해 부과되는 할증운임이다.　（○ / ✕）

5. 정기용선계약은 선주가 용선자의 화물을 정해진 항구로부터 다른 항구까지 운송해 주고 그 대가로 운임을 받는 계약이다.　（○ / ✕）

6. 항해용선계약의 용선자는 자신의 화물보다는 타인의 화물을 인도받아 운송해 주고 운임을 획득하는 것을 목적으로 한다.　（○ / ✕）

7. 기간용선계약은 용선자가 선박의 전부와 용구, 선원까지 일정 기간 동안 빌리고 그 대가로 용선료를 지불하는 계약이다.　（○ / ✕）

8. 항해용선계약은 인건비가 저렴한 국가의 경우 해외에서 선박만 빌려 국내의 선원과 장비를 갖추어 제3국으로 재용선 하여 차익을 노리는 경우에 해당한다.　（○ / ✕）

9. 부정기선 운임은 벌크화물이 운송 대상이므로 용적톤과 중량톤 중 더 높은 것을 채택하는 운임톤이 적용된다.　（○ / ✕）

10. FOB 조건과 같이 운임이 선불인 경우는 선적지에서 B/L이 작성된 날의 환율을 적용하여 운임을 계산한다.　（○ / ✕）

11. 포괄운임 용선계약은 항해용선계약에서 선적된 화물의 양에 상관없이 하나의 항해당 일정 운임을 포괄적으로 지불하는 것을 뜻한다.　（○ / ✕）

12. 정기항로에 배선하는 정기선사들이 서로 지나친 경쟁을 방지할 목적으로 운임이나 영업조건 등의 협정을 맺기로 약속한 국제카르텔을 해운동맹이라고 한다.　（○ / ✕）

13. 정박일수계산서란 정기용선계약에서 하역의 개시시기, 종료시간, 중지시간, 하역톤수 등이 기재된 서류로 체선료나 조출료를 산정하는 기준이 된다.　（○ / ✕）

1. 해상운송에 관한 설명으로 옳지 않은 것은?

   ① 많은 화물을 1회에 운송할 수 있기 때문에 원거리 수송 시 운임이 가장 저렴한 수단이다.
   ② 해상운송인이 선사로부터 선박을 빌려 화물을 운송하는 계약을 체결한 경우 용선계약서를 작성해야 한다.
   ③ 정기선은 불특정 다수의 일반화물을 규칙적으로 왕복 운항한다.
   ④ 가장 큰 장점은 운송속도가 빠른 것이다.

2. 해상운송에 관한 설명으로 옳은 것은?

   ① laytime은 정기선 운송 계약 시 선사가 화물의 선적과 하역을 위해 선박을 항구에 정박시키는 기간을 의미한다.
   ② CAF는 할인료의 일종으로 환차손의 보전을 위해 부과된다.
   ③ 일반적으로 운임의 기준은 용적과 용량이 되고 고가품의 경우는 가격, 개수 등으로 그 기준이 달라질 수 있다.
   ④ Free In은 선적비용을 화주가 하역비용을 선주가 부담한다.

3. 기간용선계약에 관한 설명으로 옳은 것은?

   ① 정기용선계약이라고도 한다.
   ② 용선자가 선장 및 선원을 고용하고 관리한다.
   ③ 선박의 유지 및 수리비용은 용선자가 부담한다.
   ④ 연료비와 항구세는 선주가 부담한다.

4. 해상운송에 관한 설명으로 옳지 않은 것은?

   ① 국가의 경제 발전과 시장확대에 기여한다.
   ② 해외로부터 원자재를 수입하는 데 필수적인 운송이다.
   ③ 조선업이나 해상보험업 등 연관 산업의 발전을 촉진한다.
   ④ 타 운송에 비해 대량화물을 수송하는 데 유리하고 특히 단거리 운송 시 그 효율성이 높다.

5. 해상운송의 형태에 해당하지 않는 것은?

   ① 정기선운송          ② 파이프라인운송
   ③ 부정기선운송        ④ 특수전용선운송

6. 부정기선에 관한 설명으로 옳지 않은 것은?

   ① 고정된 항로가 없다.
   ② 곡물이나 광석 등 벌크 화물이 운송의 주 대상이다.
   ③ 운임은 사전에 공시된 운임이 일정 기간 동안 변동 없이 유지된다.
   ④ 정기선 시장에 비해 진입장벽이 더 낮은 편이다.

7. 특수전용선에 해당하지 않는 것은?

   ① 유조선              ② 광석운반선
   ③ 냉동선              ④ 컨테이너선

8. 다음은 개품운송계약에 관한 설명이다. 옳은 것을 모두 고른 것은?

> ㄱ) 선사가 다수의 화주들과 개별적으로 운송계약을 체결하는 것을 말한다.
> ㄴ) 여러 화주들의 화물을 혼재선적한다.
> ㄷ) 주로 부정기선 운송의 계약이 해당한다.
> ㄹ) 운송계약의 증거서류로 선하증권이 발행된다.
> ㅁ) 특별한 양식을 요구하지 않는 요식계약이고, 화주가 선사 혹은 그 대리점에 선적요청서를 제출하면 운송인이 이를 승낙하여 화물을 인수함으로써 계약이 체결된다.

① ㄱ, ㄷ, ㅁ
② ㄱ, ㄴ, ㄹ
③ ㄴ, ㄷ, ㄹ
④ ㄷ, ㄹ, ㅁ

9. 할증운임에 대한 설명으로 옳은 것은?

① 중량할증운임: 화물 한 단위가 일정 용적을 초과하는 경우 부과된다.
② 용적할증운임: 화물 한 단위가 일정 무게를 초과하는 경우 부과된다.
③ 유가할증료: 연료비의 인하에 따른 손실을 보전하기 위한 할증운임이다.
④ 통화할증료: 운임의 지불수단인 화폐의 환차손을 보전하기 위해 부과된다.

10. 해상운송에서 하역비용 부담의 주체에 대한 설명으로 옳지 않은 것은?

① berth term: 처음부터 선적비용과 양륙비용 모두 화주가 부담한다.
② FI: 선적비용은 화주가 부담하고 양륙비용은 선주가 부담한다.
③ FO: 선적비용은 선주가 부담하고 양륙비용은 화주가 부담한다.
④ FIO: 화물을 싣고 내리는 비용을 화주가 부담한다.

11. 정박기간에 관한 설명으로 옳지 않은 것은?

① 정기용선계약에서 선적과 양륙작업을 위해 용선자 혹은 화주가 본선을 항구에 정박시킬 수 있도록 허용된 시간을 뜻한다.
② 이 기간을 초과하여 정박하면 체선료를 화주가 부담한다.
③ 반대로 허용된 기간보다 일찍 작업이 종료되면 선주가 화주에게 조출료를 지급한다.
④ 정박기간은 항구의 관습이나 하역하는 화물의 종류 등을 고려하여 약정된다.

12. 정박기간의 계산 방법을 설명한 것으로 옳지 않은 것은?

① CQD: 관습적 조속하역 방식으로 항구의 관습적 방법이나 하역능력에 따라 가능한 조속히 하역할 것을 약정하는 방식이다.
② WWD: 호천하역일 방식으로, 하역작업이 가능한 기후하에서의 작업일만 정박기간으로 계산하는 방식이다.
③ 연속정박기간: 하역을 시작한 시점부터 종료 시점까지 모든 시간을 정박기간으로 간주하여 계산하는 방식이다.
④ SHEX: 일요일과 공휴일을 정박기간의 계산에 포함하여 계산하는 방식이다.

## 1 기본 개념

| | |
|---|---|
| 일관수송<br>intermodal transport | 하나의 운송인이 전체 구간의 운송 책임을 일관해서 부담하는 것을 의미한다. |
| 인건비<br>labor cost | 사람을 고용하여 부리는 데 드는 비용을 말한다. |
| 고정자본<br>fixed capital | 토지, 건물 기계 따위의 생산 설비를 구입하는 데 투입된 자본을 뜻한다. |
| 갑판적<br>on deck shipment | 화물은 보통 선박의 선창에 적재되지만 침수의 위험이 낮은 화물의 경우 갑판 위에 적재되기도 하는데, 이처럼 선박의 갑판 위에 적재하는 것을 뜻한다. 침수, 좌초 등의 위험요소가 있기 때문에 보험료가 할증되는 경우가 많다. |
| 할증보험료<br>additional premium | 기본적인 보험조건에 추가하여 부가위험을 담보하는 경우 추가로 부과되는 보험료를 말한다. |
| CY 게이트<br>container yard gate | 컨테이너 터미널의 출입문으로 통과 시점의 컨테이너의 이상 유무, 봉인의 유무, 중량측정, 서류 확인 등이 행해진다. |
| 에이프런<br>apron | 부두의 여러 부분 중 바다와 가장 가까이 접해 있고, 안벽에 면해 있으며 갠트리크레인을 사용할 수 있도록 레일이 설치되어 있는 공간을 말한다. |
| 컨테이너 야적장<br>container yard | 선사의 컨테이너 보관 및 장치 공간을 말한다. 마샬링야드와 CFS를 포함한다. |
| 컨테이너 작업장<br>container freight station | 하나의 컨테이너 분량도 되지 않는 소량화물(LCL)의 경우 선적지와 도착지의 항구에서 혼재 적입과 분류작업을 행하게 되는데, 이러한 작업이 진행되는 공간을 말한다. |
| 안벽크레인<br>gantry crane | 가장 기본적인 컨테이너 하역장비로, 안벽에 설치되어 컨테이너를 선박으로부터 내리거나 선박에 싣는 장비를 말한다. |
| 안벽<br>berth | 선박이 접안하여 화물의 하역작업이 이루어질 수 있도록 만든 구조물로, 해저에서 수직으로 구축한 벽과 그 부속물을 의미한다. |

| 복합운송증권<br>multimodal transport<br>document | 복합운송계약의 증거서류로, 해상운송인이 발행하는 통선하증권(through B/L), 복합운송인이 발행하는 서류 등 다양한 형태가 존재한다. |
|---|---|
| 랜드브리지<br>land bridge | 국제복합운송에서 해상운송을 주체로 하여 일부 육상구간(미국대륙, 러시아 등)을 다리처럼 이용하는 형태의 경로를 말한다. 대표적인 랜드브리지에는 시베리아랜드브리지, 미니랜드브리지, 마이크로랜드브리지 등이 있다. |
| 통운임<br>through freight | 복합운송에서 일관된 운송계약에 의해 전운송 구간의 최초 운송인이 징수하는 단일운임을 말한다. |

## 2 보충학습

### (1) 복합운송의 의미

① 두 가지 이상의 서로 다른 운송수단으로 화물을 최종목적지까지 수송하는 운송형태를 말한다.

② 컨테이너를 선박 또는 철도의 flat car에 적재하여 목적지까지 운송하고, 그곳에서 trailer를 이용하여 최종 목적지까지 운송하는 door to door service 운송 방식이다.

③ 서로 다른 운송수단이 결합되기 때문에 multimodal transport, 혹은 combined transport라고 한다.

④ 운송 도중 화물의 이적 없이 일관수송을 실현할 수 있다.

⑤ 복합운송의 장점

• 컨테이너와 하역의 기계화를 통해 항구에서 체류하는 시간을 크게 단축시킬 수 있다.

• 대부분의 컨테이너가 철제로 제작되어 내부 화물을 보호할 수 있기 때문에 별도의 창고 사용이 필요하지 않으므로 창고보관료를 절감할 수 있다.

- 같은 이유로 파손 및 도난의 위험을 감소시킬 수 있다.
- 복합운송인이 화주에게 통합 솔루션을 제공하여 복잡한 물류업무를 간소화할 수 있으므로 화주입장에서는 한 명의 운송인에게 물품을 인도함으로써 운송을 완결할 수 있는 장점이 있다.

⑥ 복합운송의 단점: 복합운송의 단점이라기보다는 컨테이너 운송의 단점 중 하나로, 컨테이너와 취급 장비 등을 구입하는 등 초기에 투입되는 고정자본이 높은 편이다.

⑦ 복합운송증권
- 기존의 선하증권은 해상운송 구간만을 담당하는 것이기 때문에 전체 운송구간을 커버할 수 있는 새로운 운송증권이 필요해졌다.
- 운송수단별로 다른 운송인에 의해 운송되더라도 복합운송증권은 운송의 시작부터 끝까지 전체를 포괄하여 어느 구간에서 문제가 발생하더라도 복합운송인의 일차적 책임을 명시하고 있다.
- 운송주선인도 발급할 수 있다.
- 복합운송증권의 형태
  - 선하증권 형태의 복합운송증권: 반드시 해상운송을 포함하여 두 가지 이상의 이종 운송방식을 이용하여 운송하는 경우에 사용 가능하다. 선사가 발행한다. Combined transport B/L과 같이 선하증권의 명칭을 포함하고 있다.
  - 국제복합운송조약에서 창안된 복합운송증권: MTD(multimodal transport document)라고 하며, 복합운송인에게 엄격한 책임을 부과한다.
  - 복합운송증권에 관한 통일규칙에서 사용되는 복합운송증권: CTD(combined transport document)라고 하며, 화주에 대해 단일책임원칙을 채택하고 있다.

## (2) 컨테이너와 복합운송

① 컨테이너 화물의 종류
- 최적상품: 고가, 고운임의 화물 중 부피가 지나치게 크지 않은 물품으로, 주류, 의약품, TV 등이 해당된다.
- 적합상품: 최적상품에 비해 저가, 저운임의 화물로, 원두, 소맥분 등이 해당된다.
- 한계상품: 물리적으로 컨테이너에 적재할 수는 있지만 컨테이너 적재가 경제적이지 않은 화물로, 원목, 철근 등이 해당된다.
- 부적합상품: 일반형 컨테이너에 물리적으로 적재할 수 없는 화물로, 모래, 원유 등이 해당된다.

② 컨테이너의 종류

- dry container: 온도변화와 무관한 일반 잡화용 컨테이너이다.

[그림 9-7] dry container

- reefer container: 육류, 과일 등 냉장, 냉동이 필요한 화물용 컨테이너로, 컨테이너의 뒷면에 온도조절장치가 부착되어 있어 전원 연결이 필요하다.

[그림 9-8] reefer container

• open top container: 길이가 긴 장척화물이나 무게가 무거운 중량화물 등을 싣기 편하게 지붕이 오픈된 형태이다.

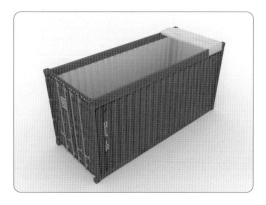

[그림 9-9] open top container

• flat rack container: 지붕과 양 벽면이 없는 개방형 컨테이너로, 대형화물을 싣는 용도이다.

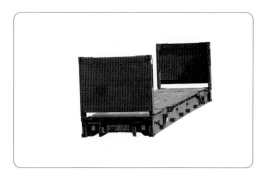

[그림 9-10] flat rack container

• pen container: 동물 운반용 컨테이너로, 통풍구와 먹이 주입구를 갖추고 있다.

[그림 9-11] pen container

- tank container: 유류, 음료, 액체약품 등을 운송하는 용도이다.

[그림 9-12] tank container

③ 컨테이너 터미널
- 컨테이너의 해상운송과 육상운송의 연결점이 되는 항만의 시설을 통합하여 이르는 것으로, 컨테이너 부두라고도 한다.
- 컨테이너 터미널의 구조: CY gate, CFS, CY, marshalling yard, apron, gantry crane, berth 등으로 구성된다.

[그림 9-13] 컨테이너 터미널

## (3) 복합운송 경로

① **랜드브리지**: 대륙을 횡단하는 육로를 마치 바다와 바다 사이를 잇는 다리처럼 활용하는 운송서비스를 말한다. 대표적인 랜드브리지로, SLB, ALB, MLB, IPI 등을 꼽을 수 있다.

② **시베리아 랜드브리지**: SLB(Siberia Land Bridge)라고도 하며, 극동에서 러시아의 나호드카항 또는 보스토치니항까지 선박으로 운송하고, 시베리아 횡단철도를 이용하여 유럽이나 중동지역까지 운송되는 경로이다.

③ **아메리카 랜드브리지**: ALB(America Land Bridge)라고도 하며, 극동에서 미국의 서해안까지 선박으로 운송하고, 미국대륙 횡단열차를 이용하여 미국 동해안까지 운송한 후 다시 해상운송을 통해 유럽까지 이동하는 경로이다.

④ **미니 랜드브리지**: MLB(Mini Land Bridge)라고도 하며, ALB와 마찬가지로 극동에서 미국의 서해안까지 선박으로 운송하고, 미국대륙 횡단열차를 이용하여 동해안의 여러 도시까지 운송되는 경로이다.

⑤ **Interior Point Intermodal**: 줄여서 IPI라고 부르기도 하고 micro land bridge라고 부르기도 한다. 극동에서 미국의 서해안까지 선박으로 운송한 후 다시 록키산맥 동쪽의 내륙지점까지 철도로 수송하는 경로이다.

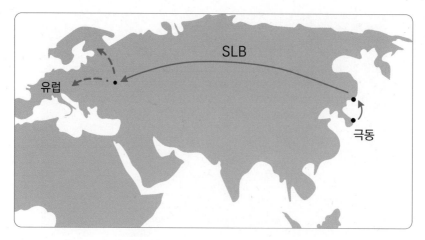

[그림 9-14] 시베리아 랜드 브리지(SLB: Siberia Land Bridge)

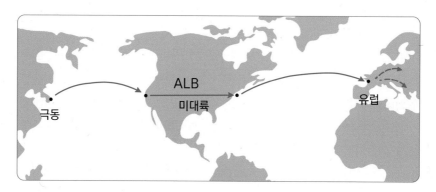

[그림 9-15] 아메리카 랜드 브리지(ALB: America Land Bridge)

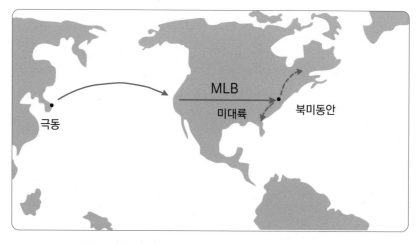

[그림 9-16] 미니 랜드 브리지(MLB: Mini Land Bridge)

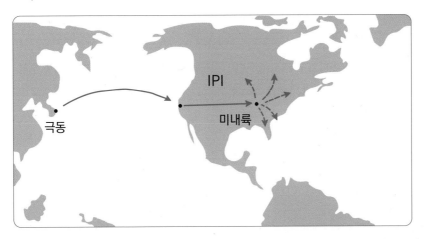

[그림 9-17] 마이크로 랜드 브리지(IPI: Interior Point Intermodal, Micro Land Bridge)

## 3 연습문제

1. 복합운송은 컨테이너와 취급 장비 등을 구입하는 초기 투입비용이 높은 편이다.　（○ / ×）
2. 선하증권 형태의 복합운송증권은 반드시 해상운송을 포함하여 두 가지 이상의 운송방식이 결합된 경우에 사용할 수 있다.　（○ / ×）
3. 운송 중 어느 구간에서 문제가 발생하더라도 일차적 책임은 복합운송인이 진다.　（○ / ×）
4. IPI는 Interior Point Intermodal를 줄여서 부르는 것으로, 다른 말로 미니랜드 브리지라고도 한다.　（○ / ×）
5. 시베리아 랜드브리지는 SLB라고 하며, 극동에서 출발하여 시베리아 횡단철도를 이용하여 중아아시아와 동남아시아까지 운송되는 경로이다.　（○ / ×）
6. 컨테이너 터미널은 컨테이너의 해상운송과 육상운송의 연결점이 되는 항만의 시설을 통합하여 이르는 것이다.　（○ / ×）
7. 온도변화와 무관한 일반 잡화용 화물을 운송하는 컨테이너를 dry container, 혹은 dry cargo container라고 부른다.　（○ / ×）
8. Flat rack container는 동물 운반용 컨테이너로, 통풍구와 먹이 주입구가 있다.　（○ / ×）
9. 육류와 과일 등 온도조절이 필요한 화물용 컨테이너를 reefer container라고 부르는데, 별도의 온도조절 장치가 달려 있지 않아 선박이너 컨테이너 터미널의 온도조절 장치를 활용해야 한다.　（○ / ×）
10. Tank container는 유류, 음료 액체약품 등을 운송하는 용도의 컨테이너이다.　（○ / ×）

1. 컨테이너 운송에서 수출지의 화주가 한 명이고 수입지의 화주가 여러 명인 경우에 해당하는 것은?

① pier to door
② door to pier
③ door to door
④ pier to pier

2. 복합운송에 관한 설명으로 옳지 않은 것은?

① 두 가지 이상의 서로 다른 운송수단으로 화물을 최종목적지까지 수송하는 운송형태를 말한다.
② 컨테이너 화물을 최종목적지까지 운송하는 door to door service의 운송방식이다.
③ 운송 도중 화물의 이적이 이루어진다.
④ 서로 다른 운송수단이 결합되기 때문에 multimodal transport라고 부른다.

3. 복합운송의 장점으로 옳지 않은 것은?

① 컨테이너 및 하역의 기계화를 통해 항구에서 체류하는 시간을 단축시킬 수 있다.
② 컨테이너 내부의 화물을 보호할 수 있어서 창고보관료를 절감할 수 있다.
③ 컨테이너에 보관하기 때문에 화물의 파손과 도난 위험을 감소시킬 수 있다.
④ 화주가 한 명의 운송인에게 물품을 인도하므로 운송비의 증가는 불가피하지만 운송업무의 간소화를 추구할 수 있다.

4. 복합운송증권에 관한 설명으로 옳지 않은 것은?

① 복합운송계약의 증거서류이다.
② 해상운송에서 발행되는 선하증권 형태의 운송서류는 복합운송에서는 사용되지 않는다.
③ 몇 가지의 운송수단이 결합되든 하나의 운송서류가 전체 운송구간을 커버한다.
④ 운송주선인에 의해 발행된 복합운송증권도 수리 가능하다.

5. 복합운송증권의 종류에 관한 설명에 해당하지 않는 것은?

① 선사에서 발행한 combined transport B/L도 사용 가능하다.
② 국제복합운송조약에서 창안된 복합운송서류가 MTD이다.
③ MTD의 경우 화주에게 보다 엄격한 책임을 부과한다.
④ 복합운송증권에 관한 통일규칙에서 사용되는 증권이 CTD이다.

6. 컨테이너 화물의 종류에 관한 설명으로 옳은 것은?

① 최적상품: 저가, 저운임의 화물
② 적합상품: 고가, 고운임의 화물로, 크기가 지나치게 크지 않은 화물
③ 한계상품: 컨테이너에 적재하는 경우 경제적이긴 하지만 적재가 어려운 화물
④ 부적합상품: 일반형 컨테이너에 물리적으로 적재할 수 없는 화물

7. 컨테이너 화물에 관한 설명으로 옳지 않은 것은?

① 최적상품: TV, 주류
② 적합상품: 원두, 소맥분
③ 한계상품: 원목, 철근
④ 부적합상품: 원유, 의약품

8. 컨테이너 터미널에 관한 설명으로 옳지 않은 것은?

① CY: 컨테이너 터미널의 출입문으로, 통과 시점에 컨테이너의 이상 유무를 확인한다.
② CFS: 소량화물(LCL)을 혼재 적입을 통해 컨테이너 분량의 화물(FCL)로 만드는 작업이 이루어진다.
③ apron: 안벽에 면해 있는 공간으로, 갠트리 크레인을 사용하여 작업이 이루어지는 공간이다.
④ berth: 선박이 접안하여 화물의 하역작업이 이루어질 수 있도록 만든 구조물이다.

9. 랜드브리지에 대한 설명으로 옳지 않은 것은?

① 대륙을 횡단하는 육로를 마치 다리처럼 활용하는 운송서비스를 말한다.
② 대표적인 랜드브리지로, SLB, ALB, MLB, IPI 등이 있다.
③ IPI: 극동에서 미국의 서해안까지 선박으로 화물을 운송하고 미국 대륙 횡단열차를 이용하여 동해안의 여러 도시까지 운송하는 경로이다.
④ ALB: 극동에서 미국의 서해안까지 선박으로 화물을 운송하고 미국 대륙 횡단열차를 이용하여 동해안까지 운송한 후 다시 해상운송을 통해 유럽까지 이동하는 경로이다.

---

## ✏ 모범답안

### CHAPTER 09  무역운송

#### 01  해상운송
**A.** 1. ○ 2. ○ 3. ✕ 4. ○ 5. ✕ 6. ✕ 7. ○ 8. ✕ 9. ✕ 10. ✕ 11. ○ 12. ○ 13. ✕
**B.** 1. ④ 2. ④ 3. ① 4. ④ 5. ② 6. ③ 7. ④ 8. ② 9. ④ 10. ① 11. ① 12. ④

#### 02  복합운송
**A.** 1. ○ 2. ○ 3. ○ 4. ✕ 5. ✕ 6. ○ 7. ○ 8. ✕ 9. ✕ 10. ○
**B.** 1. ② 2. ③ 3. ④ 4. ② 5. ③ 6. ④ 7. ④ 8. ① 9. ③

# CHAPTER 10 신용장과 결제

" **수업 목표**

◇ 신용장의 개념과 필요성 및 신용장거래의 성질을 파악한다.

◇ 무역거래의 결제 방법에 대해 학습한다.

◇ 신용장거래의 당사자에 대해 이해한다.

◇ 무역거래에 사용되는 신용장의 종류와 신용장에 기재되는 사항
들에 대해 학습한다.

## 01 신용장이란?

### 1 기본 개념

| | |
|---|---|
| 신용장<br>L/C(Letter of Credit) | 개설은행이 일치하는 제시에 대해 지급하겠다는 취소 불가능한 확약의 증서를 의미한다. |
| 신용장통일규칙<br>UCP(Uniform Customs and Practice for Documentary Credits) | 국제상업회의소가 제정한 신용장 업무를 취급할 때 지켜야 할 사항과 해석기준을 정한 국제규칙을 말한다. |
| 독립성<br>autonomy of L/C | 비록 신용장이 매매계약에 근거를 두고 개설되지만 일단 개설된 후에는 매매계약으로부터 완전히 독립되어 계약내용이 신용장에 영향을 미치지 않는다는 특성을 의미한다. |
| 추상성<br>abstraction of L/C | 신용장거래는 물품거래가 아닌 물품을 대표하는 서류에 의한 거래이고 신용장에 명시된 내용과 일치하는 서류를 제시할 경우 대금을 지급하겠다는 약정임을 규정하는 특성을 의미한다. |

| 상관습<br>usage of trade | 거래에서 지켜지는 것이 당연하게 여겨질 정도로 무역에서 통용되는 거래 방법과 실무를 말한다. |
|---|---|
| 명시<br>express/specify | 분명하고 정확하게 드러내 보이는 것을 뜻한다. |

## 2 보충학습

### (1) 신용장의 의미

① 무역거래의 위험 중 신용위험, 즉 매도인의 물품 판매대금 회수 위험을 은행의 지급 보증으로 경감시키는 것이 신용장의 발행 목적이자 의의라고 할 수 있다.

② 단, 은행의 지급 보증은 특정한 조건, 즉 신용장의 내용에 일치하는 서류를 제시한다는 조건하에 성립된다.

③ 매수인의 거래은행인 신용장 개설은행이 약정된 기간 내에 매도인에 의해 제시된 서류가 신용장의 모든 조건과 일치하는 경우 매도인에게 대금을 지급하겠다는 약속의 증서를 신용장이라고 한다.

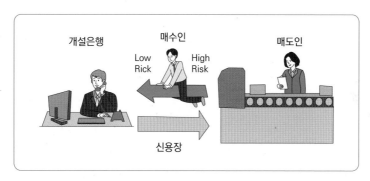

[그림 10-1] 신용장의 기능

### (2) 신용장 거래의 성질

① 독립성

• 은행은 신용장을 개설하는 순간부터 거래의 당사자로 거래에 개입하여 신용장 거래의 한계 내에서 권한과 의무를 가지게 된다. 즉, 신용장이 개설되기 이전에 체결된 매매계약에 의해 구속되지 않는다는 것이 신용장 거래의 독립성이다.

• 신용장 개설의뢰인이 신용장에 '계약서의 조항 검토'를 표기한 경우라 하더라도 은행은 이를 고려하지 않는다.

- 이러한 독립성이 보장되지 않는다면 은행은 지나친 부담을 피하기 위해 신용장 거래의 당사자가 되는 것을 꺼리게 될 것이고 이는 무역거래의 위축으로 이어질 수 있다.

[그림 10-2] 신용장 거래의 독립성

② 추상성
- 신용장거래의 모든 당사자는 서류상의 거래를 행하는 것이지, 서류에 관련될 수 있는 상품이나 용역 등에 의해 거래하는 것은 아니라는 의미이다.
- 그 이유는 은행이 알 수 없는 물품에 관련된 내용에 의해 규제를 받는다면 은행은 신용장 거래의 당사자가 되지 않으려 할 것이기 때문이다.
- 은행은 개별적인 거래에 대한 지식을 가지고 있지 않으므로 단순히 신용장에 명시된 서류만을 근거로 제시된 서류의 불일치 여부를 판단할 뿐, 그 서류의 진위 여부를 따지거나 계약에 따른 의무가 실제로 이행되었는지는 고려하지 않는다.

[그림 10-3] 신용장 거래의 추상성

## (3) 신용장의 기능

① 매도인 입장에서의 장점

- 개설은행의 파산이나 예측하지 못한 불가항력의 위험을 제외하면 계약물품을 선적하면 대금을 결제받을 수 있다.
- 수출신용장을 담보로 유리한 조건으로 융자를 받을 수 있다.
- 어음을 할인매입할 때 할인율을 우대받을 수 있다.

② 매수인 입장에서의 장점

- 자신의 거래 신용을 강화할 수 있다.
- 대금 지급을 선불이 아닌 은행의 서류심사 완료 시점까지 지연시킬 수 있다.
- 신용장에 명시된 조건과 일치하지 않을 경우 은행이 지급을 거절할 수 있으므로 매도인이 약정된 물품을 약속된 기일 내에 선적할 것이라 믿을 수 있다.

## 3 연습문제

### A. 다음의 문장을 읽고 내용이 옳으면 ○, 틀리면 ×로 답하시오.

1. 신용장이란 개설은행이 일치하는 제시에 대해 지급하겠다는 취소 불능의 확약 증서이다.

(○ / ×)

2. 신용장 개설은행의 지급확약은 무조건적인 의무이다. (○ / ×)

3. 신용장 거래는 물품거래가 아닌 물품을 대표하는 서류에 의한 거래이다. (○ / ×)

4. 신용장에 명시된 서류를 제시할 경우 물품의 상태와 무관하게 대금을 지급하겠다는 약정임을 규정하는 특성을 신용장 거래의 독립성이라 한다. (○ / ×)

5. 거래에서 지켜지는 것이 당연하게 여겨질 정도로 무역에서 통용되는 거래 방법과 실무를 신용장통일규칙이라고 한다. (○ / ×)

6. 신용장은 무역거래의 위험 중 신용위험, 즉 매도인의 물품 판매대금 회수 위험을 경감시키는 역할을 한다. (○ / ×)

7. 신용장 개설은행은 약정된 기간 내에 매도인에 의해 제시된 서류가 신용장의 모든 조건과 일치하는 경우 매도인에게 대금을 지급하겠다는 약속의 증서이므로 조건부 지급확약이라고 할 수 있다. (○ / ×)

8. 신용장 거래에서 독립성과 추성성이 보장되어야 하는 이유는 그렇게 하지 않는다면 은행이 신용장 거래의 당사자가 되지 않으려 할 것이기 때문이다. (○ / ×)

1. 신용장의 결제방식의 위험관리에 대한 설명으로 잘못된 것은? (제45회 국제무역사 기출)

   ① 수입상은 신용장에 선적 전 검사증명서를 요구하여 불량물품이 선적될 위험을 방지할 수 있다.
   ② 수출상은 개설은행의 신용위험으로 대금 회수가 불가능한 경우를 대비하여 수출보험을 활용할 수 있다.
   ③ 수출상은 확인신용장을 활용하여 수입국의 정치적인 사태로 인하여 발생할 수 있는 비상위험에 대비할 수 있다.
   ④ Injuction은 신용장거래에서 수입상의 사기행위에 대해 수출상을 보호하기 위한 제도이다.

2. 다음 화환신용장 문구의 해석으로 잘못된 것은? (제55회 국제무역사 기출)

   Full set of original clean on board Marine Bill of Lading made out to order endorsed in blank marked freight prepaid notify applicant and mentioning this D/C number.

   ① 수익자는 선적선하증권 혹은 본선적재선하증권 원본 3통을 제시하여야 한다.
   ② 선하증권의 수하인에는 개설의뢰인의 명칭을 기재하여야 한다.
   ③ 선하증권의 뒷면에 양수인을 기재함이 없이 배서하여야 한다.
   ④ 선하증권에 화환신용장 번호를 기재하여야 한다.

3. 다음 중 화환신용장의 특징을 기술한 내용으로 올바른 것을 모두 기재한 것은? (제38회 국제무역사 기출)

   A. 선적서류의 심사는 신용장의 조건을 바탕으로 하며 대금지급의 최종책임자는 매입은행이다.
   B. "은행은 서류로 거래하는 것이다."라는 문구는 신용장의 독립성에 해당된다.
   C. 은행은 서류의 형식, 충분성, 정확성, 진정성, 위조성 등에 대하여 어떠한 의무나 책임이 없다.
   D. 화환신용장은 개설은행의 무조건적 지급보증서이다.
   E. 신용장에서 수입업자가 PSI(Pre-shipment Inspection)를 하는 것은 신용장의 한계성을 극복할 수 있는 방안 중 한 가지이다.

   ① A, B, C, D, E        ② A, C, D, E
   ③ B, C, E              ④ C, E

4. 신용장의 의의와 특징에 대한 설명으로 옳은 것은?

   ① 화환신용장에서 조건일치 여부는 신용장에 기재된 조건, 매매계약서와 문면상의 일치 여부 및 신용장통일규칙과 국제표준은행관행에 의하여 판단된다.
   ② 은행은 모든 서류의 형식, 충분성, 정확성, 진정성, 위조성 또는 법적 효력에 대하여 또는 그 서류에 명시되거나 또는 이에 부가된 일반조건 또는 특정 조건에 대하여 의무나 책임을 진다.
   ③ 매도인의 물품 판매대금 회수 위험을 은행의 지급 보증으로 경감시키는 목적을 가지는 신용장은 무조건적인 지급보증을 약속한다.
   ④ 은행은 계약에 관한 어떠한 참조사항이 신용장에 포함되어 있는 경우 이에 구속된다.

5. 화환신용장의 효용에 대한 설명으로 옳지 않은 것은?

① 수익자는 신용장 조건에 일치하는 서류를 제시하면 수출대금을 회수할 수 있다는 확신을 가질 수 있다.

② 개설의뢰인은 늦어도 언제까지 상품이 수입지에 도착할 것이라는 예측이 가능하다.

③ 개설은행은 발행된 신용장을 근거로 하여 무역금융상의 필요자금을 지원받을 수 있다.

④ 개설의뢰인은 신용장에 따라서 수입상품을 먼저 매도한 판매대금으로 만기일에 결제할 수도 있다.

6. 한국의 수출상 ABC사가 수취한 화환신용장의 일부이다. 다음 중 적격한 서류의 제시로 볼 수 있는 것은? (제45회 국제무역사 기출)

46A. Documents required
+ beneficiary's draft
+ commercial invoice in 3 copies
+ quantity certificate issued by qualified surveyor in 1 original
+ quality certificate issued by qualified surveyor in 1 original

① 신용장의 수량보다 많은 수량이 표시된 quantity certificate

② SGS사의 서명 없이 레터지에 발급된 quality certificate

③ 세관장이 발행한 tax invoice

④ drawee가 수입상으로 작성된 draft

7. UCP 600이 적용되는 신용장에 대해 은행에 제시된 서류의 심사기준으로 올바른 것은? (제45회 국제무역사 기출)

① 서류는 반드시 신용장 개설일 이후에 작성돼야 하고 제시일자보다 늦은 일자에 작성된 것이어서는 안 된다.

② 수익자의 주소가 어떤 요구서류에 나타날 때, 그것은 신용장 또는 다른 요구서류상에 기재된 것과 동일할 필요는 없으나, 신용장에 기재된 각각의 주소와 동일한 국가 내에 있어야 한다.

③ 개설은행에게는 제시가 일치하는지 여부를 결정하기 위해서 제시일로부터 기산하여 최장 5은행 영업일이 주어진다.

④ 운송서류원본이 포함된 제시는 선적일 후 5 은행 영업일보다 늦지 않게 수익자에 의해 또는 그를 대신하여 이루어져야 하고, 어떠한 경우라도 신용장 유효기일보다 늦게 이루어져서는 안 된다.

8. 신용장 거래의 특징에 관한 설명으로 옳지 않은 것은?

① 은행은 신용장이 개설되기 이전에 체결된 계약에 의해 구속되지 않는다.

② 은행은 자신이 알 수 없는 계약 물품에 관련된 내용에 의해 규제되지 않는다.

③ 은행은 단순히 신용장에 명시된 서류만을 근거로 제시된 서류의 문면상 일치 여부를 판단할 뿐이다.

④ 신용장 개설의뢰인이 신용장에 '계약서의 조항 검토'를 표기한 경우에는 은행은 이 조항에 따라 계약서를 검토하여야 한다.

9. 신용장의 기능에 관한 설명으로 옳지 않은 것은?

① 개설은행의 파산 등과 같은 예기치 못한 위험을 제외하면 매도인이 신용장조건에 일치하는 서류를 제시하면 대금지급을 보증한다.

② 매도인의 거래 신용을 강화할 수 있다.

③ 매수인은 대금을 선불로 지급하는 것이 아니라 은행의 서류심사 완료 시점까지 지급을 지연시킬 수 있다.

④ 매도인이 어음을 할인 매입할 때 할인율을 우대받을 수 있다.

10. UCP 600에서 정의한 용어에 대한 설명이 잘못된 것은? (제40회 국제무역사 기출)

① 제시(presentation)는 신용장에 의하여 이루어지는 개설은행 또는 지정은행에 대한 서류의 인도 또는 그렇게 인도된 서류 그 자체를 의미한다.

② 결제(honour)는 매입(negotiation), 일람지급(sight payment), 연지급(deferred payment) 및 인수(acceptance)를 의미한다.

③ 신용장(credit)은 그 명칭과 상관없이 개설은행이 일치하는 제시에 대해 결제(honour)하겠다는 확약으로, 취소 불가능한 모든 약정을 의미한다.

④ 일치하는 제시(complying presentation)는 신용장 조건과 적용 가능한 범위 내에서의 UCP 600 규정에 따른 제시를 의미한다.

## 1  기본 개념

| | |
|---|---|
| 당사자<br>party | 법률관계에서 직접 관여하는 자를 칭하는 말로, 제3자와 구별되는 개념이다. |
| 개설의뢰인<br>applicant | 매매계약의 당사자인 매수인을 말한다. 신용장거래에서 자신의 거래은행에 신용장의 개설을 의뢰하기 때문에 개설의뢰인이라고 부른다. |
| SWIFT<br>Society for Worldwide<br>Interbank Financial<br>Telecommunication | 외국과의 결제를 위해 국제은행간에 데이터통신망을 구축할 목적으로 설립된 국제협회를 말한다. |
| 담보차입증<br>collateral iou | 자신의 채무이행을 보증하기 위해 해당 담보물을 제공하고 자금을 빌릴 때 작성하는 문서로, 채무자가 약속한 날짜를 초과할 경우 채권자의 담보를 처분해도 무방함을 증명한다. |
| 통지은행<br>advising bank | 신용장이 개설된 사실과 그 내용을 수익자에게 통지하는 수출지의 은행을 말한다. |
| 수익자<br>beneficiary | 신용장에 의거하여 대금지급을 받아 이익을 얻는 자로, 무역거래에서는 수출업자, 매매계약에서 매도인이라고 부른다. |
| 매입은행<br>negotiating bank | 매도인이 신용장 개설은행 앞으로 발행한 환어음과 서류를 매입하도록 권한이 지정된 은행을 말한다. |
| 지급은행<br>paying bank | 신용장에서 요구하는 서류와 상환으로 매도인에게 대금 전액을 지급하는 은행을 말한다. |
| 인수은행<br>accepting bank | 신용장의 조건과 일치하는 서류와 함께 기한부환어음이 제시되면 그 어음을 인수하도록 지정된 은행으로, 어음 만기일이 되면 지급은행의 역할을 한다. |
| 확인은행<br>confirming bank | 신용장 개설은행이 아닌 제3의 은행이 그 신용장에 의해 발행되는 어음을 지급, 인수, 매입하겠다는 약속을 추가하거나, 개설은행이 그 어음을 지급, 인수, 매입할 것이라고 보증하는 은행을 말한다. |
| 개설은행<br>opening bnak/issuing bank | 신용장 개설의뢰인의 요청에 따라 수익자 앞으로 신용장을 개설하고 지급을 확약하는 은행을 말한다. |

| 대금회수<br>negotiation | 매도인이 선적을 완료하고 운송서류와 어음을 수출국 거래은행에 제시하면 그 대가로 수출대금을 지급받는 것을 뜻한다. |
|---|---|
| 융자<br>financing | 자금의 대출과 비슷한 의미로, 자금을 융통하거나 또는 이렇게 융통된 자금을 말한다. |

## 2 보충학습

### (1) 개설의뢰인

① 신용장 거래에서 신용장 개설을 의뢰하는 매수인을 말한다.

② 매매계약에 따라 개설의뢰인은 자신의 거래은행에게 매도인을 수익자로 하는 신용장을 개설해달라고 의뢰한다.

③ 의뢰를 받은 은행은 개설의뢰인으로부터 개설신청서, 담보차입증, 신용장거래 약정서, 신용장개설 수수료 등을 받은 후 신용장을 개설한다.

④ 개설된 신용장은 통지은행을 통해 수익자, 즉 매도인에게 전달된다.

### (2) 개설은행

① 매수인의 거래은행이 신용장 개설은행이 된다.

② 매수인의 요청과 지시에 따라 매도인이 발행하는 환어음을 특정 조건 하에 결제할 것을 확약한다.

③ 이러한 확약의 증서가 신용장이다.

### (3) 통지은행

① 수출국에 있는 개설은행의 지점이나 환거래은행이 통지은행이 된다.

② 개설은행에서 발행된 신용장을 단순히 수익자에게 통지해 주는 역할을 담당한다.

③ 거래에 관한 책임을 부담하지 않는다.

### (4) 지급, 인수, 매입은행

① 매도인은 물품을 선적하고 개설은행 앞으로 환어음을 발행하여 선적서류와 함께 자신의 거래은행에 지급이나 인수, 혹은 매입을 요구한다.

② **지급은행**: 수익자가 제시한 선적서류에 대해 대금을 지급하는 은행이다. 지급과 동시에 개설은행으로부터 지급 금액을 상환받는다. 지급에는 서류 제시 즉시 지급하는 일람불지급과

일정 기간 후에 지급하는 연지급이 있다.

③ **인수은행**: 수익자가 제시한 어음이 만기를 가지는 기한부어음일 경우, 이 어음을 인수하는 은행을 말한다. 어음이 만기가 되면 수익자에게 대금을 지급한다.

④ **매입은행**: 수익자가 선적을 완료한 후 선적서류와 어음을 신용장과 함께 제시하여 매입을 의뢰하는 은행을 말한다. 매입은행은 제시된 서류가 신용장의 조건과 일치하는지 확인한 후 일치된다고 판단되는 경우에만 환어음을 매입한다.

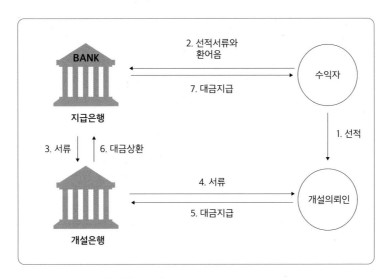

[그림 10-4] 신용장거래의 지급 흐름도

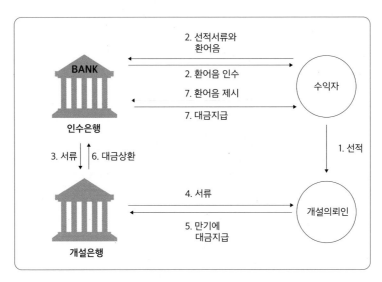

[그림 10-5] 신용장거래의 인수 흐름도

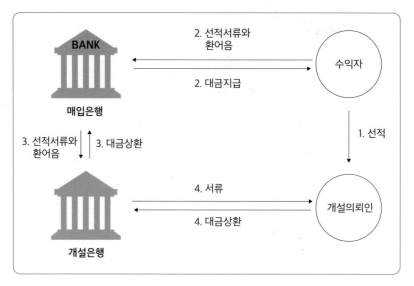

[그림 10-6] 신용장거래의 매입 흐름도

### (5) 확인은행

① 개설은행의 지급보증에 더하여 제3의 은행이 추가로 결제 또는 매입을 확약하기도 하는데, 이렇게 확인을 추가하는 은행을 확인은행이라고 한다.
② 신용장의 통지은행이 확인은행을 겸하는 경우가 대부분이다.
③ 확인은행은 개설은행의 요청에 따라 확인을 추가한 때부터 개설은행과 동일한 의무를 지닌다.
④ 수익자가 신용장 개설은행의 신용을 믿지 못하는 경우 확인은행이 필요하다.

### (6) 수익자

① 신용장의 개설로 인해 혜택을 받는 당사자, 즉 매도인을 말한다.
② 신용장 조건에 일치하는 물품을 선적하고 선적서류를 제시할 의무를 지닌다.
③ 신용장을 수령하면 기재된 내용들이 계약과 일치하는지 확인하고 불일치와 같은 이상이 있을 경우 신용장거래의 당사자들과 합의하여 신용장 조건을 변경해야 한다.

A. 다음의 문장을 읽고 내용이 옳으면 ○, 틀리면 ×로 답하시오.

1. 담보차입증은 자신의 채무이행을 보증하기 위해 해당 담보물을 제공하고 자금을 빌릴 때 작성하는 문서로, 신용장개설의뢰인이 신용장 개설을 요청할 때 개설은행에 제시한다.

( ○ / × )

2. 수익자는 신용장에 의거하여 대금지급을 받아 이익을 얻는 자로, 무역거래에서는 매수인을 칭한다. ( ○ / × )

3. 신용장 개설의뢰인의 요청에 따라 수익자 앞으로 신용장을 개설하고 지급을 확약하는 은행을 개설은행이라 하는데, 주로 매도인 국가의 거래은행이 개설은행이 된다. ( ○ / × )

4. 자금을 빌리거나 이렇게 융통된 자금을 융자라고 한다. ( ○ / × )

5. 신용장에서 요구하는 서류가 제시된 시점에서 서류와 상환으로 매도인에게 대금의 전액을 지급하는 은행을 매입은행이라고 한다. ( ○ / × )

6. 개설은행에서 개설된 신용장은 매수인 국가의 통지은행을 통해 수익자에게 전달된다.

( ○ / × )

7. 하나의 신용장 거래에 지급은행, 인수은행, 매입은행이 모두 거래 당사자로 참여한다.

( ○ / × )

8. 신용장 거래 시에는 반드시 개설은행과 확인은행이 당사자로 참여해야 한다. ( ○ / × )

9. 신용장은 거래의 안정성을 위해 일단 개설되면 취소되거나 조건이 변경될 수 없다. ( ○ / × )

10. 신용장을 사용하면 매도인은 대금회수가 보장되며 매수인은 상품을 반드시 수취할 수 있다는 보장이 있다. ( ○ / × )

11. 개설의뢰인은 신용장의 개설이나 조건 변경에 관한여 지시를 모호하게 함으로써 발생하는 위험을 부담한다. ( ○ / × )

1. 신용장 거래방식으로 수입한 물품을 보세창고에서 수입신고 전에 도난 또는 분실한 경우 관세의 납세의무자는? (제51회 국제무역사 기출)

   ① 수입화주
   ② 신용장 개설은행
   ③ 보세창고 운영인
   ④ 없음. 관세를 납부하지 않는다.

2. UCP 600에서 규정한 confirmation에 관한 설명으로 올바른 것을 모두 기재한 것은? (제55회 국제무역사 기출)

   > A. 확인은행이 매입은행인 경우, 확인은행은 상환청구권 없이 매입하여야 한다.
   > B. 화환신용장의 조건 변경에 대해 확인은행은 개설은행과 동일한 시점부터 구속된다.
   > C. 인수신용장의 경우, 인수은행이 확인은행이 되어야 한다.
   > D. 통지은행이 확인은행인 경우, 통지은행은 화환신용장 통지 시점에 확인을 추가하여 수익자에게 통지하여야 한다.

   ① A
   ② A, C, D
   ③ B, C, D
   ④ B, D

3. 화환신용장의 확인(confirmation)에 대한 설명으로 옳은 것은?

   ① 확인은 취소가능신용장에 대한 개설은행 이외의 제3은행의 추가적인 일람지급, 연지급, 인수, 매입을 확약하는 것을 의미한다.
   ② 신용장 거래 시 확인은 거래의 안전성을 위해 필수불가결한 절차이다.
   ③ silent confirmation은 비수권확인이라는 의미이며 UCP600에서의 확인은행으로 인정받지 못한다.
   ④ 확인은 지급 또는 인수를 확약하거나 "with recourse"로 매입할 것을 확약하는 행위이다.

4. 화환신용장과 관련된 내용 중 올바른 것은? (제52회 국제무역사 기출)

   ① 개설은행은 신용장에서 규정된 서류들의 인수 시점부터 취소가 불가능한 결제의 의무를 갖는다.
   ② 신용장은 개설의뢰인을 지급인으로 하는 환어음에 의하여 이용 가능하도록 개설될 수 있다.
   ③ 서류 거래이기 때문에 은행은 그 서류와 관계된 물품, 서비스 또는 의무이행까지 확인하여야 한다.
   ④ 신용장 대금의 결제 또는 매입을 위한 유효기일은 제시를 위한 유효기일로 본다.

5. 다음은 화환신용장과 관련한 은행 전신문의 일부이다. 괄호 안에 들어갈 당사자로 올바른 것은? (제52회 국제무역사 기출)

> +WE ARE HOLDING SHIPPING DOCUMENTS PENDING WAIVER FROM ( )

① APPLICANT
② BENEFICIARY
③ CONFIRMING BANK
④ NEGOTIATING BANK

6. 화환신용장 확인은행의 의무에 관한 설명으로 잘못된 것은?

① 신용장이 확인은행에서 매입 방법으로 이용 가능하다면, 확인은행은 상환청구권 없이 매입하여야 한다.
② 확인은행은 신용장에 확인을 추가하는 시점부터 취소가 불가능한 결제의 의무를 부담한다.
③ 신용장 확인이란 개설은행의 요청이나 수권에 의하여 결제에 대하여 개설은행과 동일하게 제3의 은행이 지급 확약하는 것을 말한다.
④ 개설은행이 신용장 조건 변경을 요청하면 확인은행은 조건 변경에 확인을 반드시 추가해야 한다.

7. 무역계약의 선적조건에 관한 설명으로 올바른 것을 모두 기재한 것은? (제53회 국제무역사 기출)

> A. From March 10 to March 21 - 3월 11일부터 3월 20일까지 - 총 10일
> B. On or about March 15 - 3월 10일부터 3월 20일까지 - 총 11일
> C. Before February 27 - 2월 26일까지
> D. 신용장 선적기일의 마지막 날이 휴무일(국경일, 일요일 등)인 경우, 선적기일은 연장된다.
> E. 선적선하증권(shipped B/L)은 선하증권의 발행일을 선적일로 취급하며, 수취선하증권(received B/L)은 본선적재 부기일을 선적일로 취급한다.
> F. 항공화물운송장(air waybill)은 별도의 비행일자 부기일이 있다 할지라도 발행일을 선적일로 취급한다.

① A, B, C
② B, C, E
③ C, D, E
④ D, E, F

8. 화환신용장 거래 시 은행의 서류심사 기준에 관한 설명으로 올바른 것은? (제54회 국제무역사 기출)

① 조건과 일치함을 나타낼 서류를 명시함이 없이 신용장에 어떠한 조건이 담겨 있다면, 은행은 그러한 조건이 기재되지 아니한 것으로 보고 무시한다.
② 개설은행에게는 제시가 일치하는지 여부를 결정(심사)하기 위하여 제시일의 당일로부터 최장 5은행영업일이 주어진다.
③ 어떠한 서류상에 표시된 물품 선적인 또는 송하인은 신용장의 수익자이어야만 한다.
④ 서류는 신용장 개설일 이전 일자로 작성될 수 없다.

9. 다음 중 UCP 600에서 규정된 화환신용장 거래의 당사자들이 중복하여 할 수 있는 역할로 올바른 것을 모두 기재한 것은? (제47회 국제무역사 기출)

> A. 개설의뢰인 = 개설은행 = 제시인
> B. 매입은행 = 제시인
> C. 통지은행 = 지정은행 = 지급은행
> D. 상환은행 = 매입은행 = 인수은행
> E. 개설은행 = 양도은행

① A, C, D

② B, C

③ B, C, E

④ A, D, E

10. 화환신용장의 해석에 대해 올바른 것은? (제45회 국제무역사 기출)

① 선적기일과 서류제시기간에 대한 언급이 없다면 유효기일보다 21일 이전까지 선적하면 된다.

② 수입상이 이미 선적이 끝난 물품의 대금결제를 위해서 신용장을 개설하고자 한다면, 그 내용을 허용한다는 문구가 신용장상에 반드시 표시되어 있어야 한다.

③ 개설의뢰인의 동의 없이 신용장이 취소되었다면 개설의뢰인에게는 그 신용장에 대한 어떠한 권리나 의무가 없다.

④ 기한부 신용장의 경우 개설은행의 지급책임은 환어음의 인수시점부터 부담하게 된다.

## 1 기본 개념

| | |
|---|---|
| 선적기일<br>shipping date | 신용장에 의해 거래되는 계약물품을 선적하기 위해 당사자들 간에 약정된 기간 혹은 기일을 뜻한다. |
| 수탁자<br>bailee | 기탁자로부터 특정 목적을 위해 부탁을 받거나 물품 따위를 맡은 자를 말한다. 운송계약의 수탁자는 운송인이 된다. |
| 통지선<br>notify party | 선박회사가 화물의 도착을 통지하는 상대방으로, 보통 화물의 수입자가 통지선이 된다. |
| 원산지증명서<br>C/O(certificate of origin) | 수출물품의 원산지를 증명하는 통관서류로, 외환관리나 수입화물에 부과되는 원래의 세율보다 낮은 협정세율의 적용을 받기 위해 제시된다. |
| 어음지급인<br>drawee | 어음대금을 지급하는 자로, 신용장거래에서는 대부분 발행은행이 지급인이 된다. |
| 어음발행인<br>drawer | 어음을 발행하는 자로, 화환어음의 경우 수출자가 어음발행인이 된다. |
| 어음기한<br>tenor | 어음의 발행일로부터 만기일까지의 기간으로, usance라고도 한다. |
| 신용장 유효기일<br>L/C expiry date | 매도인이 선적완료 후 신용장에서 요구하는 서류를 은행에 제시할 수 있는 마지막 날을 뜻한다. |
| 환어음<br>bill of exchange | 무역거래의 채권자인 수출자가 발행하여 채무자인 수입자 혹은 은행을 지급인으로 하여 발행되는 어음을 뜻한다. 이 어음의 수취인 혹은 그 지시인, 소지인에게 지급일에 무조건 지급할 것을 요구하는 유가증권이다. |
| 어음수취인<br>payee | 환어음의 금액을 지급받는 자로, 일반적으로 환어음을 매입한 은행 혹은 수출자를 말한다. |
| 송금방식<br>remittance | 수출대금을 직접 외화로 송금받는 방식으로, 송금시기에 따라 COD, CAD로 구분된다. |
| 우편환<br>M/T(mail transfer) | 국제송금결제의 한 방법으로, 우편으로 외국에 있는 은행에게 특정금액의 지급을 지시하는 방법을 말한다. |

| 전신환<br>T/T(telegraphic<br>transfer) | 전신을 이용해 송금하는 방법으로, 우편환보다 송금속도가 빠르다. |
|---|---|
| 추심<br>collection | 어음을 소지한 자가 거래은행에 대금회수를 위임하고, 위임을 받은 은행은 지급인에게 대금의 지급을 요청하는 행위를 뜻한다. 신용장 거래와 달리 은행의 지급보증 없이 오직 수입자의 신용을 믿고 결제하는 방식이다. |
| 일람불<br>at sight | 어음의 소지인이 어음을 제시하면 바로 지급하는 방식을 말한다. |
| 상환청구<br>recourse | 어음이 부도난 경우, 어음의 소지인이 자신에게 그 어음을 발행한 발행인 혹은 배서인에 대해 자신이 지급한 대금의 반환을 청구하는 행위를 말한다. |

## 2 보충학습

### (1) 신용장의 종류

① 하나의 신용장이 여러 특징을 동시에 지닐 수 있다. 따라서 아래에 소개되는 신용장의 종류 중 한가지 이상이 신용장상에 표시된다.

[그림 10-7] 신용장의 종류

② 신용장상에 표기되는 대표적인 신용장의 종류로는 취소 불가능 신용장이 있다. 취소 불가능 표기가 없어도 신용장은 취소 불가능한 것으로 간주한다.

③ 서류의 첨부 여부에 따라 화환신용장과 무화환신용장으로 구분된다.

④ 대금결제 시기에 따라 일람출급신용장과 기한부신용장으로 구분되는데, 일람출급신용장은 매도인이 서류를 은행에 제시하는 시점에 지급이 이루어지는 반면 기한부 신용장은 서류제시 후 일정기간이 경과한 다음 대금이 지급된다.

⑤ 제3의 은행에 의한 확인의 추가 유무에 따라 확인신용장과 무확인신용장으로 구분된다.

⑥ 양도가능 여부에 따라 양도가능신용장과 양도불능신용장으로 구분한다.

## (2) 신용장 개설은행, 개설일자, 개설장소

① 신용장 개설은행의 이름은 신용장의 가장 윗부분에 크게 기재된다.

② 확인은행이나 양도은행, 대금상환은행 등이 따로 있다면 이들 은행의 이름도 신용장에 기재된다.

## (3) 금액

① 신용장의 발행에 따라 은행이 지급을 보증하는 물품의 가격으로, 매수인이 지급해야 하는 수입대금액을 뜻한다.

② 신용장에 따로 언급이 없다면 신용장금액을 초과한 금액으로 발행된 상업송장은 은행에서 수리되지 않는다.

③ 신용장에 기재되는 사항 중 중요하지 않은 것이 하나도 없지만, 그중에서도 특히 신용장 금액은 신용장거래 당사자들이 가장 중요하게 생각하는 만큼 정확히 기재되었는지 주의를 기울여 확인해야 한다.

④ 가격조건(price term)도 함께 표기되는데 예를 들면 "FOB Busan" 혹은 "CIF Singapore" 등과 같이 적는다.

## (4) 유효기일과 장소

① 신용장에 표기된 유효기일은 매도인이 화환신용장에 의한 어음을 매입은행에 제시할 수 있는 마지막 날을 의미한다.

② 무역거래는 서로 다른 국가 간의 거래인 만큼 유효기일이 적용되는 장소가 어음의 제시가 이루어지는 매입은행을 기준으로 하는 것인지, 아니면 어음과 서류를 매입은행으로부터 전달받는 개설은행을 기준으로 하는 것인지 유의해야 한다.

③ 만약 개설은행을 기준으로 유효기일이 명시되었다면 매도인이 매입은행에 서류를 제시해야 하는 날짜는 신용장의 유효기일보다 적어도 1~2주(매입은행에서 개설은행으로 서류가 전달되는 기간)만큼 앞서야 한다.

④ 신용장에 기일과 관련하여 "to", "till", "until"과 같은 단어가 사용되었다면 이 단어 바로 뒤에 오는 날짜를 포함하여 기일이 계산된다. 즉, 이 단어 바로 뒤에 적힌 날짜가 기일의 마지막 날이라고 보면 된다.

⑤ 만약 신용장 유효기일의 마지막 날이 공휴일이라면 유효기일은 그 다음 은행영업일로 자동 연장된다.

## (5) 어음지급인과 어음기한

① 매도인이 발행한 환어음에 대해 결제할 의무를 가지는 당사자를 어음지급인이라고 한다. 대부분의 경우는 신용장 개설은행이 어음지급인이 된다.

② 신용장상에 "~days after sight"와 같은 어음의 기한에 관한 표시가 있는 경우에는 결제가 기한부어음에 의해 이루어지고, 이러한 신용장을 기한부신용장이라고 한다.

③ 반대로 신용장에 "at sight"와 같은 문구가 적혀 있다면, 이 경우 사용되는 어음은 일람불어음이고, 신용장은 일람불신용장이다.

## (6) 상품명

① 매매계약을 체결할 때 합의한 정확하고 분명한 제품의 이름을 비롯하여 규격, 품질, 등급 등 해당 물품의 정확한 명세를 기재해야 한다.

② 신용장에 표기된 물품명(commodity name)과 명세(description)는 상업송장에 기재된 것과 정확하게 일치해야 한다.

## (7) 선적항과 양륙항

물품이 운송수단에 선적되는 수출국의 정확한 항구(shipping port, loading port) 또는 지점과, 물품이 도착해야 하는 목적지의 항구(unloading port, discharging port) 또는 지점이 정확하게 표기되어야 한다.

## (8) 선적기일

① 선적기일은 신용장 거래에 따라 매도인이 화물을 선적할 수 있는 기일을 의미한다.

② 최종선적일은 선적이 가능한 마지막 날을 뜻한다. "not later than ~"과 같이 표기되는데, 여기에 표시된 날짜보다 늦게 선적하면 계약 위반에 해당한다. 마찬가지로 "not earlier thatn ~"이라고 표기된 경우에는 여기에 적힌 날짜보다 일찍 선적할 수 없다.

③ 이처럼 선적기일을 구체적으로 정하는 이유는 실수요자에게 계약된 기일 내에 물품을 인도하기 위해서이거나 화물이 필요 이상으로 일찍 도착하여 보관료를 지불하는 일이 없도록 하기 위해서이다.

④ 선적기일, 즉 선적을 위한 최종일이 은행 휴업일인 경우에는 그 기일이 다음 은행 영업일까지 자동 연장되지 않는다.

## (9) 분할선적과 환적

① 신용장에 명시된 화물의 전부가 일시에 도착해야 하는 경우는 신용장에 "partial shipment prohibited" 또는 "partial shipment is not allowed" 등과 같은 환적 금지 문구를 추가해야 한다.

② 분할선적과 관련하여 신용장상에 아무런 언급이 없으면 은행은 분할선적이 이루어졌다고 표시된 운송서류도 수리한다.

③ 환적도 분할선적과 마찬가지로 금지하고 싶다면 신용장상에 "transshipment prohited"와 같은 문구를 반드시 표기해야 한다.

## (10) 첨부서류

① 화환신용장의 경우 매도인이 은행에 제시해야 하는 서류가 무엇인지 "documents required"란에 표기된다.

② 대부분의 거래에서 반드시 요구되는 서류에는 선하증권과 같은 운송서류, 상업송장, 포장명세서, 보험증권 등이 있고, 원산지증명이나 검사증명과 같은 각종 증명서류는 거래에 따라 필요한 경우 요구된다.

## (11) 기타 조건

① 위에 언급되지 않은 모든 사항들은 "additional conditions"란에 표기한다.

② 신용장 거래에서 발생하는 은행수수료를 누가 부담할지, 늦게 제시된 선적서류의 수리여부, 과부족용인 범위 등과 같은 내용이 이곳에 적히게 된다.

③ 매도인에게 지나치게 불리한 내용을 담고 있는 독소조항이 포함되지 않았는지 확인하는 것이 중요하다.

④ 신용장의 하단에는 개설은행의 지급확약 문구가 적히게 되고, 그 아래에는 개설은행의 책임자 서명이 자리한다.

⑤ 마지막으로 신용장 거래와 관련된 모든 문제는 UCP 600에 의거한다는 내용이 적히게 된다.

# 취소불능화환신용장발행신청서
## (Application for Irrevocable Documentary Credit)

| 담 당 | 검토자 | 결재권자 |
|-------|--------|----------|
|       |        |          |

TO : **WOORI BANK**

1. DATE :

※ 1. Credit no :                                                    용도구분 :               (예시: NS, ES, NU 등)

※ 2. Advising Bank :

(SWIFT CODE :                                                    )

3. Applicant :

4. Beneficiary :

5. Amount :        통화        금액                                        Tolerance : +        % /-        %

6. Expiry Date/place:    Date            Place        □ in the Beneficiary Country    □ Other :

7. Latest date of shipment :

8. Tenor of Draft :        □ At Sight    ( □ Reimbursement   □ Remittance )
                          □ Usance    ( □ Banker's   □ Shipper's   □ Domestic)        days □ After sight

※ 인수은행을 지정하지 않은 Banker's Usance 건은 은행의 자금상황에 따라 Domestic Usance로 전환 개설될 수 있습니다.    □ From B/L date

9. For        % of the invoice value                                                    □ Other :

### DOCUMENTS REQUIRED (46A:)

10. □ Full set of Clean ( □ on Board Ocean Bills of Lading   □ Multimodal Transport Document )   made out to the order of WOORI BANK marked
    "Freight □ Collect □ Prepaid   □ Payable as per charter party"   and notify   ( □ Applicant □ Other :        )
    □ Air Waybills   consigned to WOORI BANK marked "Freight □ Collect □ Prepaid"   and notify ( □ Applicant □ Other :        )

11. □ Insurance Policy or certificate in duplicate endorsed in blank for 110% of the invoice value, stipulating that claims are payable in
    the currency of the draft and also indicating a claim settling agent in Korea. Insurance must include :
    the institute Cargo Clause : □ All Risks   □ Other :

12. □ Signed commercial invoice in                          13. □ Certificate of analysis in

14. □ Packing list in                                      15. □ Certificate of weight in

16. □ Certificate of origin in                 issued by

17. □ Inspection certificate in               issued by

18. □ Other documents (if any)

19. Description of goods and/or services (45A:)    ( H.S CODE :        )                Price Term :

| Commodity Description | Quantity | Unit Price | Amount |
|-----------------------|----------|------------|--------|
|                       |          |            |        |
| Country of Origin     |          | Total      |        |

20. 해상/항공    Port of loading / Airport of Departure :              Port of Discharge / Airport of Destination :

    복합운송    Place of Taking in Charge / Dispatch from…/ Place of Receipt :
              Place of Final Destination / For Transportation to… / Place of Delivery :

21. Partial Shipment : □ Allowed   □ Not Allowed        22. Transhipment : □ Allowed   □ Not Allowed

23. Confirmation :   □ Without
                    □ May add   : Confirmation Charges 부담자 – □ Beneficiary □ Applicant / Confimation bank –
                    □ Confirm   : Confirmation Charges 부담자 – □ Beneficiary □ Applicant / Confimation bank –

24. Transfer : □ Allowed (Transferring Bank :        )

25. Period for presentation in
    □ 제시기간 :            Days  / 제시조건 : □ after Date of Shipment
    ※ 체크된 항목만 전문에 반영됩니다. 그 외 서류제시조건은 47A필드 Other conditions항목에 입력바랍니다.

### Additional Conditions (47A:)

    □ All banking charges (including postage, advising and payment commission, negotiation and reimbursement commission)
    outside Korea are for account of □ Beneficiary         □ Applicant
                                     □ Other :

    □ Stale B/L  AWB acceptable        □ Charter Party B/L is acceptable        □ Third party B/L acceptable
    □ Third party document acceptable
    □ T/T Reimbursement :   □ Allowed      □ Not Allowed
    □ Bills of lading should be issued by
    □ (House) Air Waybills should be issued by
    □ (        ) % More or less in quantity and amount to be acceptable.
    □ The number of this credit must be indicated in all documents.
    □ Other conditions :

※ Drawee Bank (42A:) :

※ Reimbursement Bank (53A:) :

※ 이란, 북한 등 제재 국가와의 교역(수출 등)과 관련된 거래 여부      □ YES      □ NO

※ Except so far as otherwise expressly stated, This Documentary credit is subject to the Uniform Customs and Practice for Documentary Credits (2007 Revision)
  International Chamber of Commerce Publication No. 600.

위와 같이 신용장 발행을 신청함에 있어서 따로 제출한 외국환거래약정서의 해당 조항을 따를 것을 확약하며, 아울러 위 수입물품에 관한 모든 권리를 귀행에 양도하겠습니다.

※ 본건 수입과 연계된 거래가 이란, 북한 등 제재 국가와의 교역(수출 등)과 관련된 거래가 아님을 확약합니다. (제재 국가와의 교역과 관련된 경우 신용장개설이 불가합니다.)

※ 본건 신용장 MT700 전문상 제반방법 위반 방지를 위한 자동문구 전송에 동의합니다.

「If the presented shipping documents include any reference to countries, regions, entities, vessels or individuals subject to any applicable international
sanctions regimes and relevant regulations imposed by governmental authorities, we shall not be liable for any delay or failure to pay, process or
return such documents.」

인감 및 원본 확인

| 승인신청번호 |          |  주   소 |        |
|--------------|----------|----------|--------|
| 고 객 번 호  |          |  신 청 인 |   (인) |

수입 (4040031, 210×297) 수입신용장발행신청서 NCR지 2매 1조 (2018. 11 개정)            ⊙ 우리은행 | 100

출처: 우리은행 외환센터(https://spot.wooribank.com/pot/Dream?withyou=FXFXG0030)

## [그림 10-8] 신용장 발행신청서 예시

1. 신용장에 표기된 유효기일은 매도인이 신용장에 의한 어음을 매입은행에 제시할 수 있는 마지막 날을 의미한다. ( ○ / ✕ )

2. 하나의 신용장은 동시에 여러 성질을 지닐 수 없고 신용장에는 한 가지 종류만이 표시될 수 있다. ( ○ / ✕ )

3. 신용장에 기일과 관련하여 "to"나 "until"과 같은 표현이 명시되어 있다면 기일의 계산에 이 단어 바로 뒤에 오는 날짜도 포함된다. ( ○ / ✕ )

4. 매도인이 발행한 환어음에 대해 결제할 의무를 가지는 당사자를 어음지급인이라고 한다. ( ○ / ✕ )

5. 만약 신용장 유효기일의 마지막 날이 공휴일이라도 유효기일은 그 다음 영업일로 자동 연장되지 않는다. ( ○ / ✕ )

6. 신용장에 결제와 관련하여 "at sight"라고 적혀있다면 이 신용장은 일람불신용장이라고 한다. ( ○ / ✕ )

7. 만약 신용장의 유효기일이 매입은행을 기준으로 명시되어 있다면 매도인이 개설은행에 서류를 제시해야 하는 날짜는 신용장의 유효기일 보다 적어도 1~2주 앞서야 한다. ( ○ / ✕ )

8. 신용장에 의거하여 발행되는 어음의 지급인은 대부분의 경우 신용장 개설은행이 된다. ( ○ / ✕ )

9. 환어음의 발행인은 어음을 발행하는 자로, 매수인이다. ( ○ / ✕ )

10. 수취인은 환어음의 금액을 지급받는 자로, 일반적으로 환어음을 매입한 은행 혹은 매도인을 말한다. ( ○ / ✕ )

11. 추심결제 방식과 신용상결제 방식 모두 매도인이 발행하는 환어음상의 지급인은 은행으로 표기되어야 한다. ( ○ / ✕ )

12. 환어음을 소지한 자가 거래은행에 대금회수를 위임하고, 위임을 받은 은행은 지급인에게 대금의 지급을 요청하는 행위를 추심이라고 한다. ( ○ / ✕ )

13. 어음에 대한 지급이 이루어지지 않아 부도난 경우, 어음의 소지인이 어음을 발행한 발행인에 대해 자신이 지급한 대금을 반환해달라고 청구하는 것을 상환청구라고 한다. ( ○ / ✕ )

1. 아래의 신용장 예시에 관한 설명 중 옳은 것을 모두 고르시오.

Date and place: 4 May, 2021, China
(ORIGINAL for BENEFICIARY)

| IRREVOCABLE DOCUMENTARY CREDIT | Of Issuing Bank IC778953 | ① Of Advising Bank A7764-724-00812 |
|---|---|---|
| ② KEB Hana Bank Seoul, S. Korea | ③ KNJ Co. Ltd. China | |
| Fiesta Co. Ltd. RM 1204, Jingha building 23, Sindorim-dong, Guro-Gu Seoul, S. Korea | USD 45,000.00 | |
| | ④ 15 July, 2021 in beneficiary's Country for negotiation | |

① Credit number
② Opening Bank
③ Beneficiary
④ 신용장의 유효기일

2. UCP 600의 정의 및 해석에 관한 조항으로 잘못된 것은? (제53회 국제무역사 기출)

① "Complying presentation"은 신용장 조건, 적용 가능한 범위 내에서의 규칙의 적용, 그리고 ISP 98에 따른 제시를 의미한다.
② 제시자(presenter)는 제시하는 수익자, 은행 또는 다른 당사자를 의미한다.
③ 만기(滿期)를 정하기 위해 "from"과 "after"라는 단어가 사용된 경우에는 명시된 일자를 제외한다.
④ 매입(negotiation)은 일치하는 제시에 대하여 지정은행이, 지정은행에 상환하여야 하는 은행영업일 또는 그 전에 대금을 지급함으로써 또는 대금지급에 동의함으로써 환어음 및/또는 서류를 매수하는 것을 의미한다.

3. 신용장 매입(negotiation)에 관한 설명으로 잘못된 것은? (제55회 국제무역사 기출)

① 매입은 매매계약에 근거를 두고 있으나, 매매계약과는 관계가 없다.
② 신용장에서 요구하는 서류 일체를 지정은행이 매입하여 수익자에게 미리 대금을 지급하는 것이다.
③ 수익자는 개설은행에 직접 매입을 요청할 수 있다.
④ 신용장의 요구 서류에 따라 매입 시 반드시 환어음을 동반해야 하는 것은 아니다.

4. 대한민국 A사는 호주 B사로부터 철광석 10톤을 수입하기로 매매계약을 체결하였다. 다음의 관련 내용 중 잘못된 것은? (제55회 국제무역사 기출)

① 신용장상에 수량조건을 표기할 때 ± 5% tolerance 조항을 합의하지 않았을 때도 선적 시에 ± 5% 범위에서 선적할 수 있다.

② 본 계약에 따라 진행되는 선적의 형태는 bulk cargo shipment이다.

③ 화환신용장 거래 시 철광석 거래에는 통상 M/L clause가 적용된다.

④ 철광석 제품의 품질조건에 적당한 것은 sales by specification이다.

5. MT700으로 내도된 화환신용장의 일부분이다. 다음 중 설명이 잘못된 것은? (제47회 국제무역사 기출)

> 43P Partial Shipments: ALLOWED
> 44C Latest Date of Shipment: 2021-02-28
> 45A Description of Goods and/or Services:
> + SHIPMENT SCHEDULE
> NO.A123 100MT BETWEEN 2021-01-15 AND 2021-02-15
> NO.C789 100MT NOT LATER THAN 2021-02-28
> + TOTAL QUANTITY 200MT

① No.A123은 1월 20일 50MT, 1월 25일 50MT 각각 선적한 후, 1월 31일에 선적서류를 함께 제시하였다.

② 1월 15일은 No.A123의 선적기간에 포함되지 않는다.

③ 2월 10일에 모든 물품 200MT을 동일한 선박에 선적하였다.

④ 2월 15일까지 어떤 물품도 선적하지 못했다면, 이 신용장은 사용할 수가 없다.

6. 다음은 화환신용장에서 요구한 서류이다. 잘못된 것은? (제47회 국제무역사 기출)

> FULL SET OF CLEAN ON BOARD BILLS OF LADING MADE OUT TO THE ORDER OF SEOUL BANK, NOTIFY APPLICANT.

① 선하증권에 'CLEAN'이라는 단어가 나타날 필요는 없다.

② 선하증권 'CONSIGNEE'란에는 "TO ORDER"라고 기재하면 된다.

③ 선하증권 전통(3부)을 제시해야 한다.

④ 용선계약과 관련된 표시가 없어야 한다.

7. 다음 중 화환신용장 거래 시 분할선적 및 할부선적에 대한 설명으로 잘못된 것은? (제47회 국제무역사 기출)

① 신용장에 분할선적에 대해 아무런 명시가 없더라도 분할선적은 허용된다.

② 동일한 운송수단, 동일한 운송구간, 동일한 목적지가 표시된 두 세트 이상의 운송서류로 이루어진 제시의 경우는 선적일자, 선적항이 다르게 표시되었더라도 분할선적으로 간주되지 않는다.

③ 제시가 두 세트 이상의 운송서류로 이루어지는 경우, 어느 운송서류에 의해 증명되든 가장 빠른 선적일을 선적일로 간주한다.

④ 신용장에서 할부선적이 일정한 기간 내에 이루어지도록 명시된 경우 배정된 기간 내에 할부선적이 이루어지지 않으면 동 신용장은 효력이 상실된다.

8. SWIFT로 통지된 화환신용장에 관한 설명 중 잘못된 것은? (제56회 국제무역사 기출)

> 43P: Partial Shipments: Prohibited
> 45A: Description of Goods and/or
> Service
>   1. Invoice in 3 Copies
>   2. Packing List in 3 Copies
>   3. Full set of Clean On Board Bill of
>      Lading…
>   4. Insurance Certificate…

① 43P에 별도의 언급이 없으면 분할선적은 허용된다.

② 최소한 1부의 송장 원본과 나머지 부수의 사본 제시에 의하여 충족된다.

③ 원본 선하증권 3통을 제시하여야 한다.

④ Insurance Certificate 대신에 Insurance Policey를 제시하면 서류의 하자가 된다.

9. 다음 중 신용장의 종류에 관한 설명 중 옳지 않은 것은?

① 취소가능 여부에 따라 취소가능 신용장과 취소불가능 신용장으로 구분되는데, 아무런 표시가 없다면 취소 가능한 것으로 간주한다.

② 선적서류의 첨부 여부에 따라 화환신용장과 무화환신용장으로 구분된다.

③ 제3의 은행에 의한 확인의 추가 유무에 따라 확인신용장과 무확인신용장으로 구분된다.

④ 양도가능성 여부에 따라 양도가능신용장과 양도불가능신용장으로 구분된다.

10. 신용장의 기재사항 중 금액표기에 대한 설명으로 옳지 않은 것은?

① 신용장에 기재되는 금액은 물품의 가격으로, 매수인이 지급해야 하는 수입대금액을 의미한다.

② 신용장 상에 특별한 언급이 없다면 신용장에 기재된 금액을 초과한 액수가 적힌 상업송장은 은행에서 수리되지 않는다.

③ 금액과 함께 가격조건도 표기되는데 가격조건은 주로 인코텀즈 조건이 표기된다.

④ 신용장에 표기된 물품 가액은 계약서에 표시된 금액과 반드시 일치하여야 한다.

✏️ **모범답안**

## CHAPTER 10  신용장과 결제

01  신용장이란?

**A.** 1. ○  2. ✕  3. ○  4. ✕  5. ✕  6. ○  7. ○  8. ○

**B.** 1. ④  2. ②  3. ④  4. ①  5. ③  6. ①  7. ②  8. ④  9. ②  10. ②

02  신용장거래의 당사자

**A.** 1. ○  2. ✕  3. ✕  4. ○  5. ✕  6. ✕  7. ✕  8. ✕  9. ✕  10. ✕  11. ○

**B.** 1. ④  2. ①  3. ③  4. ④  5. ①  6. ④  7. ②  8. ①  9. ③  10. ③

03  신용장 기재사항

**A.** 1. ○  2. ✕  3. ○  4. ○  5. ✕  6. ○  7. ✕  8. ○  9. ✕  10. ○  11. ✕  12. ○  13. ○

**B.** 1. ①④  2. ①  3. ③  4. ④  5. ②  6. ②  7. ③  8. ④  9. ①  10. ④

# 한글색인

ㅈ

# 참고문헌

강원진, 「무역결제론」 제3판, 박영사, 2015

강원진, 「무역계약론」 제4판 수정판, 박영사, 2013

강원진, 「신용장 분쟁사례」, 두남, 2013

강효원, 이천수, 「국제운송론」, 보성인쇄기획, 2020

곽수영, 「글로벌 무역실무」, 영민, 2020

구종순, 「해상보험」 제7판, 유원북스, 2023

구종순, 이제현, 「FTA 무역실무」 제2판, 도서출판청람, 2021

구종순, 허은숙, 「무역대금결제론」 개정판, 박영사, 2019

그레고리 맨큐, 「맨큐의 경제학」 한티에듀, 2021 (김경환, 김종석 역)

김광용, 「거꾸로 배우는 경제학」 누눔에이엔티, 2024

김기선, 「신용장과 무역결제」, 박영사, 2002

김상만, 「제물품매매계약에 관한 유엔협약(CISG) 해설」, 한국학술정보, 2013

김석민, 「국제상사중재론」, 삼영사, 2018

김성훈, 「알기 쉬운 무역실무」, 두남, 2022

김영세, 「게임이론: 전략과 정보의 경제학」 박영사, 2020

김진환, 방성철, 유광현, 「무역결제론」, 한국방송통신대학교출판문화원, 2023

김진환, 유광현, 「무역법규」, 한국방송통신대학교출판문화원, 2023

김혜진, 「2024 관세사 무역실무(하) 법규편」, 이패스코리아, 2023

남동우, 「무역결제론」 전정4판, 두남, 2020

남풍우, 「무역결제론」 전정2판, 두남, 2018

대런 애쓰모글루, 존 리스트, 「경제학원론」 제2판, 시그마프레스, 2019 (손광략 역)

대한상공회의소 편집부, 「인코텀즈 Incoterms 2020」, 대한상공회의소출판사업과, 2019

무역물류연구회, 「무역실무」, 도서출판청람, 2022

박광서, 「무역법규」 제4판, 탑북스, 2023

박남규, 「무역상무론」 개정판, 두남, 2012

박대위, 「신용장」, 법문사, 2000

박대위, 구종순, 「무역개론」 제4판, 유원북스, 2015

박대위, 구종순, 「무역실무」 제14판, 법문사, 2019

박성철, 「무역실무」, 영민, 2022

박세운, 정용혁, 「신용장통일규칙(UCP)과 국제무역규칙」 제6판, 한국금융연수원, 2023

박종국, 「산업조직론」 제2판 법문사, 2016

방희석, 「국제운송론」 개정4판, 박영사, 2021

배정한, 김철수, 「무역대금결제론」, 삼영사, 2020

벤 버냉키, 로버트 프랭크, 「버냉키 프랭크 경제학」 제7판, 박영사, 2020 (왕규호 外 역)

산업통상자원부, 「한중FTA 상세설명자료」, 휴먼컬처아리랑, 2015

서동희, 「사례별로 본 실무해상법 해상보험법」, 법문사, 2007

서정두, 「무역상무」, 탑북스, 2011

서정두, 「신용장 분쟁사례개정 신용장 통일규칙 UCP600 해설서」, 청목출판사, 2009

성윤갑, 이명구, 「FTA 관세특례법 2017」, 한국관세무역개발원, 2017

송선욱, 「신 무역실무」, 삼영사, 2023

심종석, 「국제물품매매계약에 관한 UN협약(CISG)의 해석과 적용」, 삼영사, 2014

심종석, 「무역상무론」 제2판, 삼영사, 2020

안재욱, 김영신, 「경제학: 시장경제의 원리」 박영사, 2022헌

애덤 스미스, 「국부론: 여러 국가의 국부의 본실과 원인에 대한 탐구」, 현대시성, 2024 (이종인 역)

오병석, 박소진, 여홍방, 「글로벌 무역실무」, 제3판, 탑북스, 2023

오원석, 박광서, 「무역상무」, 제4판, 삼영사, 2020

윤광운, 김철수, 「무역실무」, 제3판, 탑북스, 2021

이군구, 「경제학원론」, 제6판, 문우사, 2020

이기찬, 「무역용어 지식사전」, 중앙경제평론사, 2024

이기찬, 「인코텀즈 2020 무역왕 김창호」, 중앙경제평론사, 2020

이봉수, 정재환, 「무역결제론」, 박영사, 2020

이삼호, 「미시경제학」, 자유아카데미, 2023

이성민, 김석민, 「무역클레임과 국제상사중재론」 개정판, 두남, 2014

이시환, 「해상적하 보험 약관론」, 두남, 2010

이시환, 홍의, 「무역실무연습」 개정판, 범한, 2013

이용운, 「무역실무」, 법학사, 2023

이용운, 「핵심정리 무역실무」 제3판, 법학사, 2023

이정길, 한상필, 「무역 통관 실무자를 위한 수출입통관실무」 개정판, 코페하우스, 2021

이준구, 「미시경제학」 제7판, 문우사, 2019

이창식, 「손에 잡히는 수출입 업무」 제13판, 한국금융연수원, 2022

이창식, 「신용장통일규칙(UCP600)에 따른 국제표준은행관행 ISBP745」 제2판, 한국금융연
　　수원, 2017

이천수, 「신용장통일규칙」, 범한, 2021

이천수, 강효원, 「무역계약과 CISG」, 범한, 2020

이태희 外, 「국제통상의 이해」, 이프레스, 2023

이패스코리아 금융연구소, 「2023관세사 국제무역법규집」 개정판, 이패스코리아, 2022

임석민, 「국제운송론」 제8판, 삼영사, 2022

장재환, 「실무자들이 궁금해하는 무역 실무 A to Z」, 생각나눔, 2023

장흥훈, 「무역실무」, 청목출판사, 2022

전순환, 「국제운송물류론」 제7개정판, 한올출판사, 2020

전순환, 「무역실무」 제5개정판, 한올출판사, 2019

정갑영, 「산업조직론」 제6판, 박영사, 2021

정성훈, 「해상보험증권과 협회적하약관」, 한국학술정보, 2006

정승진, 장선구, 이진형, 「와이드 경제학 원론」 비앤엠북스, 2024

정용균, 「무역상무론」, 도서출판청람, 2019

정재환, 「2023 대외무역법·외국환거래법 요약집」, 무역을꿈꾸는사람들, 2023

정재환, 「국제무역법규 해설서」 개정판, 고시나라, 2020

정재환, 「무역실무 법규집」, 무역을꿈꾸는사람들, 2023

조순, 「경제학원론: 미시경제학」 율곡출판사, 2020

최권수, 「무역실무 요약집」, FTA관세무역연구원, 2022

최재순, 「2024 스마트 무역실무2」, FTA관세무역연구원, 2023

폴 크루그먼 外, 「국제경제학: 이론과 정책」, 시그마프레스, 2015 (강정모 外 역)

한국은행, 「경제금융용어 700선」, 2020

한국무역협회편집부, 「알기쉬운 무역실무 길라잡이」, 한국무역협회, 2023

한상현, 「국제운송·해상보험」 개정판, 두남, 2024
한상현, 「국제운송론」 개정판, 두남, 2021

관세청 FTA포털  https://customs.go.kr
관세청 세관이야기  https://blog.naver.com/k_customs
국제상업회의소  https://iccwbo.org
국제연합무역개발협의회  https://unctad.org
대한무역투자진흥공사  https://www.kotra.or.kr
동남아시아국가연합  https://asean.org
세계은행  https://www.worldbank.org
아시아태평양경제협력체  https://www.apec.org
우리은행 외환센터  https://spot.wooribank.com/pot/Dream?withyou=fx
유럽연합  https://european-union.europa.eu
한국무역신문  https://www.weeklytrade.co.kr
한국무역협회  https://www.kita.net
한국은행  https://www.bok.or.kr
ADAM SMITH WORKS  https://www.adamsmithworks.org
JINGQ Sourcing  https://jingsourcing.com

## 유학생을 위한 국제통상학

| | |
|---|---|
| 초판발행 | 2024년 9월 1일 |
| 지은이 | 홍 의·이가은 |
| 펴낸이 | 안종만·안상준 |
| 편 집 | 이혜미 |
| 기획/마케팅 | 최동인 |
| 표지디자인 | BEN STORY |
| 제 작 | 고철민·김원표 |
| 펴낸곳 | ㈜ **박영사** |
| | 서울특별시 금천구 가산디지털2로 53 210호(가산동, 한라시그마밸리) |
| | 등록 1959.3.11. 제300-1959-1호(倫) |
| 전 화 | 02)733-6771 |
| f a x | 02)736-4818 |
| e-mail | pys@pybook.co.kr |
| homepage | www.pybook.co.kr |
| ISBN | 979-11-303-2004-5   93320 |

정 가    23,000원